Frank R. Pfetsch

Das neue Europa

Frank R. Pfetsch

Das neue Europa

VS VERLAG FÜR SOZIALWISSENSCHAFTEN

Bibliografische Information Der Deutschen Nationalbibliothek
Die Deutsche Nationalbibliothek verzeichnet diese Publikation in der
Deutschen Nationalbibliografie; detaillierte bibliografische Daten sind im Internet über
<http://dnb.d-nb.de> abrufbar.

1. Auflage April 2007

Alle Rechte vorbehalten
© VS Verlag für Sozialwissenschaften | GWV Fachverlage GmbH, Wiesbaden 2007

Lektorat: Frank Schindler

Der VS Verlag für Sozialwissenschaften ist ein Unternehmen von Springer Science+Business Media.
www.vs-verlag.de

Das Werk einschließlich aller seiner Teile ist urheberrechtlich geschützt. Jede Verwertung außerhalb der engen Grenzen des Urheberrechtsgesetzes ist ohne Zustimmung des Verlags unzulässig und strafbar. Das gilt insbesondere für Vervielfältigungen, Übersetzungen, Mikroverfilmungen und die Einspeicherung und Verarbeitung in elektronischen Systemen.

Die Wiedergabe von Gebrauchsnamen, Handelsnamen, Warenbezeichnungen usw. in diesem Werk berechtigt auch ohne besondere Kennzeichnung nicht zu der Annahme, dass solche Namen im Sinne der Warenzeichen- und Markenschutz-Gesetzgebung als frei zu betrachten wären und daher von jedermann benutzt werden dürften.

Umschlaggestaltung: KünkelLopka Medienentwicklung, Heidelberg
Druck und buchbinderische Verarbeitung: Krips b.v., Meppel
Gedruckt auf säurefreiem und chlorfrei gebleichtem Papier
Printed in the Netherlands

ISBN 978-3-531-15515-9

Inhalt

Einleitung	9

Teil I: Europa in der Welt — 13
1 Weltordnungsmodelle und die Positionierung Europas — 13
2 Potentialgrößen der Weltregionen im Vergleich — 26
3 Globalisierung und Europäische Regierungsfähigkeit (Governance) — 34

Teil II: Die Europäische Union von innen — 51
1 Die Geschichte politischer Ordnungsformen in Europa — 51
2 Das politische System der Europäischen Union — 62
3 Das wirtschaftliche und soziale Europa — 69
4 Kultur und Politik oder: Die kulturelle Dimension Europas — 75
5 Die Identität Europas — 103
6 Legitimität — 115
7 Föderalismus — 122
8 Effizienz oder die Regierbarkeit der Europäischen Union — 129

Teil III: Die Europäische Union in den Außenbeziehungen — 137
1 Die Außenpolitik der EG/EU – Europa als internationaler Akteur — 137
2 Die interregionale Außenpolitik der EG/EU — 145
3 Erweiterung — 152

Teil IV: Von der Satzung der Europäischen Gemeinschaft zum Verfassungsvertrag — 177
1 Der Verfassungsgebungsprozess — 177
2 Die wichtigsten Diskurse zur Verfassung — 181
3 Ergebnisse der Konventsarbeit — 181
4 Der steinige Weg der Verabschiedung — 197
5 Zusammenfassung — 198

Abkürzungsverzeichnis 203

Personen- und Sachregister 205

Literaturverzeichnis 210

Abbildungsverzeichnis

Abbildung 1:	Weltsicht USA (amerikanische Hegemonie)	16
Abbildung 2:	Weltsicht Europa: Multilateralismus	20
Abbildung 3:	Weltsicht des ökonomischen Trilateralismus	22
Abbildung 4:	Kulturkreise nach Huntington	23
Abbildung 5:	Handelsströme im Dreieck Europa-Nordamerika-Asien. Alle Handelsprodukte in Mrd. US$ und Anteil am Weltexport in Prozent	33
Abbildung 6:	Analysemodell zum Zirkel Außenpolitik-Innenpolitik und Staat-Gesellschaft	38
Abbildung 7:	Das politische System der Europäischen Union	65
Abbildung 8:	Drei Formen der Legitimität	118
Abbildung 9:	Politik, Kultur und Identität in Beziehung	121
Abbildung 10:	EU-Abkommen weltweit	151
Abbildung 11:	Jean-Monnet Lehrstühle außerhalb Europas	151
Abbildung 12:	Vom Konvent zur Verfassung	180
Abbildung 13:	Aufbau nach Verfassungsentwurf	192

Tabellenverzeichnis

Tabelle 1:	Größenvergleich zwischen China, EU, Russland, USA und Indien (absolute Zahlen; Prozentangaben auf den jeweils größten Wert bezogen)	28
Tabelle 2:	BIP (Basis 1995, in Mrd. $)	29
Tabelle 3:	Sozialindikatoren europäischer Länder im Vergleich mit den USA	74
Tabelle 4:	Jean-Monnet Lehrstühle in Europa	147
Tabelle 5:	Topographische, demographische und ökonomische Indikatoren	166

Übersichten

Übersicht 1: Bildungs- und Kulturprogramme der EU 100
Übersicht 2: Die modernen Grundrechte und ihre rechtlichen Ursprünge 191

Einleitung

Heute steht die Europäische Union an einem Scheideweg. Die Institutionen, die für sechs Mitgliedstaaten konzipiert worden sind, müssen nach der Erweiterung um beinahe das Fünffache in ihren Strukturen und Prozessen den neuen Realitäten angepasst werden. Die Regierungsfähigkeit steht ebenso auf dem Prüfstand wie das Gemeinschaftsempfinden, die Identität. Alternative Weichenstellungen werden sichtbar: soll sich die Union zu einer Wirtschaftsunion rückentwickeln oder zu einer politischen Union ausgebaut werden? Soll das liberale oder das soziale Europa weiterentwickelt werden? Können politische Strukturen gefunden werden, die die Balance zwischen den Gemeinschaftsorganen und den Organen der nationalen Regierungen halten, oder zerfällt das politische Integrationsprojekt in einen losen Staatenbund ähnlich dem Deutschen Bund des 19. Jahrhunderts oder gar in die mittelalterliche Dachkonstruktion des Heiligen Römischen Reichs Deutscher Nation? Wie viele Kohäsionskräfte müssen am Werk sein, um die erwähnten Spannungen auszugleichen? Diesen Fragen versucht die vorliegende Untersuchung auf den Grund zu gehen und Lösungen anzubieten, die das politische Integrationsprojekt zeitgemäß anpassen.

Die Europäische Union geht uns alle an, weil wir auf dem europäischen Kontinent alle davon betroffen sind. Daher liegt es nahe, dieses neuartige Politiksystem nicht nur zu beschreiben, sondern auch von seiner inneren Beschaffenheit her zu verstehen und in seiner Entwicklung zu kommentieren. Dieses Buch will die Europäische Union mehr von ihren Tiefenstrukturen her betrachten und neben ihrer Darstellung nach Erklärungen Ausschau halten und Fragen aufwerfen, die für die Weiterentwicklung von Bedeutung sind.

Der Autor gehört einer Generation an, die die Entstehung und Entwicklung der europäischen Integration von Anfang an erlebt hat und von dem Gründergeist der Nachkriegszeit geprägt wurde. Ich habe während meines Studiums europäische universitäre Einrichtungen in Deutschland, Frankreich und Italien besucht und später selbst dort gelehrt. Auch der Blick von außen, von den Vereinigten Staaten von Amerika, hat die Besonderheiten Europas deutlicher werden und das Gemeinsame eher als das Trennende in Erscheinung treten lassen. Die fünfzig Jahre europäischer Entwicklung erscheinen einem so Geprägten durchaus atemberaubend, sowohl in ihrer zeitlichen Dynamik als auch in ihrer räumlichen Entfaltung.

Im Verlauf seiner Geschichte hat sich das Interesse am Projekt Europa auf unterschiedliche Gesichtspunkte verlagert. Stand zu Beginn der europäischen

Einigungsbewegung die Frage nach den Gründen und Begründungen der europäischen Integration im Vordergrund, so galt das Forschungsinteresse im weiteren Verlauf der Dynamik, den Faktoren der Beschleunigung und denen der Retardierung. Seit der Periode der beschleunigten Erweiterung Ende des 20., Anfang des 21. Jahrhunderts wurden die Fragen der Regierungsfähigkeit des europäischen Politiksystems und der Identität Europas zentral. Der Verfassungsvertrag hat versucht, auf die Frage der Regierbarkeit eine Antwort zu geben, die Frage der Identität und damit der Grenzen wird weiterhin kontrovers diskutiert.

Die geschichtliche Darstellung der europäischen Einigung müsste beginnen mit der Neuordnung Europas nach dem Zweiten Weltkrieg. Die Etappen der Bildung des neuen Institutionensystems sind: die Gründung der Europäischen Gemeinschaft für Kohle und Stahl (EGKS) 1951 in Paris, die Gründung der Europäischen Wirtschaftsgemeinschaft (EWG) und der Europäischen Atomgemeinschaft (Euratom) 1957 in Rom, die Fusion der Exekutivorgane der EGKS, EWG und Euratom 1965/66, die vier Reformkonferenzen zur „Einheitlichen Europäischen Akte" 1985/86, zum Maastrichter Vertrag 1991/92, zum Amsterdamer Vertrag 1997, zum Nizza Vertrag 2001 und schließlich zum „Vertrag über eine Verfassung für Europa" 2004 in Brüssel und Rom.

Statt eine solche chronologische Darstellung[1] zu geben, gehe ich in dem vorliegenden Buch eher themenorientiert vor und greife die wichtigsten Frage- und Problemstellungen, die mit dem neuartigen Politiksystem der Europäischen Union verbunden sind, auf.

Die Darstellung beginnt in Teil I zunächst aus der Vogelperspektive globaler Betrachtung und fragt nach der Positionierung Europas im internationalen politischen Ordnungsgefüge. Europa selbst kennt aus seiner Geschichte zahlreiche Ordnungsmodelle, die als Vorläuferideen zu nennen sind und den Kontrast zu dem neuartigen regionalen Integrationsmodell abgeben. Im Zeitalter der Globalisierung hat sich das Staatensystem verändert; zu fragen ist, in welcher Weise sich solche internationalen Prozesse auf das regionale Staatenensemble auswirken.

Teil II behandelt sodann die interne Entwicklung des europäischen Integrationssystems aus der Binnenperspektive und schildert seine historische Entfaltung. Hier stehen die Fragen nach der Struktur des neuartigen politischen Systems an, sowie das wichtige Politikfeld des Ökonomischen, das historisch die Basis nicht nur von materiellem Wohlstand war, sondern auch den politischen Zusammenschluss vorantrieb. Das soziale Europa und das kulturelle Europa gelten als Markenzeichen dieses Staatenzusammenschlusses. Die Frage wird erörtert, wie sich das multikulturelle Ensemble Europas mit den politischen Machtstrukturen verträgt, die sich zunächst in der Nachkriegszeit der Bipolarität,

---

[1] Eine einführende chronologische Darstellung wird in meiner einführenden, mehrfach aktualisierten Analyse „Die Europäische Union" (2005) vorgestellt.

dann nach Ende der Blockformation entfaltet haben. Das viel diskutierte Thema der europäischen Identität wird dann in seinen Gegebenheiten und Möglichkeiten der Identitätsfindung behandelt. Die folgenden Abschnitte betrachten die zentralen Themen des gegenwärtigen europäischen Politiksystems, wie seine Legitimation, seine föderale Ordnung, sowie seine Handlungsfähigkeit nach innen und nach außen.

Teil III fragt nach den Außenbeziehungen der Europäischen Union, zunächst nach der Entwicklung seiner Außenpolitik und hier besonders nach dem Spezifikum der interregionalen Außenpolitik. Es folgt die Diskussion der Erweiterung, die insbesondere durch die Aufnahme einer großen Zahl von Mitgliedsländern 2004 und die so genannte türkische Frage angeheizt worden ist.

In Teil IV wird schließlich dem Versuch der Neuordnung durch die Beratung und Verabschiedung des europäischen Verfassungsvertrags nachgegangen. Auch wenn die Ablehnung des Vertrags durch die französische und die niederländische Bevölkerung zu einem vorläufigen Stillstand in der weiteren Behandlung geführt hat, bleibt der von den Staats- und Regierungschefs der 25 Mitgliedstaaten verabschiedete Text mehr als ein historisches Dokument. Die Grundprinzipien, die der Verfassungstext enthält, werden Wegweiser für die Zukunft bleiben.

Auch in diesem, wie schon in dem einführenden Vorgängerbuch, wird versucht, fachspezifische Präzision mit allgemeiner Verständlichkeit zu verbinden. Teile der vorliegenden Publikation sind – wenn auch in modifizierter Form – an anderen Orten als Artikel publiziert worden. Sie alle wurden jedoch für die vorliegende Publikation umgearbeitet, so dass die Darstellung ein Gesamtgefüge erhalten hat und nicht zu einer Addition disparater Teilstücke wurde.

Ein Wort noch zu dem Begriff des ‚neuen Europa'. Gemeint ist hier nicht die historische Unterscheidung zwischen dem ‚alten' und dem ‚fortschrittlichen' Europa, die Marx und Engels im Manifest der Kommunistischen Partei vorgenommen haben und schon gar nicht die historisch unpassende Unterscheidung zwischen dem ‚alten' und dem ‚neuen' Europa, die ein amerikanischer Verteidigungsminister anlässlich des Irakkrieges geäußert hat, sondern gemeint ist das Europa, das nach der Überwindung der Nachkriegsspaltung entstanden ist, d.h. nach der Erweiterung nach Mittel- und Osteuropa sowie zum Mittelmeer. Diese Erweiterung, sowie die Diskussion um die Aufnahme der Türkei bedeuten einen qualitativen Sprung in der Entwicklung des politischen Projekts Europa: die in Umfang und Reichweite historisch einmalige Ausdehnung des geographischpolitischen Raums stellt die innere Verfasstheit der Europäischen Union in ihren alten Strukturen in Frage; die Türkeifrage fordert eine Neubestimmung der kulturellen Identität Europas heraus und erfordert eine Neubestimmung der geopolitischen und geostrategischen Lage. Die neuen Herausforderungen an die innere Struktur der Union resultieren aus der gewachsenen Mitgliedstaatenzahl, der

Vielfalt der hinzugekommenen Politikfelder, der geographischen Erweiterung, kurz aus der gewachsenen Heterogenität, der Komplexität und Differenzierung. Die Handlungsfähigkeit, das Selbstverständnis und die ‚finalité' des ‚alten' politisch verfassten Europas stehen somit auf dem Prüfstand und werden in naher Zukunft das Gesicht Europas verändern. Weichenstellungen sind vorgezeigt: entweder der Europäischen Union gelingt es, ihren Gemeinschaftsbestand als politische Union zu erhalten und auszubauen oder sie wird sich zu einem losen ökonomischen Zweckverband von Staaten zurückentwickeln. Politische Gemeinschaft oder wirtschaftliche Freihandelszone scheint die Alternative. Außenpolitisch bedeutet die letztere Möglichkeit, dass der Traum von einem ‚zivilen Handelsstaat', einer ‚sanften Weltmacht' oder eines ‚kosmopolitischen Empires' ausgeträumt wäre und die liberale ökonomische Ratio die Gemeinschaft bestimmte. Dies bedeutete den Abschied von dem sozialen oder kulturellen Projekt Europa wie auch von dem Anspruch, Weltpolitik mitzubestimmen.

Einigen Mitarbeitern bin ich zu Dank für ihre Unterstützung verpflichtet. Peer Böhrensen, Gerrit Schlomach, Heike Klüver und Till Bullmann haben mir bei der Anfertigung von Übersichten, Tabellen sowie der Beschaffung von internetbasierten Informationen geholfen.

Heidelberg im Frühjahr 2007	Frank R. Pfetsch

Teil I: Europa in der Welt

1 Weltordnungsmodelle und die Positionierung Europas

Wir befinden uns immer noch oder immer wieder in einer Umbruchphase in den internationalen Beziehungen, vergleichbar mit den Zeiten nach Beendigung der großen Kriege, auf die eine dreißig- bis vierzigjährige relativ stabile hegemoniale Ordnung folgte (Knutsen 1999: 8): den italienischen Kriegen (1494-1529) folgte die bipolare Ordnung der Habsburger und Franzosen, auf den Dreißigjährigen Krieg (1618-1648) folgte der Westfälische Friede bei Vorherrschaft der Holländer, auf die Napoleonischen Kriege (1792-1815) die europäische Pentarchie und Britische Vorherrschaft auf See, auf den Zweiten dreißigjährigen Krieg (1914-1945) (Raymond Aron) die Rivalität der Supermächte und die Dominanz der US-Amerikaner. In all diesen Fällen ging eine Periode zu Ende und eine neue kündigte sich an, die entweder die Beziehungen zwischen den Staaten verändert und/oder zu internen Regimewechseln geführt hat. Staatliche und zwischenstaatliche Verhältnisse wurden geändert. Für die neuere Zeit stellt sich die Frage, ob durch die beiden Ereignisse des beendeten Ost-West-Konflikts bzw. des Kalten Krieges sowie des 11. September 2001, eine solche Umbruchphase signalisiert wird, die zur Bildung einer oft verkündeten Neuordnung geführt hat bzw. noch führen wird.

Umbruchphasen sind dadurch gekennzeichnet, dass es entweder kriegerische oder revolutionäre Auseinandersetzungen waren (oder beides), die zur Neudefinition innerstaatlicher und zwischenstaatlicher Ordnungen geführt haben. Nach Kriegen und Revolutionen kommt der Ruf nach Neuordnungen auf. Die Periode nach Beendigung des Ost-West-Konflikts wurde mit „Neue Weltordnung", „Zäsur", „Wende", „Bruch" etc. bezeichnet. Die geschichtsphilosophische Reflexion von der Antike über Machiavelli und Hegel bis Quincy Wright will in dem genannten Kriegs-Friedens-Zyklus ein dem organischen Wachsen und Vergehen nachgebildetes Muster erkennen, wobei teleologische, also zielgerichtete lineare Verläufe nicht ausgeschlossen sind. Hegels „Fortschritt des Geistes im Bewusstsein der Freiheit" und neuerdings das „End of History" (Fukuyama 1992) sind Beispiele dieser Art. Wir befinden uns in einer Zeitenwende: „Die alte Ordnung war im Schwinden, aber die neue noch nicht geboren" (Antonio Gramsci), und für die Wissenschaft folgt: „Eine völlig neue Welt bedarf einer neuen politischen Wissenschaft" (Alexis de Tocqueville). Diese gilt es zu entwickeln, global wie regional. Die zu diskutierenden Weltordnungen sind nur erste Annäherungen hierzu.

Der Begriff einer „neuen Weltordnung" stammt ursprünglich von Präsident George Bush Senior, der nach dem Ende des Ost-West-Konflikts und nach der militärischen Rückeroberung des vom Irak besetzten Kuwait von einer neuen Ära gesprochen hat. Heute wissen wir, dass nach 1991 im Zuge der Auflösung des Sowjetimperiums bzw. Jugoslawiens zahlreiche Kriege entstanden sind; einige Autoren sprechen daher von einer neuen Weltunordnung. Eben dies belegt, dass das internationale System eine neue Ordnung noch nicht gefunden hat.

Das Ende des Ost-West-Konfliktes hat Politiker ebenso überrascht wie Wissenschaftler und Experten. Der amerikanische Präsident Reagan benötigte längere Zeit, um den Wandel der sowjetischen Politik durch Gorbatschow als Realität zu akzeptieren, und die Fachwissenschaftler hatten Schwierigkeiten, den Systembruch in Osteuropa zu erklären, geschweige denn zu prognostizieren. In den 80er Jahren glaubten seriöse Wissenschaftler das Ende der amerikanischen Ära nachweisen zu können (Kennedy 1987, Calleo 1987). Nach 1989 war durch die Implosion der Sowjetunion, die Auflösung des Warschauer Pakts und des Comecon 1991 und den Zerfall Jugoslawiens eine Phase der Orientierungslosigkeit entstanden. Der westlichen Supermacht war der Gegner abhanden gekommen und das System der sich gegenseitig abschreckenden Supermächte war zu Ende.

Aus diesem Vakuum erwuchsen in der Ost-West-Dimension zahlreiche Nationalitätenkonflikte bzw. -kriege wie in Bosnien-Herzegowina (1991-1995), im Kosovo (1998-1999), in Makedonien (2000-2001), sowie in der Nord-Süd-Dimension mit der Schwächung staatlicher Ordnungen verbundene Machtkämpfe in Somalia (1992-1996) und in Afghanistan (2001-2002) und im Irak (2003). Ohne im Einzelnen auf die verschiedenen Konflikte einzugehen, kann resümierend gesagt werden, dass nur die Staaten, die über symmetrisches Droh- und Militärpotential verfügten und dieses einzusetzen gewillt waren, Erfolge in der Eindämmung von Kriegen erzielen konnten. Da, wo offene Gewalt nicht erkennbar war, wie in Makedonien, oder Gewalt eingedämmt war, konnten internationale Organisationen präventiv, konfliktmäßigend oder stabilisierend einwirken.

Ich komme zu den Vorstellungen über die Neuordnung der internationalen Beziehungen nach den Ereignissen des 9. November 1989 (Fall der Berliner Mauer) und des 11. September 2001 (terroristischer Anschlag auf das World Trade Center und das Pentagon). Der „9.11." und der „11.9." haben die internationalen Beziehungen entscheidend verändert und die Frage stellt sich, welches neue Ordnungsmodell findet das aus dem Gleichgewicht geratene internationale Gefüge und wie positioniert sich Europa in dieser Neuordnung.

Ordnungsmodelle sind dafür Hilfsmittel und können als die Machtstrukturen zwischen Staaten widerspiegelnde Muster charakterisiert werden, wobei die Macht der Staaten vor allem auf Militär, Ökonomie und politischer Führung

1 Weltordnungsmodelle und die Positionierung Europas

(governance) beruht. Ich möchte fünf Ordnungsmodelle diskutieren, die als Beschreibung real existierender internationaler Lagen dienen können und die mit dem Anspruch auf Friedenssicherung und Stabilität versehen sind. Es sind dies der Unilateralismus, das System des Machtgleichgewichts, der Multilateralismus, der Regionalismus und das Integrationsmodell. Ich werde diesen das Komplementaritätsmodell als ein sechstes Modell hinzufügen. Diese Modelle sind vielfältig miteinander verbunden und lassen gleitende Übergänge erkennen.

1.1 Der „US-amerikanische Unilateralismus" oder die Schule des Realismus: Imperiale Hegemonie oder hegemonialer Machtstaat

Zwei Paradigmen dominieren in den internationalen Staatenbeziehungen: die traditionelle nationale Machtpolitik des Realismus und der multilaterale Internationalismus des Liberalismus. Der Realismus kennt unterschiedliche Ausprägungen und Etikettierungen: Unilateralismus, Hegemonialismus, Imperiale Hegemonie, hegemonialer Machtstaat, Superpower-Hegemonie oder Imperialismus. Auch der Liberalismus hat zahlreiche Varianten hervorgebracht: republikanischer Liberalismus, institutioneller Liberalismus oder liberaler Intergouvernementalismus. Auch haben sich beide das Präfix ‚neo' zugelegt: Neorealismus, Neoliberalismus. Beide Paradigmen sind in der US-amerikanischen Außenpolitik zu erkennen. Mit George W. Bush hat das Pendel von einer eher multilateral angelegten Außenpolitik unter Präsident Clinton zu einer eher unilateral ausgelegten Außenpolitik ausgeschlagen, die alle Merkmale einer neuen außenpolitischen Doktrin besitzt. George W. Bush hat nach den terroristischen Anschlägen des 11. September 2001 seine Ordnungsvorstellungen in einer neuen Doktrin zum Ausdruck gebracht, die man als Doktrin des „Hegemonialen Internationalismus" oder des „Universalistischen Nationalismus" bezeichnet hat.

Diese sieht die USA im Zentrum eines hierarchisch gegliederten Weltsystems mit den regional wichtigen Peripheriestaaten Europas, Russlands, Chinas, Indiens oder Japans (vgl. Abb. 1). Diese Ordnungsvorstellung lebt von einer scheinbaren Widersprüchlichkeit zwischen einer realistischen und einer idealistischen Komponente. Realistisch ist sicherlich der Hinweis auf die Bedrohungen, die vom Terrorismus und den Massenvernichtungswaffen ausgehen können; idealistisch ist die Vision einer demokratisch befriedeten Region des Vorderen und Mittleren Orients. Diese Vision wird neben religiösem Sendungsbewusstsein gespeist von der Vorstellung des so genannten Demokratiefriedens, eines kosmopolitischen Demokratiefriedens, wonach Demokratien nicht gegen Demokratien Krieg führen. Daraus resultiert die Perzeption nicht-demokratischer Regimes, die – so empirische Untersuchungen – feindlicher wahrgenommen werden und eher bekriegt werden können. Ob allerdings die idealistische Vision einer befriedeten und demokratisierten Region nach den Vorstellungen westlicher Werte gelingt, muss mit vielen Fragezeichen versehen werden, auf die ich hier nicht eingehen kann.[2]

Abbildung 1: Weltsicht USA (amerikanische Hegemonie)

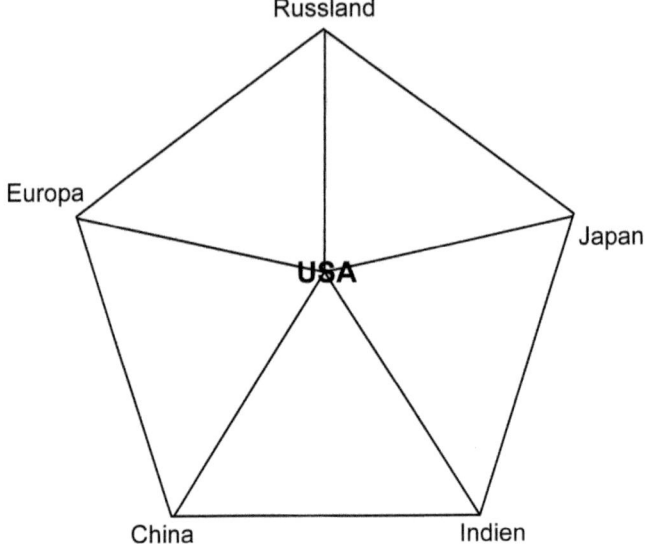

Die Philosophie des hegemonialen Internationalismus ist schon vor Jahrzehnten im Umfeld des „American Enterprise Institute" entwickelt worden und findet in dem „Project for the New American Century" aus dem Jahre 1997 seinen Ausdruck. Vier außenpolitische Handlungsoptionen werden darin formuliert: Erhöhung des Verteidigungsbudgets, Stärkung der Bande zu „demokratischen Verbündeten" bei gleichzeitiger Herausforderung von amerikanischen „Interessen und Werten" durch feindlich gesinnte Regimes, das konsequente Eintreten für politische und wirtschaftliche Freiheit in der Welt und schließlich die Akzeptanz der Verantwortung für Amerikas „einzigartige Rolle" zur Bewahrung und Ausweitung einer internationalen Ordnung, „die unserer Sicherheit, unserem Wohl-

---

[2] Hiezu gehören u.a.: Gelingt der Aufbau von Parteien, Gewerkschaften, sozialen zivilgesellschaftlichen Organisationen? Werden die islamischen Gruppen eine offene Zivilgesellschaft akzeptieren und unterstützen? Gibt es die Bereitschaft zu einer säkularen Politik? Werden die USA akzeptieren, dass die Ölfelder und Raffinerien schnell wieder unter irakische Kontrolle kommen? Werden die Nachbarn den Wandel unterstützen? Was geschieht mit Iraks enormen Schulden? Werden Kurden, Schiiten und Sunniten in ein neu zu schaffendes politisches System integriert werden können?

1 Weltordnungsmodelle und die Positionierung Europas

stand und unseren Prinzipien dient" (FAZ v. 10.4.2003). Diese Leitlinien der neuen Bush-Doktrin wurden um zwei Grundsätze erweitert, die Bush in seiner Rede im Juni 2002 vor der West-Point-Akademie formuliert hat, nämlich erstens könnten zum Schutz dieser Interessen Präventivschläge nicht ausgeschlossen werden und zweitens reklamierte er eine demokratische Transformation für die gesamte Region des Nahen und Mittleren Ostens.[3]

Die Vorstellungen der amtierenden amerikanischen Administration lassen sich in ihrer polaren Vereinfachung in ein Feind-Freund-Verhältnis überführen: Der Feind wird als „Achse des Bösen" charakterisiert und je nach politischer Einschätzung unterschiedlich konkretisiert, der Freund als „Koalition der Willigen". George W. Bush benennt auch die jeweiligen Länder: Zur Achse des Bösen rechnen bzw. rechneten der Irak, der Iran, Nord-Korea, die Taliban. Politisch-diplomatisch hat sich die Kriegsablehnungsfront mit Frankreich, Deutschland, Russland positioniert, die allerdings nicht zu „Feinden", aber zu „Gegnern" gerechnet werden. Zur Koalition der Willigen zählen bzw. zählten zunächst diejenigen Staaten, die den USA ihre Unterstützung im Kampf gegen den Terrorismus zugesagt haben, also zunächst die gesamte westliche Welt sowie China, Japan und Russland.

Um welche Art von imperialer Hegemonie handelt es sich im Falle der Besetzung des Irak? Carl Schmitt hat in der 1950 geschriebenen Abhandlung „Nomos der Erde" folgende Charakterisierung gegeben:

„Der territoriale Boden-Status des gelenkten Staates wird nicht in der Weise verändert, dass sein Land in das Staatsgebiet des lenkenden Staates verwandelt wird. Wohl aber wird das Staatsgebiet in den spatialen Bereich des kontrollierenden Staates und dessen special interests, d.h. in seine Raumhoheit, einbezogen. Der äußere, entleerte Raum der territorialen Souveränität bleibt unangetastet, der sachliche Inhalt dieser Souveränität wird durch Sicherung des ökonomischen Großraums der kontrollierenden Macht verändert. Die politische Kontrolle oder Herrschaft beruht hier auf Interventionen, während der territoriale Status quo garantiert bleibt. Der kontrollierende Staat hat das Recht, zum Schutz der Unabhängigkeit oder des Privateigentums, zur Aufrechterhaltung der Ordnung und Sicherheit, zur Wahrung der Legitimität und Legalität einer Regierung oder aus anderen Gründen, über deren Vorliegen er selbst nach seinem Ermessen entscheidet, in die Verhältnisse des kontrollierten Staates einzugreifen. Sein Interventionsrecht ist durch Stützpunkte ... nach innen und außen gesichert... die territoriale Souveränität verwandelt sich in einen leeren Raum für wirtschaftlich-soziale Vorgänge. Der äußerliche territoriale Gebietsbestand mit seinen linearen Grenzen wird garantiert, nicht aber der soziale und wirtschaftliche Inhalt der territorialen Integrität, ihre Substanz" (Schmitt 1950: 225/6).

---

[3] Frank R. Pfetsch 2004: Geopolitische Implikationen der ‚Neuen Weltordnung'. In: Petermanns Geographische Mitteilungen. Zeitschrift für Geo- und Umweltwissenschaften. Jahrg. 148, S. 6-11

Schmitt charakterisiert die geopolitische räumliche „Landnahme" nicht als physische Einverleibung, als offene Annexion eines Gebietes (für die er im Übrigen plädiert hätte), sondern als politisch ökonomische Herrschaftsstrategie im Sinne der nationalen Interessen des beherrschenden Staates. Man muss nur das Wirtschaftliche und Soziale durch das Politische ergänzen, dann trifft genau dieses auf die Besonderheit der amerikanischen Außenpolitik gegenüber dem Irak zu. Ökonomisch geht es um die Sicherung des Zugangs zu und Kontrolle über wichtige Rohstoffe, politisch um die Umgestaltung innerer Ordnung mit dem Ziel, dadurch stabilisierend und friedensfördernd zu wirken. Es soll also nicht ein Territorium, bzw. ein staatlich definiertes Gebiet einverleibt werden wie im Zeitalter des Kolonialismus oder Imperialismus, sondern das militärisch eroberte Gebiet soll den Interessen des Siegerstaats untergeordnet werden.

Die Systeme hegemonialer Dominanz sind nur so lange aufrecht zu halten wie die Machtressourcen und der politische Wille, diese umzusetzen, ausreichen. Sämtliche Weltreiche der Vergangenheit, das Mongolenreich, das Perserreich, das Römische Reich, die Habsburg-Monarchie, das Osmanische Reich, das British Empire, das Sowjetimperium, all diese imperialen Reiche sind an ihren inneren Widersprüchen und Unzulänglichkeiten, bzw. durch das Aufkommen rivalisierender neuer Staaten zugrunde gegangen. Kennedy (1987) hat dies in seinem Buch „The Rise and Fall of Great Powers" dargestellt und auf das Auseinanderklaffen von globalen Interessen und Verantwortlichkeiten sowie auf die Möglichkeiten, solche Herrschaftsansprüche zu verteidigen, hingewiesen. Auch die Supermachtdominanz der USA ruht auf Potentialen, die an ihre Grenzen stoßen können. Die finanziellen Sammelaktionen während des zweiten Golfkriegs haben solche Grenzen angedeutet, und der Wiederaufbau des zerstörten Afghanistan und des neue Ordnung suchenden Irak kommt nicht ohne internationale Unterstützung aus. Die USA sind auf Grund ihrer Fehlschläge und ihres Fehlverhaltens gezwungen worden, sich multilateralem Handeln zu öffnen, so bei der Afghanistanverwaltung oder in der Iran-Atomrüstungsfrage.

Ich fasse zusammen: Die (mentale) polit-ökonomische Landkarte reicht so weit wie die ökonomischen Interessen der USA, die (mentale) herrschaftspolitische Karte soweit wie die hegemonialen Ansprüche der Supermacht, wobei das US-Interventionsrecht für nicht-demokratische und im Besitz von Massenvernichtungswaffen befindliche Staaten reklamiert wird. Ob nach dem Ende des kalten und nach dem Ende der heißen Kriege (von Bosnien bis Irak) sich das amerikanische Modell des „hegemonialen Internationalismus" durchsetzen wird, oder ob es vielmehr zu einer multipolaren Weltordnung kommt mit Europa, Russland und eventuell mit China als neuem Machtpol, kann wissenschaftlich nicht begründet werden.

1 Weltordnungsmodelle und die Positionierung Europas

1.2 Das Modell des Machtgleichgewichts

Zahlreiche Projekte einer europäischen Friedensordnung beruhen auf dem Gedanken des Gleichgewichts. Als friedenssicherndes System des Realismus wurde das Mächtegleichgewicht der führenden Staaten bezeichnet. Drei Assoziationen sind mit dem Konzept des Gleichgewichts verbunden: durch Gegenmachtbildung soll ein Usurpator von dem Streben nach Dominanz abgehalten werden; es schützt zweitens somit unabhängige Staaten vor Unterwerfung und drittens ermöglicht es die Bildung überregionaler Organisationen. Historisch wurde der Gleichgewichtsgedanke wie es scheint erstmals im Italien des 15. Jahrhunderts entwickelt und hat in Frankreich (16. und 17. Jahrhundert), in Österreich (19. Jahrhundert) und in Großbritannien (17. bis 20. Jahrhundert) praktizierte Fortsetzung gefunden. Als Paradebeispiel hat Henry Kissinger (1994) die Pentarchie des 19. Jahrhunderts in Europa angeführt. Einiges spricht für diese Sicht, jedoch lassen sich gewichtige Einwände vorbringen: zum einen hat dieses System im 19. Jahrhundert nicht das Aufkommen neuer Mächte im europäischen Innenverhältnis verhindern können; zum andern wurden Konflikte in die Peripherie abgeleitet und dies hat zu zahlreichen kolonialen und imperialen Kriegen außerhalb Europas geführt. Der relative Friede im Binnenverhältnis wurde erkauft mit Kriegen außerhalb Europas. Der Grundgedanke jedoch, Macht durch Gegenmacht einzudämmen, ist in einem von Macht bestimmten System, wie dem der Politik, eine Errungenschaft, die sowohl im Innern von Staaten als auch zwischen ihnen nach wie vor von Bedeutung ist. Dieses internationale Gleichgewichtsmodell ist jedoch an eine Epoche nationalstaatlicher Souveränität gebunden, die durch Globalisierungs- und Europäisierungsprozesse durchbrochen wurde. Der Gedanke der Gegenmachtbildung unterliegt auch den multilateralen Bestrebungen wie sie von europäischen Mächten, aber auch von China, Indien oder Russland reklamiert werden, um dem US-amerikanischen Imperialismus entgegen zu treten.

1.3 Der „europäische" Multilateralismus und die Schule des Liberalismus

Schon die Nachkriegsidee einer „Dritten Kraft" beruhte auf dem Gedanken des Multilateralismus. Multilaterale Konstellationen können vielfältige Formen annehmen: In den 40er und 50er Jahren bildet sich das bipolare System im Ost-West-Konflikt heraus; in den 70er und den 80er Jahren gab es ein mehr oder weniger ausdifferenziertes System westlicher, östlicher und südlicher Staaten. Multipolar sind die ökonomischen Ansätze des wirtschaftlichen Regionalismus (Trilateralismus) als auch der kultur-zivilisatorische Ansatz von Samuel Huntingtons "Clash of Civilizations" (siehe unten).

Mit dem institutionalisierten Liberalismus – einer Variante des Multilateralismus – verbunden ist die Vorstellung, dass durch Einbindung von Staaten in eine Organisation Interessenausgleich erzeugt werden kann und das so genannte Sicherheitsdilemma aufgehoben werden könne. Dieses besteht darin, dass durch die Aufrüstung eines Staates sich ein anderer Staat bedroht fühlt und ebenfalls aufrüstet und damit, wie im Kalten Krieg, immer neue Gefährdungen statt Sicherheit erzeugt. Statt der Herrschaft des Stärkeren müsse das Recht zum Schutze des Schwächern herrschen. Die UNO und andere Internationale Organisationen haben zum Abbau des Sicherheitsdilemmas beigetragen. Die Grenzen des organisierten Multilateralismus liegen in der Unfähigkeit, der Gewalt mit Gegengewalt zu begegnen und damit ordnungsstiftend zu wirken. Zwar haben sich im Irakkonflikt Präsident Chirac, Präsident Putin, Kanzler Schröder und Staatspräsident Zemin gegen die Vormacht der Amerikaner ausgesprochen und für Multipolarität geworben; doch ist daraus kein überzeugendes politikgestaltendes Alternativkonzept hervorgegangen. Das Strategie-Papier des Hohen Repräsentanten für die gemeinsame Außen- und Sicherheitspolitik der EU, Javier Solana, hat dem Europäischen Rat in Thessaloniki einen effektiven Multilateralismus als Strategie der EU vorgeschlagen: „...we need to build an international order based on effective multilateralism" (Solana 20.6. 2003).

Abbildung 2: Weltsicht Europa: Multilateralismus

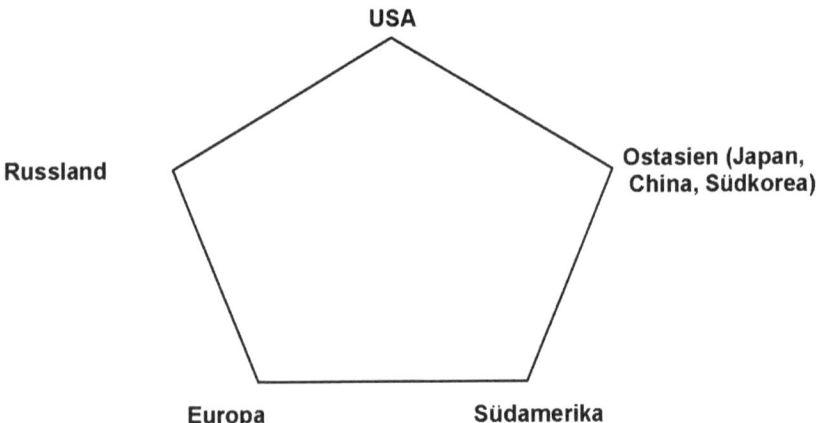

1 Weltordnungsmodelle und die Positionierung Europas

1.4 Regionalismus: regionaler Multilateralismus, ökonomischer Trilateralismus und kultureller Polyzentrismus

Mit dem Begriff der Region sind unterschiedliche Vorstellungen verbunden.[4] Im Unterschied zu nationalem und subnationalem Regionalismus kann der internationale Regionalismus verstanden werden als ein Prozess, in welchem „a limited number of states [are] linked by geographical relationship and by a degree of mutual interdependence" (Nye 1968: vii). Geographische, ökonomische, kulturelle und politische Indikatoren können zur Bestimmung regionaler Integration herangezogen werden. Es lassen sich drei Varianten des internationalen Regionalismus unterscheiden, der regionale Multilateralismus, der ökonomische Trilateralismus und der kulturelle Polyzentralismus.

Regionaler Multilateralismus
Schon bei der Gründung der Vereinten Nationen wurden zwei unterschiedliche Ordnungsformen vertreten: Der britische Premier Winston Churchill favorisierte einen dezentralen regionalen Ansatz für die zu schaffende Weltorganisation, während der amerikanische Präsident Franklin Delano Roosevelt einer universalistischen Organisationsform den Vorzug gab. Für die UN setzte sich Roosevelt durch, während in den folgenden Jahren sich in fast allen Erdteilen regionale politische Organisationen ausbildeten.

> „Applied to concrete forms of economic and political interdependence the most important regional organizations are the North American Free Trade Area (NAFTA), the European Union (EU), the Association of South East Asian Nations (ASEAN); others such as the Mercado Común del Sur (MERCOSUR) in South America or in Africa the West African Economic and Monetary Union (WAEMU) and the Southern African Development Community (SADC) may be mentioned as well. These regional organizations have, however, quite different degrees and forms of integration" (Nye 1968: vii)"[5]

---

[4] Ganz allgemein kann eine Region als ein Ensemble verstanden werden, das nach bestimmten ökonomischen, geographischen, klimatologischen, politischen, kulturellen und anderen Aspekten eine Einheit bildet, die sich deutlich abgrenzen lässt von der Umwelt. Politisch hat der Begriff ‚Region' drei verschiedene Bedeutungen: Region kann erstens einen großgeographischen Raum bezeichnen, wie z.B. einen Kontinent Amerika, Europa, oder Asien; zweitens kann eine Region ein subnationales Gebilde bezeichnen wie z.B. Länder in Deutschland, Provinzen in Italien, oder Regionen in Frankreich; drittens kann Region ein transnationales interregionales Kooperationsgebilde bezeichnen wie z.B. die Region „Saar, Lothringen und Luxemburg", die „Alpen-Adria" Region mit mehr als fünfzehn Teilnehmerregionen; es gibt acht solcher grenzüberschreitender Kooperationsabkommen in der Euro-Region, allein fünf mit der Tschechischen Republik.
[5] Eine viel losere Form der Integration bilden die „African Economic Community" (AEC), die „Asia Pacific Economic Cooperation" (APEC), der „Central American Common Market" (CACM), der „Caribbean Common Market" (CARICOM), der „Common Market for Eastern and Southern Africa"

Ökonomischer Trilateralismus
In den internationalen Wirtschaftsbeziehungen scheint sich ein neues Muster auszubilden, das man als neuen Regionalismus bezeichnet hat und das sich vor allem im ökonomischen Bereich niederschlägt. Der aus Integration und Globalisierung der Märkte resultierende neoliberale Konkurrenzdruck hat das Projekt des ökonomischen und sozialen Europas unter Druck gesetzt und kann als Herausforderung aufgefasst werden. Somit steht Europa zunehmend in Rivalität vor allem zu zwei, möglicherweise drei regionalen Konkurrenten, nämlich der NAFTA im Norden Amerikas, der ASEAN plus drei Staaten (Japan, China, Südkorea) in Ost- und Südostasien und schließlich zu dem lateinamerikanischen Markt des Mercosur im Süden Amerikas. Ein solches Rivalitätsverhältnis, das mit großer Wahrscheinlichkeit nicht die Schwelle der Gewaltsamkeit überschreiten wird, könnte als ein Vereiniger fungieren, die Staaten Europas zusammenführen und ihre Identität verstärken. Damit würde etwas eintreten, was Europapolitiker schon in den 70er Jahren betont haben, dass nämlich die Identität Europas sich auf internationaler Bühne herausbilden wird.

Abbildung 3: Weltsicht des ökonomischen Trilateralismus

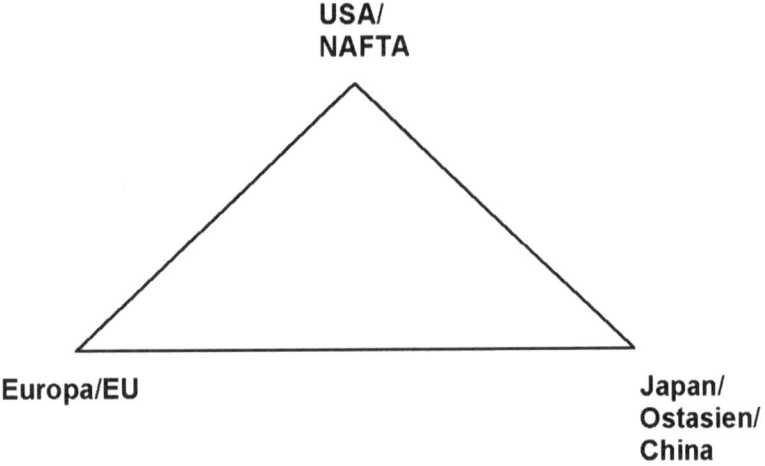

Der regionale Trilateralismus zwischen der nordamerikanischen Freihandelszone (NAFTA mit den USA), der Europäischen Union (mit Deutschland und Frank-

---

(COMESA), die „East African Cooperation" (EAC), die „Union Economique et Monétaire de l'Afrique de l'Ouest" (UEMOA), die „Southern African Development Community" (SADC) oder die "Organization of African Unity" (OAU).

1 Weltordnungsmodelle und die Positionierung Europas   23

reich) und der ostasiatischen Wirtschaftsmacht (mit Japan und zukünftig China) beruht auf den wirtschaftlichen Austauschbeziehungen, der Interdependenz zwischen diesen drei ökonomischen Polen und bestimmt das Weltwirtschaftsgeschehen, das eher zu Konkurrenz-Rivalitäten als zu kriegerischen Verwicklungen führen wird. Denn wirtschaftliche Handelsbeziehungen tragen nicht den Keim gewaltsamer Auseinandersetzungen in sich, sondern sind eher friedensfördernd, wie liberale Theoretiker von Kant bis Hirschmann verheißen haben. Dieses Modell ist eher ein Wirtschafts- als ein politisches Modell, das das Sicherheitsdilemma aufheben würde.

Kultureller Polyzentrismus
Ganz anders das Kulturkreismodell von Samuel Huntington (1996). Es sieht in der Vielfalt der Kulturen ein Konfliktmodell (vgl. Abb. 4: Kulturkreise nach Huntington). Die Existenz von insgesamt acht Kulturkreisen (westlich-christlich, orthodox-christlich, islamisch, latein-amerikanisch, sinisch, konfuzianisch, hinduistisch und afrikanisch) berge ein Konfliktpotential in sich, das in Zukunft dem Nationalstaatenmodell den Rang ablaufen könne.

Abbildung 4: Kulturkreise nach Huntington

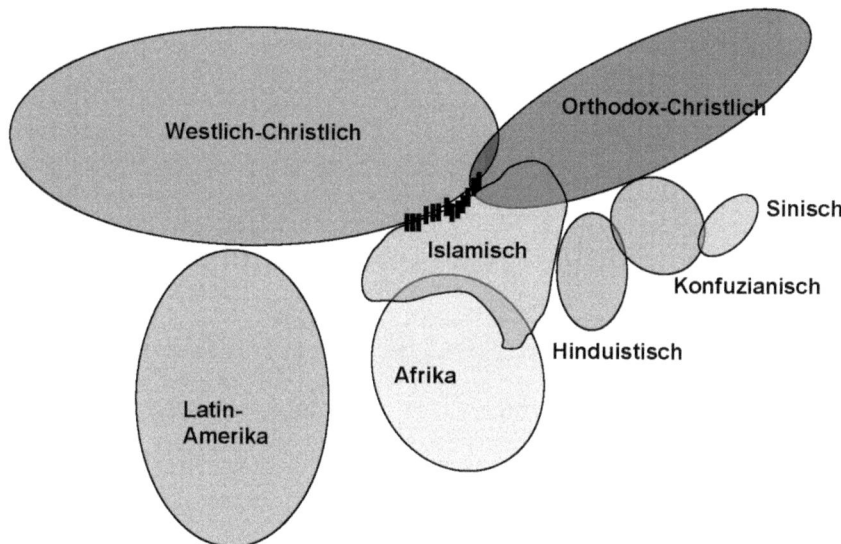

Vgl. Huntington, Samuel P. (1996): Kampf der Kulturen. München: Europa Verlag, S. 57-62.

Die Konfrontation finde an zivilisatorischen Grenzen statt, insbesondere sei die Grenzlinie zwischen der westlich-christlichen und der islamischen Welt konflikthaltig, ja kriegsauslösend. Dieses viel diskutierte Modell kann aufgrund zahlreicher Widersprüche und nicht realistischer Annahmen nicht als neues Paradigma in den internationalen Beziehungen angesehen werden, auch wenn die politische Instrumentalisierung von „Kultur" durchaus konfliktträchtig sein kann und ist. Empirische Prüfungen haben gezeigt, dass zwar Kulturkreise nach innen pazifizierend gewirkt haben können, dass aber zwischen den acht Kulturkreisen keineswegs konfliktbestimmende Wirkungen ausgegangen sind, auch wenn an einigen Nahtstellen durchaus kriegerische Auseinandersetzungen stattgefunden haben (vgl. Schwank 2004).

1.5 Das Integrationsmodell (Die Europäische Integration)

Die große Errungenschaft der Nachkriegszeit stellt das regionale Integrationsmodell der heutigen EU dar, das zu einem Modell für friedliches Zusammenleben in Wohlstand und Sicherheit avanciert ist. Es gilt für die Nachkriegsordnung im westlichen Europa und wird von der Kommission der Europäischen Union als Exportmodell auch für andere Kontinente vorgeschlagen. Dieser gemeinschaftsbildende Supranationalismus ist an Funktionsbedingungen geknüpft, die nicht unbedingt überall nachgebildet werden können. Selbst für die erweiterte Union kann aus einigermaßen gesichertem wissenschaftlichem Wissen geschlossen werden, dass künftig die Funktionsfähigkeit erheblich in Frage gestellt ist. Die Erweiterung bis auf dreißig Staaten stellt nach Erkenntnissen der Gruppensoziologie und der Verhandlungs- bzw. Entscheidungstheorie das politische System der EU vor große Herausforderungen, ganz zu schweigen von der größeren Kluft, die sich zwischen den Mitgliedsstaaten auftut (vgl. Teil III, 3. Erweiterung). Der Weg der Erweiterung kann tendenziell von der Vertiefung wegführen.

1.6 Das transatlantische Modell der differenzierten Komplementarität

Für das transatlantische Verhältnis EU-USA schlage ich ein sechstes Ordnungsmodell vor, das analog der Theorie der komparativen Kosten der liberalen Freihandelslehre mit der Spezialisierung auf jeweils kostengünstig herzustellende Güter, eine Aufgabenteilung zwischen bestimmten Staaten und Regionen vorsieht. Im Sinne *differenzierter Komplementarität* sollten sich Europa und Amerika auf die Politikbereiche konzentrieren, auf denen ihre Stärken liegen. Europa bildet weiter die so genannte „*soft power*" der postindustriellen Zivilgesellschaft aus und hält die Stellung als stärkste Handelsmacht der Welt; als Kulturstaaten-

1 Weltordnungsmodelle und die Positionierung Europas

ensemble wird es weiter ein Pol der Attraktivität bleiben. Die „Hypermacht" USA übernimmt mit Hilfe der so genannten „*hard power*" die Rolle der internationalen Ordnungsmacht, ausgestattet mit Militärmacht, die gegebenenfalls durch gleichgesinnte Staaten unterstützt werden kann. Der Aufbau einer gleich mächtigen europäischen Militärmacht wäre zu kostspielig und kontraproduktiv. Einem gegenwärtig auf ca. 600 Milliarden Dollar belaufenden Verteidigungshaushalt kann Europa nicht Paroli bieten, schon gar nicht in konjunkturellen Tieflagen. Das Wirken der USA als militärische Vormacht hat Europa nicht zum Schaden gereicht; ganz im Gegenteil, wie die deutsche Nachkriegsgeschichte gezeigt hat. Europa kann das Athen und die USA das Rom der modernen Geschichte werden.

Allerdings ohne Gegenmacht kann und sollte der Hegemon nicht agieren können und dies vor allem aus zwei Gründen: Allmacht verführt leicht zu Arroganz und Korruption. „Power corrupts and absolute power corrupts absolutely", wie bekanntlich Lord Acton sagte. Und zweitens sind die Interessen des Hegemons nicht immer identisch mit den Interessen anderer Staaten. Ob man die Vorherrschaft mit „gelassener Würde", wie Helmut Schmidt es hintersinnig mit bedeutungsvoller Gestik formulierte, hinnehmen oder eine Gegenmacht aufbauen sollte, wie es einige Staaten versuchen, ist eine Machtfrage, die von Fall zu Fall entschieden werden muss. Die EU ist in dieser Frage nach wie vor gespalten. Großbritannien setzt nach wie vor auf den US-Unilateralismus, die vier „Alteuropäer" (Frankreich, Deutschland, Belgien, Luxemburg) auf Multilateralismus. Das Komplementaritätsmodell könnte den Widerspruch zwischen hegemonialem Unilateralismus und partizipatorischem Multilateralismus auflösen.

Welche dieser Ordnungsvorstellungen gewährt am ehesten Friede, Stabilität und Wohlstand? Welche Option ist für die Nachkriegsordnung sowohl der Welt als auch der Region des Mittleren und Nahen Ostens vorzuziehen und welche ist die wahrscheinlichste? Die sozialwissenschaftliche Prognosefähigkeit stößt hier an die Grenze verlässlicher Aussagen. Ich habe zu zeigen versucht, dass all die vorgestellten Modelle ihre Vor- und Nachteile besitzen und in Zeit und Raum wandelbar sind.

Der *Unilateralismus* der imperialen Vormacht kann sowohl auf Gewalt beruhen, als auch konsensual utilitaristisch betrieben werden („the benevolent hegemon") und konfliktmäßigend wirken, wie die zahlreichen Vermittlungsaktionen der USA in den achtziger und neunziger Jahren gezeigt haben. Andererseits könnte der universale Anspruch auf Grenzen sowohl der ökonomischen Möglichkeiten (gegenwärtig allerdings gering), als auch der Akzeptanz seitens der Regierungen und der betroffenen Bevölkerung stoßen. Auch der Präventivschläge befürwortende Joseph Nye (in: Die Zeit v. 17.4.03) macht dies an multilateraler Zustimmung und der Grundlage eines sorgfältig ausgewählten Kriterienkatalogs fest. Demokratie zu exportieren erfordert gesellschaftliche, ökonomische und kulturelle Voraussetzungen, die in vielen Staaten der Welt nicht (oder noch nicht) gegeben sind. Demokratie lässt sich nicht herbeibomben oder der Steckdose entnehmen. Der Irak macht da keine Ausnahme.

Auch das *System des Gleichgewichts*, das Staaten in Schach halten soll, zeigte nicht immer die gewünschten Resultate. Kriege wurden dadurch nicht verhindert und die Dynamik wechselnder Koalitionen gehört zu den Grundbedingungen eines funktionierenden Gleichgewichtssystems.

Der *institutionelle Multilateralismus* vermag zwar Konflikte einzudämmen, zwischenstaatliche Differenzen auszugleichen und hat mit großer Wahrscheinlichkeit zur Abnahme interstaatlicher Kriege beigetragen. Allerdings stößt er da an Grenzen, wo Gewalt im Spiel ist und das militärische Potential nicht vorhanden ist, um als Abschreckung zu dienen oder Gewalt einzudämmen.

Der *internationale Regionalismus,* wie er sich in den zahlreichen Zusammenschlüssen in allen Erdteilen der Welt zeigt, basiert vornehmlich auf ökonomischen Austauschbeziehungen und tangiert die politische Sicherheitskomponente nur indirekt. Der *spill over* Effekt von den *low politics* der wirtschaftlichen Zusammenarbeit zu den *high politics* sicherheitspolitischer Interdependenz ist nicht automatisch herstellbar.

Ein viel versprechendes Ordnungsmodell ist sicherlich das der *Integration.* Es erstreckt sich auf alle wichtigen Bereiche der Politik und hat den europäischen Staaten der Nachkriegszeit Frieden und Wohlstand gebracht. Dieses Modell ist jedoch an spezifische historische und normative Voraussetzungen gebunden, die nicht oder so nicht in anderen Teilen der Welt gegeben sind. Zwar versucht die EU ihr Modell zu exportieren, hat jedoch bisher in anderen Kontinenten nicht vergleichbare Erfolge erzielen können. Der freiwillige Zusammenschluss demokratischer Staaten, die den Willen zu gleichberechtigter transnationaler Zusammenarbeit bekunden, ist das Ergebnis eines langjährigen schmerzhaften Lernprozesses, den die europäischen Staaten durchlebt haben. Demokratie erlebt außerhalb wie innerhalb des westlichen Bereichs unterschiedliche Ausprägungen; eine islamische Demokratie muss erst noch erfunden werden.

Zwischen dem Atlantik und Europa kündigt sich ein arbeitsteiliges differenziertes *Modell der Komplementarität* an, ergänzend und sich nicht ausschließend. Die USA befänden sich, so der Philosoph Sloterdijk, im Stadium des Heroischen, Europa im postheroischen oder postmilitärischen Zeitalter.

2   Potentialgrößen der Weltregionen im Vergleich

Die Konstruktion solcher Modelle beruht auf ganz verschiedenen Indikatoren der Macht. Wenn Macht als die Fähigkeit definiert wird, einen anderen zu einer Handlung zu veranlassen, die er ohne Außeneinwirkung nicht getätigt hätte, so sind drei Gesichtspunkte von Bedeutung: die materiellen Besitzgrößen, die so-

2 Potentialgrößen der Weltregionen im Vergleich

zialen Beziehungsverhältnisse und die Relation zwischen diesen Potentialgrößen und deren Wahrnehmung. Zu den materiellen Besitzgrößen zählen die wirtschaftliche Wertschöpfung eines Landes (Sozialprodukt), aber auch die Fläche des Landes, seine Bevölkerung, seine Besiedelung, sein Ausbildungsstand, seine militärische Stärke, die Güte seiner Regierung etc. Als Beziehungsgröße spielen die Verhältnisse von Regierung zu Regierung oder von Land zu Land eine Rolle, sowie deren Wahrnehmung in Vergangenheit und Gegenwart. Politisch relevant sind nicht nur die absoluten Größen der Machtausstattung, sondern auch deren Unterschiede, also das Machtgefälle als Relationsgröße. Potentialgrößen und deren Differenzen sind nur grobe handlungsbestimmende Faktoren. Sie spielen aber in der Einschätzung von Macht im internationalen Geschehen eine zentrale Rolle. Die folgenden Tabellen sollen einen ersten Überblick über die Kräfteverhältnisse geben, die den Modellbildungen zugrunde liegen.

Die Modelle unterstellen Gewichte und Bedeutungen von Staaten und Regionen, die auf Potentialgrößen beruhen können. Damit sind nicht notwendigerweise Machtpole angezeigt, denn Macht ist eine vieldimensionale Größe, die nur andeutungsweise durch die in den Tabellen 1 bis 2 wiedergegebenen ökonomischen Stärkeziffern angezeigt werden. Dennoch indizieren solche Ziffern Elemente von Macht, ausgedrückt in so genannten Besitzgrößen. Die in den Tabellen enthaltenen Ziffern lassen folgende Verhältnisse zwischen Staaten und Regionen erkennen:

Bevölkerung: In den Bevölkerungszahlen liegt China mit 1,3 Milliarden eindeutig an der Spitze und dies gilt in Bezug auf die absolute Zahl; Indien folgt als am zweitstärksten bevölkertes Land und wird voraussichtlich in nächster Zukunft das bevölkerungsstärkste sein, wenn seine gegenwärtigen Wachstumsraten anhalten. Indien besitzt auch die höchste Bevölkerungsdichte bezogen auf die Landfläche. Als nächstes folgt die EU der 27 Staaten mit mehr als einem Drittel der chinesischen Bevölkerung, wobei die Dichteziffer nahe an der chinesischen liegt. Die EU-Bevölkerung beträgt etwa 35% der chinesischen, die indische 80% und die US-amerikanische Bevölkerung ca. 22% des bevölkerungsreichsten Landes.

Tabelle 1: Größenvergleich zwischen China, EU, Russland, USA und Indien (absolute Zahlen; Prozentangaben auf den jeweils größten Wert bezogen)

	China[2]	EU-25[1]	EU-27[1]	Russland[2]	USA[2]	Indien[2]
Bevölkerung (2003)[3]	**1.319 Mio.** **100%**	456,8 Mio. 34,6%	486,4 Mio. 36,88%	144 Mio. 10,9%	291 Mio. 22,1%	1.067 Mio 80,0%.
Fläche (1000 km² für 2003)[3]	9.574 56,0%	3.972 23,3%	4.321 25,3%	**17.075** **100,0%**	9.629 56,0%	3.166 18,5%
Bevölkerung pro km²	137,8 40,9%	117,5 33,9%	112,6 33,4%	8,4 2,5%	30,3 9,0%	**337** **100,0%**
BIP (2003) in Mrd. Euro	1.246 12,8%	**9.971** **100,0%**	10.163 101,9%	384 3,9%	9.711 99,9%	509 5,2%
BIP (2003) pro Kopf in Euro	961 2,9%	21.800 66,7%	19.559 58,6%	2.678 8,0%	**33.377** **100,0%**	476 1,5%

Quellen: 1:http://www.eu-datashop.de/ und http://europa.eu.int/comm/eurostat
2: http://europa.eu.int/comm/trade/issues/bilateral/data.htm
3: Munzinger Online-Archiv

Militärische Stärke: Zur See, in der Luft und auf dem Land sind die USA die dominierende Militärmacht mit dem bei weitem größten Militärhaushalt von ca. 600 Mrd. US$ (2007). Sie ist in 156 Staaten präsent und besitzt in 63 Staaten militärische Basen. Als erste Nuklearmacht hat sie zwar ihre Stellung gehalten, muss diese aber mit mindestens fünf weiteren Nuklearmächten teilen.

Größe: Die größte Landfläche besitzt Russland mit 17 Millionen Quadratkilometer. Russland übertrifft dabei das Europa der Union um etwa das Fünffache. Die USA und China besitzen etwas mehr als die Hälfte der russischen Landfläche, Europa nur 25%.

Wirtschaftskraft: Die Größenverhältnisse ändern sich allerdings in Bezug auf die ökonomische Wertschöpfung. Hier liegen in absoluten Ziffern die EU und die USA vorne. Ihr Bruttoinlandsprodukt beträgt das 25fache von Russland und das knapp 8fache von China. Gemessen an dem höchsten Sozialprodukt der EU25 beträgt das chinesische Bruttoinlandsprodukt nur knapp 13%. In den Pro-Kopf Zahlen liegen die USA mit 33.377 Euro vor der EU mit ca. 20.000 Euro. Der US Bürger ist durchschnittlich etwa 35-mal reicher als der chinesische; der EU Bürger etwa 22-mal reicher als der chinesische. Die Abstände betragen also

2 Potentialgrößen der Weltregionen im Vergleich 29

35:1 bzw. 22:1. Das Pro-Kopf Einkommen Chinas beträgt knapp 3% des US-amerikanischen, das russische nur 8%.

Tabelle 2: BIP (Basis 1995, in Mrd.$)

Länder	1996	1997	1998	1999	2000	2001	2002
China	767,5	835,0	900,2	964,1	1.041,2	1.119,3	1.208,8
Japan	5.485,5	5.586,1	5.523,2	5.528,6	5.683,6	5.707,0	5.725,5
Eurozone	7.158,9	7.327,0	7.537,5	7.750,3	8.021,8	8.140,8	8.209,8
USA	7.603,0	7.942,9	8.285,9	8.629,1	8.955,1	8.9977,9	9.196,4
Verhältnis **China/Japan** (%)	14,0	15,0	16,3	17,3	18,2	19,5	21,0
Verhältnis **China/Eurozone** (%)	10,7	11,4	11,8	12,3	13,0	13,6	14,6
Verhältnis **China/USA** (%)	10,1	10,5	10,9	11,2	11,5	12,5	13,0

Quelle: World Development Indicators database (2004)

Betrachtet man die Ziffern in zeitlicher Entwicklung, so zeigen die Relationszahlen von China zu Japan, zu den USA und zu der Eurozone ständige Steigerungen. Das Verhältnis der BIP Zahlen von China zu Japan hat sich von 1996 zu 2002 von 14% auf 21,0% erhöht, das zur Eurozone im gleichen Zeitraum von 10,7% auf 14,6% und das zu den USA von 10,1% auf 13,0% (vgl. Tab. 2). Die hohen Wachstumsraten des BIP von China von 8,1% in den vier Jahren 2000-2003 zeigen eindeutig den Aufholprozess. Sollte die Entwicklung im gleichen Tempo so weiter gehen, so hätte China in etwa 18 Jahren mit Japan (mit durchschnittlich 1,5% Wachstum in den gleichen vier Jahren) gleichgezogen, in etwa 38 Jahren mit Europa (bei einer durchschnittlichen Wachstumsrate von 2,4%) und in 56 Jahren mit den USA (bei einer durchschnittlichen Wachstumsrate von 4,2%). Zu erwarten ist allerdings, dass das Wachstumstempo Chinas nicht beibehalten werden kann, da schon heute von einer Überhitzung die Rede ist. Auch können die anderen Volkswirtschaften Fortschritte machen, die den chinesischen Aufholprozess relativieren. Realistischer sind daher sicherlich längere Aufholzeiten bis zum Gleichstand mit Japan, der EU und den USA.

Wie können auf der Grundlage der wirtschaftlichen Stärkeziffern die Modellkonstruktionen beurteilt werden?

Der US-amerikanische Unilateralismus (vgl. Abb. 1) kann für einige Zeit auf dem Machtpolster beruhen: ökonomisch und militärisch sind die USA die führende Weltmacht. Diese dominante Stellung kann nach dem Sieg im Kalten

Krieg gegenüber der Sowjetunion beibehalten werden; China und Indien liegen in den Stärkeziffern noch weit zurück, Japan ist von den Ressourcen her beschränkt; allenfalls kann der europäische Zusammenschluss in Zukunft zu einer Herausforderung für Amerika werden, vorausgesetzt, Europa spricht mit einer Stimme. Die in der Graphik 1 dargestellte zentrale Position der USA beruht zwar auf den genannten Besitzgrößen; ihre Umsetzung in politischen Einfluss stößt jedoch auf Grenzen, die vom Multilateralismus gestärkt werden.

Die zentrale US-amerikanische Position hat seit den achtziger Jahren des letzten Jahrhunderts eine Diskussion ausgelöst, die im Kontext der Debatte um den Ausstieg und Fall großer Herrschaftssysteme geführt wurde. Paul Kennedy hat in seinem schon erwähnten Monumentalwerk „The Rise and Fall of the Great Powers" (1987) den Niedergang Amerikas aus vornehmlich ökonomischen – und damit verbunden: militärischen – Daten abgeleitet. Der Kernsatz seines Erklärungsmodells lautet: „To be a Great Power – by definition, a state capable of holding its own against any other nation – demands a flourishing economic base."(Kennedy 1987: 539). Das Auseinanderdriften („disjuncture") von ökonomischer Stärke und militärischer Fähigkeit führe zu einer Überdehnung („overstrain") und letztlich zum Niedergang. Großmächte sind dann nicht mehr fähig, Ressourcen aus ihren produktiven Sektoren aufzubringen, um unproduktive militärische Ausgaben zu finanzieren; der Zerfall großer Weltreiche sei einhergegangen mit wirtschaftlichem Niedergang. Der Rückgang der US-amerikanischen Anteile am Weltbruttosozialprodukt von 52% 1950 auf 21% 2000 oder die Reduzierung des Anteils am Welthandel von 22% (1950) auf 10% (2000) könnte ein Indiz für solche Überlegungen sein. Der britische Historiker Garton Ash hat die Situation Washingtons im Jahre 2005 mit der Londons im Jahre 1905 verglichen (vgl. Süddeutsche Zeitung v. 30.8.2005). In beiden Metropolen herrschte bzw. herrsche grandiose Selbstherrlichkeit und majestätisches Gebaren, doch auch Skepsis, ja Angst, ob die Weltstellung erhalten werden könne. Der britische Kolonialminister drückte dieses Gefühl so aus: „Der müde Titan taumelt unter der zu großen Last des weiten Himmels, den er auf seinen Schultern trägt." Wie sich die Engländer damals um die aufstrebenden Wirtschaftsmächte Deutschland und die USA sorgten, so sorgen sich die USA heute um die neuen Wirtschaftsmächte China und Indien. Beide Weltmächte waren in Kriege verwickelt: der Burenkrieg hatte sich unerwartet in die Länge gezogen und war kostspielig und blutig geführt worden; der Irakkrieg war zwar gewonnen worden, jedoch weit entfernt von einer politischen Lösung. In beiden historischen Fällen wurden die „Titanen" von under-dogs herausgefordert und konnten nur mühsam Erfolge verbuchen. Diese historische Analogie verführt Garton Ash zu der Prognose, dass sich das Ende des „Amerikanischen Jahrhunderts" bereits am Horizont abzeichne. Allerdings hat das britische Empire noch weitere vierzig Jahre bestanden.

Im Sinne der Kennedythese wird auch auf die Defizite in der Handelsbilanz (pro Jahr 5000 Mrd. US $) und auf die größte Auslandsverschuldung (3000 Mrd. US$) verwiesen. Auch sei die Korruptionsanfälligkeit der amerikanischen Manager ein Negativposten der US-Wirtschaft (Schmidt 2004: 95-97). Allerdings steht auf der Positivseite der amerikanischen Dominanz die enorme Vitalität der Nation und ihres Führungspersonals, das Selbstvertrauen mit religiösem Sendungsbewusstsein oder das innovative Potential in Forschung und Entwicklung. Zumindest sind die in den achtziger Jahren ausgesprochenen Niedergangsprognosen nicht eingetroffen, und ich stimme dem ehemaligen Bundeskanzler Schmidt zu, wenn er vermutet: „Insgesamt ist aber kaum damit zu rechnen, dass die strategische Kapazität der USA in absehbarer Zeit aus ökonomischen Ursachen sonderlich behindert wird" (Schmidt 2004: 99).

Der politische Multilateralismus mit den USA, mit Europa, Russland, Ostasien und Südamerika (vgl. Abb. 2) kann dann an Bedeutung gewinnen, wenn die ökonomischen Stärkeziffern sich zugunsten der Europäer und der Ostasiaten verlagern; vor allem in Asien (China oder Indien) deutet sich dies an. Wie lässt sich Europa in dieser Mächtegewichtung verorten?

Robert Kagan (2003: 49) weist darauf hin, dass der Multilateralismus ein Substitut für fehlende nationale Macht sei. Mit Hilfe des Multilateralismus versuchten schwächere Staaten stärker zu werden, in dem sie z.B. Koalitionen bilden. Die Überlegung, der Hypermacht Gegengewichte entgegen zu setzen bestimmt das Denken der wichtigsten Akteure im internationalen System von China, Indien, Russland bis zu Europa. Der von Javier Solana ausgesprochene „effektive Multilateralismus" bezog sich dabei vor allem auf die wichtigsten internationalen und regionalen Organisationen als Element eines wirksamen Multilateralismus. Was sind die Stärken und Schwächen Europas in einem solchen multilateralen System?

Die Diskussion der Potentialgrößen sieht die EU auf den vordersten Plätzen: die 25 EU-Staaten besitzen zusammen genommen das größte Wirtschaftspotential und sie sind die größte Handelsmacht der Welt. Die Währung der Eurozone hat seit Einführung der gemeinsamen Währung an Kaufkraft gewonnen. Die EU-Bürger besitzen ein hohes Ausbildungsniveau und können auf eine reiche und attraktive Kultur verweisen. Als ‚sanfte' Macht setzt die EU vor allem auf diplomatische und wirtschaftspolitische Mittel der Konfliktprävention und Friedenskonsolidierung. Das vereinigte Militärpotential ist zwar beträchtlich, kann aber nicht als vereinigte aktivierbare Größe gerechnet werden. Von außen wird Europa durchaus als Großmacht wahrgenommen.

Die immer wieder betonten Schwächen sind augenfällig: divergierende nationale Interessen, die Uneinigkeit der europäischen Politiker verhindern immer wieder einheitliches Handeln. Während die anderen Akteure eines multilateralen Systems mehr oder weniger einheitlich agierende Nationalstaaten sind, ist die

Konsensfindung in dem Ensemble von vielen Nationalstaaten sehr viel schwieriger und hat in der Vergangenheit immer wieder zu auseinanderdriftenden Positionen in wichtigen Fragen der internationalen Politik geführt (Irakkrieg). Zu Schwächefaktoren werden auch gerechnet die geringen Wachstumsraten der volkswirtschaftlichen Wertschöpfung, die Überalterung der Gesellschaften und die damit verbundenen sozialen Belastungen. Ausschlaggebend für die Einschätzung des Mächtegewichts ist aber die Unfähigkeit in der Umsetzung des durchaus vorhandenen hohen Potentials. Für Paul Kennedy ist Europa ein Rätsel: „Its relative decline seems destined to continue" (1987: 488), wenn Europa nicht gemeinsam handeln kann.

Der ökonomische Trilateralismus (vgl. Abb. 3) ist bereits heute Realität wenn man als Basis die Anteile am Bruttoinlandsprodukt oder die Anteile am Welthandel berücksichtigt: Im Durchschnitt der Jahre 1996-1998 betrugen die Anteile des Bruttoinlandsprodukts am Weltsozialprodukt für die EU15 27,3%, für die USA 27,3% und für ASEAN+3 20,8%. Diese drei zusammen produzieren damit über dreiviertel des Weltsozialprodukts. Die Anteile am Welthandel betrugen im Durchschnitt der Jahre 1997-1999 19,2% für die EU, 16,1% für die USA und 17,4% für ASEAN+3[6] und damit zusammengenommen mehr als die Hälfte des Welthandels. In den anteiligen ökonomischen Stärkeziffern sind die genannten drei Einheiten also in etwa gleich. In der langfristigen Welthandelsentwicklung zeigt sich eine zunehmende regionale Verdichtung. 2001 betrug der Welthandel ca. 6 Billionen US-Dollar; davon werden zwei Drittel von den Industrieländern bestimmt. Auf den intraregionalen Handel entfielen auf den Handel zwischen den westeuropäischen Ländern 1677 Mrd. US-Dollar, gefolgt von Nordamerika mit 391 Mrd. US-Dollar und Asien mit 722 Mrd. US-Dollar. Neben dieser intraregionalen Entwicklung hat in den neunziger Jahren auch der interregionale Warenaustausch zwischen den drei Großregionen, nicht aber der mit dem Rest der Welt absolut wie relativ zum Weltexport zugenommen.[7] Den wertmäßig größten Anteil haben die Exporte von Asien nach Nordamerika, sowie die Exporte von Asien nach Europa und die von Europa nach Nordamerika (vgl. Abb. 5).[8] Europa wickelt etwa zwei Drittel seiner Exporte intraregional ab. In internationalen Wirtschaftsforen wie der Welthandelsorganisation wird das Gewicht Ostasiens (insbesondere Chinas) stärker zum Tragen kommen; schon heute sind hier die EU und die USA in einigen Handels- und Umweltfragen Gegenspieler. Die politische Handlungsfähigkeit ist entscheidend von der Fähigkeit zur internen Konsensbildung abhängig. In Ostasien kann ASEAN+3 nicht

---

[6] ASEAN+3 = Brunei, Indonesien, Malaysia, Philippinen, Singapur, Thailand, Vietnam, plus China, Japan, Südkorea; inzwischen sind die ASEAN-Staaten auf zehn angestiegen.
[7] Quelle: EUROSTAT (COMEXT, CRONOS), FMI, WEFA, CNUCED
[8] Quelle: www.wigy.de/hp/050325_HBL_UEII_Globalisierung_Auflage2.pdf

als Einheit aufgefasst werden; lediglich Japan und China sind wichtig zu nehmende einzelne Akteure, die in Zukunft noch an politischem Gewicht hinzugewinnen werden. Die NAFTA ist mehr oder weniger von den USA dominiert, auch wenn hier die Mitspieler Kanada und Mexiko von Bedeutung sein können.

Abbildung 5: Handelsströme im Dreieck Europa-Nordamerika-Asien (2004). Alle Handelsprodukte in Mrd. US Dollar und Anteil am Weltexport in Prozent

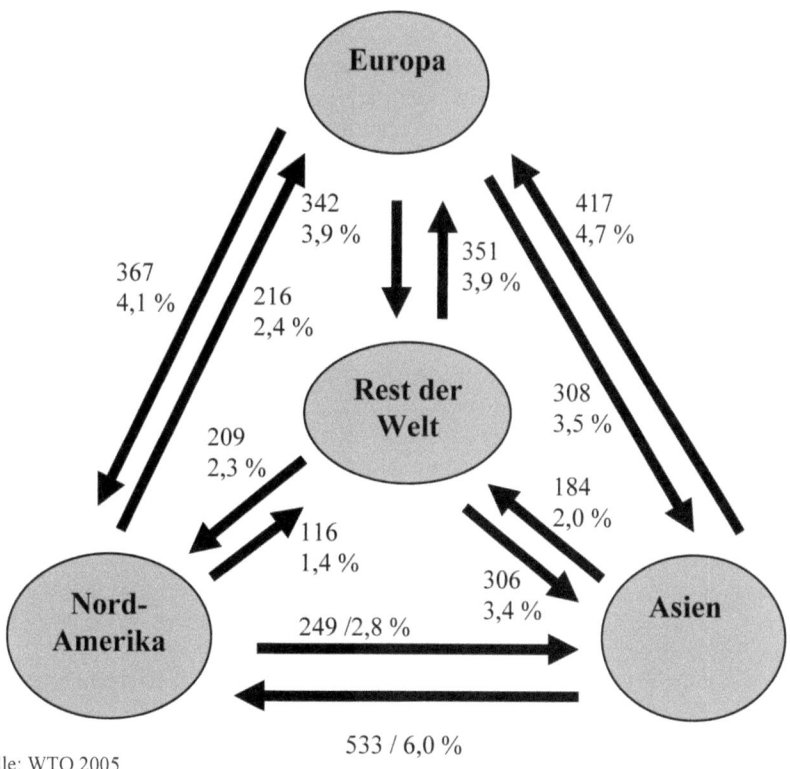

Quelle: WTO 2005

Ich fasse zusammen: der US-amerikanische Unilateralismus, der von der Bush-Administration verfolgt wird, muss schon heute relativiert werden, auch wenn die dominante Machtposition für weitere Jahre erhalten bleiben wird. Grenzen der politischen Wirkung haben sich während und nach dem Afghanistan- und Irakkrieg gezeigt (fehlende Unterstützung vonseiten wichtiger Verbündeter; Angewiesensein auf Unterstützung beim Aufbau neuer politischer Ordnungen).

Das Europa der EU leistet in den kriegerischen Gebieten zivilgesellschaftliche Unterstützung in humanitären, friedenspräventiven und friedenskonsolidierenden Bereichen. Als kulturelles und wissenschaftlich-technologisches Zentrum wird Europa seine Ausstrahlung behalten. Die zukünftige Entwicklung scheint aber auf einen Multilateralismus hinauszulaufen, der in Form des ökonomischen Trilateralismus schon heute Realität ist.

3 Globalisierung und Europäische Regierungsfähigkeit (Governance)

Im ausgehenden 20. Jahrhundert hat eine Art fin de siècle Stimmung die Literatur beflügelt, die etwa zeitgleich mit der Globalisierungsdiskussion einsetzte. Diese Zeit schien gekennzeichnet zu sein durch Krisen, Umbrüche, Verwerfungen oder politische Strukturbrüche (Kramer 1995). Von einer „Zeit des Zerfalls" (Capra 1988) oder einer „Zeitenwende", ja einer Endzeitstimmung war die Rede, von der „neuen Unübersichtlichkeit" (Habermas 1996) wurde gesprochen und von der „Siegkrise" (Beck 1996), von einer „Phase tief greifender und offener Strukturtransformationen", von der „Krise von Demokratie und Politik" oder von „widersprüchlicher, historisch nicht festgelegter Politik- und Gesellschaftsepoche".[9] Zu lesen ist vom „Ende der Moderne", vom „Niedergang des sozial kompetenten Nationalstaats", von der „Dekonstruktion des Demokratie- und Sozialstaats" (Lyotard 1994). Bekannt geworden sind die Thesen von dem „Ende der Geschichte" (Fukuyama 1992) oder vom „Ende der Utopie" (Fest 1991). Es ist nicht übertrieben, solche Endzeitstimmungen mit der fin de siècle Stimmung am Ende des 19. Jahrhunderts in Verbindung zu bringen.

Diese sehr unterschiedlich gelagerten, globalen wie spezifischen Kennzeichnungen müssen jedoch entschlüsselt werden, denn einmal sind Allerwelts-Großaggregate wie Modernisierung, die Moderne, Globalisierung, Industrialisierung, Geschichte, Utopie angesprochen, zum anderen national bezogene Aggregate wie Demokratie, Sozialstaat, Nationalstaat.

Ich möchte mich hier auf die politikrelevanten Fragen konzentrieren und auf die demokratietheoretische Verortung und Qualifizierung der Krise bzw. – daraus folgernd – auf die praktizierten bzw. fehlenden Bewältigungsstrategien eingehen. Im Zentrum steht der demokratische Verfassungsstaat mit seiner Hand-

---

[9] Vgl. Helmut Kramer (Hrsg.): 1995, S.9-20; Fritjof Capra: 1988. Hier heißt es: „Zu Beginn der beiden letzten Jahrzehnte unseres Jahrhunderts befinden wir uns inmitten einer tief greifenden, weltweiten Krise. Es handelt sich um eine vielschichtige, multidimensionale Krise, deren Facetten jeden Aspekt unseres Lebens berühren – unsere Gesundheit und Lebensführung, die Qualität unserer Umwelt und unsere gesellschaftlichen Beziehungen, unsere Wirtschaft, Technologie und Politik. Es ist eine Krise von intellektuellen, moralischen und spirituellen Dimensionen..." (S.15).

lungsfähigkeit und seiner Legitimität im Fadenkreuz zwischen externen Herausforderungen und internen Bewältigungsstrategien.

John Hertz sprach schon 1969 von der „crisis of the territorial nation-state" und Ernst-Otto Czempiel im gleichen Jahr von der „anachronistischen Souveränität"; Daniel Bell schreibt: „The nation-state is becoming too small for the big problems and too big for the small problems of life" (zitiert in Wewer 1993:11). In weiter zurückliegender Zeit hat schon Ernest Renan 1882 etwas zu pointiert auf den ephemeren Charakter von Staaten hingewiesen:

> „Les nations ne sont pas quelque chose d'éternel. Elles ont commencé, elles finiront. La confédération européenne, probablement, les remplacera." Doch er fügt hinzu: „Mais telle n'est pas la loi du siècle où nous vivons. A l'heure présente, l'existence des nations est bonne, nécessaire même."[10]

In diesen Formulierungen sind zwei Erscheinungen gegenwärtiger Entwicklung angesprochen, nämlich einmal die Zunahme grenzüberschreitender Probleme, die von einem Nationalstaat alleine nicht mehr bewältigt werden können; durch Öffnung der Märkte als Folge europäischer Binnenmarktbildung und weltweiter Liberalisierung des Handels sind auch Prozesse eingeleitet worden, die an nationalstaatlicher Autorität weitgehend vorbeigehen. Andererseits wird der Staat durch die Zunahme subnationaler Prozesse, wie sie sich sowohl in ethnischen Konflikten, Autonomiebewegungen oder gar Sezessionen als auch in Individualisierungsprozessen äußern, gefordert. Der Staat ist zuzusagen von fünf unterschiedlichen Entwicklungen in die Zange genommen:

- Die weltweit betriebene Liberalisierung des Handels wie sie von GATT bzw. der Welthandelsorganisation WHO (*Globalisierung*) betrieben wird, übt – bei allen noch existierenden protektionistischen Tendenzen – Druck auf die innerstaatliche Konkurrenz aus und verschärft Verteilungskämpfe.
- Aus dem Außenbereich der Europäischen Union dringt mehr Wettbewerb durch binnen- und außenwirtschaftliche Liberalisierung auch in bisher geschützte Bereiche; die Abgabe von Souveränitätsrechten liegt ohnehin in der Logik supranationaler Integration wie sie in der Europäischen Union (*Europäisierung*) praktiziert wird; eine Asymmetrie ist entstanden: während die EU die wirtschaftliche Liberalisierung auf ihre Fahnen geschrieben hat, fehlt eine gemeinsame Sozial- oder Arbeitsmarktpolitik, die die Folgen der

---

[10] Ernest Renan: Qu'est-ce qu'une nation? Conférence faite en Sorbonne, le 11 mars 1882. Dt. (meine Übersetzung): „Die Nationen sind nicht von Ewigkeit. Sie haben angefangen und sie werden enden. Die europäische Konföderation wird sie möglicherweise ersetzen. ... Aber dies ist nicht das Gesetz des Zeitalters, in dem wir leben. Zum gegenwärtigen Zeitpunkt ist die Existenz der Nationen gut, ja selbst notwendig."

Liberalisierung auffangen würde. Wirtschafts- und Sozialpolitik gehören zur sozialen Marktwirtschaft wie siamesische Zwillinge, die nun getrennt worden sind.
- Aus dem gesellschaftlichen Innenbereich gerät der Staat eben als Folge dieser außenwirtschaftlichen Konkurrenzsituation in Bedrängnis insofern als die sozialen Folgelasten sozusagen als Abfallprodukte verschärfter Konkurrenz größer geworden sind und die finanzpolitisch zur Verfügung stehende Verteilungsmasse schrumpft. Verstärkt wird der Druck auf die staatlichen Leistungen dadurch, dass die Verbände und vor allem die Gewerkschaften stärker auf die Einlösung sozialer Forderungen und Versprechungen reagieren (*Individualisierung*).
- Schließlich hat sich das Konfliktpotential von der internationalen in die nationale Arena verlagert (Renationalisierung) und stellt die nationalen Regierungen vor größere innenpolitische Sicherheitsaufgaben; durch *Ethnisierung* entstehen Autonomieforderungen, die bewältigt werden müssen; die Kosten für innere Sicherheit sind größer geworden, die für äußere Sicherheit geringer.
- Doch auch aus dem Außenbereich wirken Kräfte, die die innerstaatliche Sicherheit gefährden. Der sich international organisierende nicht-staatliche Terrorismus erfordert mehr nationale Sicherheitsmaßnahmen und den Zwang zu überstaatlicher Zusammenarbeit.

Diese Vorgänge stehen in einem komplexen Wirkungszusammenhang, können aber dem Staat Handlungskompetenz entziehen für die er nach Kompensation suchen muss. Der Verlust von Handlungsfähigkeit zeigt sich auf den verschiedenen Ebenen des nationalen (in der Bundesrepublik bei der Reform des Gesundheits-, Renten- und Sozialsystems), regionalen (EU: Scheitern beim Management von Krisen und Kriegen wie z.B. auf dem Balkan) und internationalen (UN: Somalia, Bosnien, Nah-Ost-Konflikt) Systems.

Diesem Autonomieverlust versucht das politisch-administrative System der westlichen Nationalstaaten durch drei Strategien zu begegnen: einmal nach innen durch *korporatistische Einbindung* gesellschaftlicher Gruppen sowie durch *Renationalisierung* im Sinne der Einbindung minoritärer Gruppen und nach außen durch *international governance*. Alle drei Strategien können den nationalen Regierungen Handlungsmacht zurückgeben, die sie durch Kompetenzabgabe an innen- und außenpolitische Akteure verloren haben (siehe unten).

Das Analysemodell verweist auf die folgenden Wirkungszusammenhänge: die Globalisierung sowie die binnenwirtschaftliche Liberalisierung des EU-Marktes verschärfen den Wettbewerb auf dem einheimischen Markt; die Unternehmen reagieren darauf durch Rationalisierung der Produktion, d.h. u.a. durch Ersetzen von Arbeit durch Kapital mit dem Ergebnis schlanker, gewinnträchti-

3 Globalisierung und Europäische Regierungsfähigkeit (Governance)

ger, global agierender Unternehmen; die damit verbundene größere Arbeitslosigkeit führt zu größerer Inanspruchnahme staatlicher Sozialleistungen. Für die Befriedigung der Nachfrage nach finanziellen Leistungen gibt es drei Strategien: Abbau solcher Leistungen, Privatisierung oder größere Verschuldung. Da im EU-Raum die Konvergenzkriterien bei den meisten Mitgliedstaaten eine Rückführung der öffentlichen Verschuldung erfordern, können soziale Leistungen nur durch Minderung staatlicher oder/und durch Erhöhung privater Leistungen bewältigt werden. Das Modell der Wirkungszusammenhänge geht somit von Außenfaktoren aus und betrachtet deren Wirkung auf die Innenpolitik; internationale und transnationale Integration erzeugen binnengesellschaftliche Konflikte, die als Forderungen an den Staat weitergegeben werden. Die Kausalkette läuft über transnationale Prozesse, die auf innergesellschaftliche einwirken und Rückwirkungen auf den Staat haben.

Dieser Zirkel hoher Unternehmergewinne – hoher Arbeitslosigkeit muss allerdings durch gegenwirkende Additive aufgerechnet werden: Arbeitsplätze werden auch wieder in technologisch neuen Bereichen geschaffen bzw. können in Deutschland im Dienstleistungssektor entstehen, denn im internationalen Vergleich ist dieser Bereich gegenüber dem Industriesektor noch unterentwickelt. Außerdem gibt es Wohlfahrtsgewinne durch den Freihandel: die billigeren importierten Waren setzen im Inland Kaufkraft für andere Waren frei und bilden Kaufkraft in den billiger produzierenden Ländern. Dies kann wiederum zu Exportsteigerungen führen; so liegen beispielsweise die Exporte der Bundesrepublik in die so genannten Tigerstaaten höher als die Importe. Zur Bilanz neu entstandener und wegrationalisierter oder verlagerter Arbeitsplätze gibt es je nach Branche und Land unterschiedliche Schätzungen.

Modell-analytisch vereinfacht werden als erklärende und damit unabhängige Faktoren der Krisenauslösung Globalisierung, Europäisierung, Ethnisierung und Individualisierung betrachtet; als zu erklärende und damit abhängige Größen sind es die Handlungsfähigkeit und Legitimität des demokratischen Verfassungsstaats. Dabei stehen *Handlungsfähigkeit* und *Legitimität* in direktem Verhältnis zueinander: demonstrierte erfolgreiche Handlungsfähigkeit wirkt legitimierend. Ein politisches System erhält Akzeptanz nicht nur durch Gewährung von Mitgestaltungs- und Sicherungsrechten, sondern auch durch erfolgreiche Politik; mit anderen Worten, nicht nur die Willensbildungs- und Entscheidungsfindungsprozesse (Input) sind wichtig, sondern auch die Ergebnisse (Outputleistungen). Diese beiden wichtigen Eigenschaften des Staates werden wiederum mit Hilfe eigener Steuerungspotentiale (Korporatismus, Nationalismus und international governance) zu gestalten versucht (vgl. Abb. 6).

Abbildung 6: Analysemodell zum Zirkel Außenpolitik-Innenpolitik und Staat-Gesellschaft

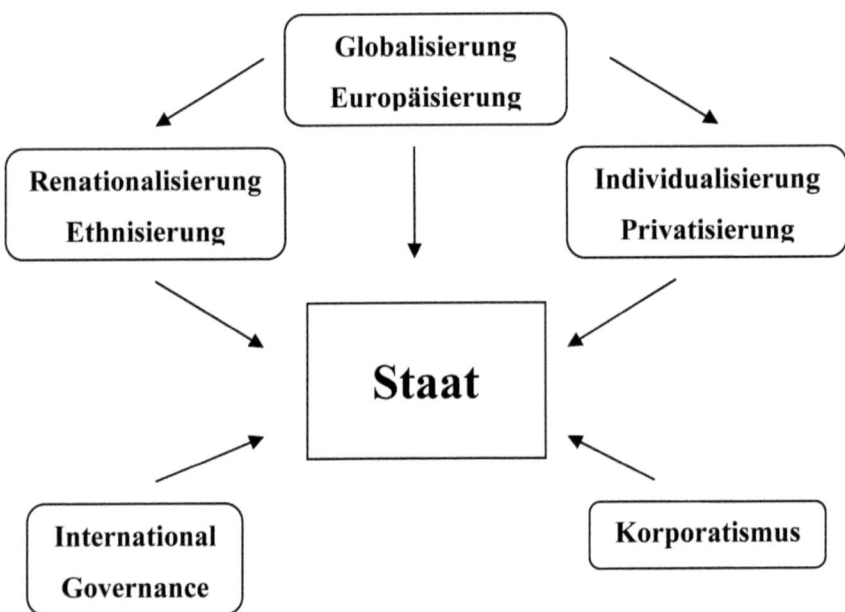

Demokratietheoretisch lassen sich diese Zusammenhänge folgendermaßen fassen: Wenn Politik als der Bereich definiert werden kann, in dem eine kleinere Gruppe von Handlungsbefugten interessengeleitet für ein größeres Kollektiv in einem begrenzten Territorium bindende Entscheidungen fällt, so können zwei Prozesse benannt werden, die dieses nationale Entscheidungssystem verändert haben. Einmal werden Entscheidungen von Akteuren gefällt, die sich außerhalb nationalstaatlicher Territorien befinden, die aber bindend sind für die Staatsangehörigen; Regierungen bestimmen nicht mehr alleine was richtig, rechtens und was angemessen ist für die Bürger des eigenen Landes. Es sind internationale und transnationale decision-makers hinzugekommen. Zum andern haben nationalstaatliche Entscheidungen Auswirkungen auf Bürger anderer Länder, ohne dass diese am Willensbildungs- und Entscheidungsfindungsprozess beteiligt worden wären. Die ökonomischen und ökologischen Auswirkungen auf Nachbarstaaten sind gemeint, und diese haben durch technologische Großentwicklungen zugenommen. Die Permeabilität des Staates setzt hier ein und besteht in der *größer gewordenen Diskrepanz zwischen den Entscheidenden und den Entscheidungsbetroffenen.* Mit anderen Worten, der Kreis der Entscheidungsbevollmächtigten ist mit dem Kreis der Entscheidungsbetroffenen nicht mehr deckungs-

3 Globalisierung und Europäische Regierungsfähigkeit (Governance)

gleich, und damit entsteht ein Legitimations- und Effizienzdefizit, das die demokratischen Staaten destabilisieren kann. Politik hat sich verlagert in zwischenstaatliche, regionale und internationale Arenen; neue Muster der Willensbildung und Entscheidungsfindung haben sich gebildet. Folge davon ist, dass es im Verhältnis zwischen den politischen Akteuren und der Bevölkerung zu einer *Anonymisierung von Verantwortung und Zuständigkeit* gekommen ist. Die Identifizierung von Verantwortlichen und Zuständigen für politische Maßnahmen ist schwieriger, ja in einigen Fällen undurchschaubar geworden; damit entfallen auch Rechtfertigungszwänge und Kontrollmöglichkeiten.

Wie lassen sich diese die Verlagerung bewirkenden und krisenauslösenden vier Entwicklungen im Einzelnen beschreiben?

3.1 Die Globalisierungsthese

Kaum ein anderer Begriff hat so Konjunktur wie der der Globalisierung oder zugespitzter: der „Globalisierungsfalle" (Martin/Schumann). Träger dieses Globalisierungs-Prozesses sind vor allem die inzwischen auf über 5000 angewachsenen Internationalen Nichtstaatlichen Organisationen (Nicht-Regierungsorganisationen, NGO) im wirtschaftlichen, sozialen, kulturellen oder im Umweltbereich. Sie gelten einerseits als „Gewissen der Weltöffentlichkeit", als „local agents of the world common good" (Hedley Bull), andererseits als verantwortlich für die Misere in der Dritten Welt und für die Regierungsunfähigkeit in der Ersten. Unter Globalisierung kann sehr Unterschiedliches verstanden werden:

- Die zunehmenden *wirtschaftlichen Verflechtungen* haben den „harten Kern" der Souveränität durchlässiger gemacht. Mit dem klassisch-absolutistischen Staatsbegriff verbunden war zunächst die Vorstellung von wirtschaftlicher Autarkie (Merkantilismus, Physiokratismus etc.). Dann sah der Liberalismus den „Wohlstand der Nationen" durch internationale Arbeitsteilung und Liberalisierung des Außenhandels gewährleistet. Die transnationalen wirtschaftlichen Organisationen, allen voran die internationalen Konzerne, nutzen das Gefälle zwischen Wirtschaftsstandorten und umgehen damit staatlich gesetzte Regelungen. Es ist vor allem der von privaten Händlern und Unternehmern betriebene grenzüberschreitende Freihandel wie er von der Führungsmacht USA nach dem Zweiten Weltkrieg betrieben wurde und in Institutionen wie dem GATT/WTO, der Weltbank, den Vereinten Nationen etc. seinen Niederschlag gefunden hat; diese transnationalen Aktivitäten richten sich nach den Gesetzen des Weltmarktes; das ökonomische Kalkül optimiert bzw. maximiert nach weltweit existierenden Handels- und Produktionsbedingungen und bleibt nicht auf den nationalen Markt beschränkt.

Indikatoren für dieses wirtschaftliche Konzept von Globalisierung sind die Zuwachsraten des *Welthandels*, der *ausländischen Direktinvestitionen* oder der grenzüberschreitenden *Fusionen*. Der *Welthandel* hat sich mit größerer Geschwindigkeit entwickelt als das Weltsozialprodukt; die Exportquoten sind vor allem in Westeuropa und Ostasien gestiegen. Sie liegen in den neunziger Jahren in den meisten westlichen Industriestaaten höher als in der Zeit vor dem Ersten und nach dem Zweiten Weltkrieg. Ausnahmen sind lediglich Australien, Finnland, die Schweiz, Großbritannien und die USA, wo der Exportanteil zu diesen Zeitpunkten höher lag (Busch 1999, 28). Vor allem die *Finanz- und Devisenmärkte* zeigen eine explosionsartige Ausweitung: die Umsätze an den internationalen Börsen übersteigen den Wert des Welthandels um das 40-fache (Busch 1999: 33). Die ausländischen *Direktinvestitionen* sind in der Zeit zwischen 1995 und 2001 von 225,3 Mrd. US$ auf 735,1 Mrd. US$ gestiegen, wobei knapp 70% aus den Industrieländern stammt. Die grenzüberschreitenden *Fusionen* sind jährlich weltweit von 2775 1987 permanent (mit Ausnahmen) auf 76000 1998 gestiegen, wobei der Anteil der Direktinvestitionen auf 84% angewachsen ist (Kleinert und Klodt 2002:35).

- Die weltweite Vernetzung äußert sich exemplarisch in internationalen *multimedialen Informationssystemen* (Internet). Angesprochen ist hier insbesondere der so genannte vierte Faktor der kapitalistischen Produktion (Versicherungswesen, Consulting, juristische Beratung, etc.) neben Kapital, Arbeit und Know How. Die neuen Technologien bestimmen die Entwicklung von der Industrie- zur Informationsgesellschaft.
- In ähnlichem Sinne greift auch Anthony G. McGrew diesen Begriff auf, erweitert ihn aber um den gesellschaftlichen Bereich, wenn er definiert: „To talk of global politics is to assert that there are processes of globalization at work which in some way contribute to the globalization of political activity. Globalization refers to the multiplicity of linkages and interconnections between the states and societies which make up the world system" (McGrew/Lewis 1992: 23). Der Begriff meine sowohl den Umfang (global, weltweit) als auch die Intensität mit der *Interaktionen zwischen Staaten und Gesellschaften* ausgetauscht werden.
- Bei Globalisierung kann aber auch an die Figur des europäischen Staates und dessen Verbreitung über die Welt gedacht werden. Headly Bull spricht von der „Expansion des europäischen Staatensystems über den Globus und dessen Transformation in ein *Staatensystem globalen Ausmaßes*" (Bull 1977).
- Unter Globalisierung kann aber auch ganz allgemein und über das Ökonomische hinausreichend die weltweite Ausweitung jeglicher politischer, gesellschaftlicher, wirtschaftlicher, kultureller oder technologischer Phänome-

3 Globalisierung und Europäische Regierungsfähigkeit (Governance)

ne wie Verkehr, Kommunikation, Produktion, Finanzströmen, Technologie- und Waffentransfers, kurz alles verstanden werden, was globale weltweite Bezüge angenommen hat wie Weltbevölkerung, Migration, Umwelt, Armut/ Unterentwicklung, Verbreitung von Kernwaffen, Terrorismus etc. Gemeint ist die *Verdichtung weltweiter Grenzüberschreitungen* bezogen auf transnationale Fragen, die zu den so genannten Weltproblemen gehören und auf entsprechenden Weltkonferenzen der UNO behandelt worden sind. Andere Ausdrücke sind Universalisierung oder Mondialisierung.

Die großen Fragen der internationalen Politik, wie Krieg und Frieden, Aufrüstung und Abrüstung, wie Entwicklung, Ernährung, Umwelt etc., wie zuvor schon die Fragen der internationalen Angleichung von Normen und Standards sowie die des wirtschaftlichen Warenaustauschs sind grenzübergreifend und erfordern eine Koordination nationaler Politiken. Diese Weltprobleme überwölben nationalstaatliche Interessen und zwingen zu Lösungen in gemeinsamen Aktionen. So hat die Entwicklung von Nuklearwaffen mit großer Reichweite nach dem Zweiten Weltkrieg das nationale Gut Sicherheit internationalisiert. *Sicherheit* ist im Zeichen nuklearer Abschreckung ein kollektives Gut geworden. Der zweite Golfkrieg hat auch ein „System kollektiver Dominanz" (Hondrich 1992: 150) hervorgebracht, das erstmals in der Nachkriegsgeschichte West und Ost, Süd und Nord miteinbezogen hat.

Während des Kalten Krieges waren die Nationalstaaten des Nordens mehr oder weniger eng in die *ideologischen Blöcke* einbezogen. Nach Auflösung des Kalten Krieges gibt es Wertgemeinschaften, die sich zu regionalen Organisationen zusammengeschlossen haben. Man muss solche Gemeinschaftsbildungen nicht mit dem Kampf zwischen Zivilisationen gleichsetzen; doch deuten sich regionale Muster im post-kommunistischen „anarchischen Weltsystem" (Mearsheimer) an.

Durch Globalisierung werden aber auch innenpolitische Gruppierungen auf den Plan gerufen, die die Verlierer des Globalisierungsprozesses politisch aufzufangen versuchen und in traditionelle Kulturmuster einzubinden versuchen wie die Beispiele der zahlreichen fundamentalistischen Bewegungen in der arabisch-islamischen Welt zeigen. Gegenläufig, aber synchron laufen also die Prozesse der Globalisierung und Renationalisierung oder Regionalisierung. Die staatliche Autonomie ist von zwei Seiten bedroht: im Außenbereich durch die auf dem Weltmarkt jenseits staatlicher Kontrolle ablaufenden Finanzströme und im Innenbereich durch zunehmende Forderungen seitens gesellschaftlicher und/oder minoritärer Gruppen.

Im Bankensektor haben die grenzüberschreitenden Prozesse Spekulationen möglich gemacht, die zu Krisen mit erheblicher Kapitalvernichtung geführt haben. Altvater schätzt die Kosten der Bankenkrisen in den 90er Jahren in Mexiko auf 20% des BIP, 50% in Indonesien, 35% in Südkorea, 40% in Russland und 60% in Argentinien (Altvater 2003: 137).

Folge dieser globalen Strategie ist, dass Standortfragen, Kostenkalkulationen, Rohstoffbezüge weltweit vorgenommen werden und nur begrenzt nationaler Kontrolle zugänglich sind, auch wenn die Standortbedingungen nach wie vor von nationalstaatlicher Gesetzgebung mitbestimmt werden. Das Kapital ist global beweglich, der Staat territorial gebunden.

Ich fasse zusammen: Globalisierung ist ein Catch-All-Begriff, der je nach Gegenstand, nach Grad der Ausbreitung, nach den Akteuren, nach dem Handelsgut beliebig eng oder weit gefasst werden kann. Er bezieht sich im weitesten Sinne auf weltweite Interdependenzen jedwelcher Art und gleich welcher Akteure. Dieser weite Begriffsumfang kann einschränkend bezogen werden auf bestimmte meist wirtschaftlich transferable Güter (multimediale Technologie, Finanz- oder Devisenströme, Exportgüter etc.). In der wachsenden Globalisierungsliteratur herrscht die Ansicht vor, dass solche intergouvernementalen und transnationalen Vorgänge zunehmend Einfluss auf die Innenpolitik von Staaten gewonnen und den Handlungsspielraum der Politik eingeengt haben. Dabei variiert die Einschätzung von Globalisierungseffekten je nach Position: freihändlerisch-liberale Ökonomen (Sachs/Warner 1995, Ohmae 1990) sehen Wohlfahrtsgewinne überwiegen, Neomarxisten oder Keynesianer (Strange 1995, Scharpf 1996) befürchten Steuerungs- und Vertrauensverluste für den demokratischen Staat, begleitet von sozialen Krisen; schließlich sehen Vertreter der Regulierungsschule (Boyer/Drache 1996, Glyn 1995) durchaus Chancen für staatliche Steuerungsfähigkeit. Es gibt somit eine liberal optimistische, eine skeptische und eine moderat optimistische Einschätzung der Globalisierungsfolgen (Busch 1999: 22ff.).

3.2 Die Europäisierungsthese

Die regionale Vergemeinschaftung in Gestalt der Europäischen Gemeinschaft hat bekanntlich zu einem Transfer nationaler Souveränität an supranationale zwischenstaatliche Institutionen geführt, die der nationalen Entscheidung Kompetenzen entzogen hat. Dies trifft insbesondere für die vergemeinschafteten Politikbereiche wie dem Binnenmarkt innerhalb der Europäischen Union zu. Die Transformation oder Metamorphose im Verhältnis zwischen den Mitgliedstaaten und der Gemeinschaft wird von einigen Theoretikern als bedenklich im Sinne demokratischer Legitimation gesehen (Weiler 1991), von anderen bedenklich hinsichtlich mangelnder Steuerungskapazität und Kontrolle von Seiten des Staates gegenüber wirtschaftlichen Verbänden (Scharpf 1994). Wessels (1992) sieht die Mitgliedstaaten deshalb kooperieren, weil sie dabei mehr gewinnen als bei einzelstaatlichem Handeln möglich wäre. Wallace und Wallace (1996: 453/4) sehen das europäische Staatensystem transformiert durch wirtschaftlich-technologische Handlungsvollzüge und durch die zögerliche Abgabe von einzelstaatlichen Funktionen an die europäischen Institutionen. Solche formalen Übertragungen von Souveränitätsrechten bedeuteten eine Gefahr für die nationale Identität.

Die Europäische Union kann als dynamisches Mehrebenensystem beschrieben werden, das die Verlagerung politischer Entscheidungs- und Verhandlungsprozesse besonders deutlich zum Ausdruck bringt. Der Einzelstaat bringt sich in ein Gemeinschaftswerk ein, erhält dafür aber Mitgestaltungsrechte in Politikbereichen, die er als einzelner so nicht selbst hätte beeinflussen können. Unterschiedliche Zuständigkeiten werden in einem Mehrebenensystem von Gemeinden, Regionen/Ländern, Staat, Union nach dem Subsidiaritätsprinzip verankert, und dies sorgt dafür, dass über Vergemeinschaftung und Redistribution ein einheitlicheres Politiksystem entsteht, das eine Mischform aus Supranationalität und Intergouvernmentalismus darstellt. Im Intergouvernmentalismus bleiben die Regierungen die Hauptakteure, im Supranationalismus wird nationale Politik vergemeinschaftet.

Verfassungsrechtlich können durch die Verfassungsänderungen Kompetenzen auf die EU übergehen. Es gibt Schätzungen, wonach etwa 80% der auf den Binnenmarkt bezogenen Entscheidungen EG- bzw. EU-Recht geworden sind. Aus der Sicht des Nationalstaats heißt dies, dass ein großer Teil der wirtschaftspolitischen Gesetzgebung auf die Gemeinschaft übergegangen ist. Die Handlungsfähigkeit einzelner Mitgliedstaaten ist in koordinierte Politik übergegangen (Verlagerungsthese).

3.3 Die Individualisierungs- bzw. Privatisierungsthese

Die Individualisierungsthese hat ihre Wurzeln in der Aufklärung, die sich die Autonomie des Individuums zum Ziel gesetzt hatte. Unter Individualisierung soll hier die Auflösung der Bindungswirkung von Großorganisationen und ihre Zersplitterung in kleinere Einheiten bei Abnahme von Solidarität, sowie die Auflösung traditioneller Familienstrukturen verstanden werden. In dem Maße, in dem die Emanzipation des Individuums fortschreitet, droht das gemeinschaftsbezogene Handeln an Bedeutung zu verlieren. Symptome einer solchen Entwicklung sind die Ausdifferenzierung sozialer Großaggregate, d.h. Austritte aus Kirchen, Gewerkschaften und Parteien, der Rückgang der Parteienidentifikation und die Zunahme der Wechselwähler etc. In der Folge gewinnt eine Vielzahl von Gruppen an Bedeutung, deren Interessenwahrnehmung und -durchsetzung den Staat mit Leistungen herausfordern. Die Politik der Statusgruppen mit Vetokompetenz erschwert die Konsensbildung und lässt nur Minimalpositionen auf dem kleinsten gemeinsamen Nenner zu. Die verfassungsrechtlich zugesicherte Gewährung von Freiräumen für Individuen und von Autonomie für gesellschaftliche Gruppen kann den Handlungsspielraum des Staates dann einschränken, wenn Verbände ihre egoistischen Ziele ohne Rücksicht auf die Gemeinschaft verfolgen (Verbändestaat). Das staatliche Dilemma besteht in dem Spannungsverhältnis, in dem die staatliche Selbstbegrenzung einerseits und die Verpflichtung auf das Allgemeinwohl andererseits stehen. Dieses Dilemma ist nicht neu – es hat die Unregierbarkeitsdebatte der 70er Jahre bestimmt –, hat aber bei sich verschärfenden Verteilungskämpfen an Bedeutung gewonnen und zu Blockaden geführt.

Spiegelbildlich zur gesellschaftlichen Zersplitterung kann es auch Fragmentierungen zwischen staatlichen oder semistaatlichen Akteuren geben. Regierungen können in westlichen Demokratien durch Koalitionsbildungen und föderale Politikverflechtung blockiert sein. Katzenstein spricht vom semi-sovereign state, Scharpf von der Verflechtungsfalle. Finanzpolitische Engpässe zwingen den Staat, Kosten auf private Leistungsträger abzuwälzen. Solche Reprivatisierungstendenzen zeigen sich im Gesundheits-, Bildungs- oder Sozialsystem.

3.4 Die Ethnisierungs- bzw. Renationalsierungsthese

Auch in westlichen Demokratien, die ethnisch oder/und kulturell heterogen sind, gehören Autonomiebestrebungen von minoritären Gruppen zum Erscheinungsbild. In Nordirland (Katholiken, Protestanten), in Spanien (im Baskenland, in Katalonien, Andalusien) in Belgien (Flamen, Wallonen) und in Frankreich (Korsika) versuchen subnationale Gruppen, z.T. mit terroristischen Mitteln, ihre Forderungen nach Autonomie und Selbstbestimmung dem jeweiligen Zentralstaat abzuringen. Zwar kann als Regel gelten, dass Demokratien auf Grund ihrer größeren Konfliktverarbeitungsfähigkeit besser gewaltlose Lösungen bereitstellen können. Diese müssen aber von Regierungen konzediert werden und erfordern ein hohes Maß an Flexibilität und Fingerspitzengefühl.

Der Umgang mit ethnischen Gruppen ist dramatischer in Transitions- und Entwicklungsgesellschaften, die über solche Verarbeitungsinstrumente nicht verfügen. Die Universalisierung des westlichen Zivilisationsmodells hat dazu geführt, dass auch in dem kleinsten afrikanischen Dorf oder im entlegensten brasilianischen Urwaldflecken modernste Kommunikationstechnologie Bilder der „anderen Welt" übertragen kann. Diese technologische multimediale Vernetzung hat zwar zur Vereinheitlichung der technologischen Welt, nicht aber zur Universalisierung der damit verbundenen Kulturmuster geführt. Ganz im Gegenteil melden sich in verschiedenen Staaten gegengerichtete Kräfte in Form religiöser Fundamentalismen oder ethnischer Nationalismen, die zur Bewahrung authentisch kulturellen Erbes aktiviert worden sind, und die der Erfahrung der

3 Globalisierung und Europäische Regierungsfähigkeit (Governance)   45

Entfremdung durch Modernisierung im westlichen Sinne entgegenwirken. Träger dieser Modernisierung waren nicht immer westliche Eliten, sondern auch Eliten der Dritten Welt. Der Kemalismus in der Türkei oder die Weiße Revolution im Iran waren Verwestlichungsversuche einheimischer Eliten, die z.T. gescheitert sind. Die Islamische Heilsfront FIS in Algerien, die Wohlfahrtspartei des Erbakan in der Türkei, die Mullah-Regierung des Ayatollah Chomeini und seiner Nachfolger im Iran, die Baath-Partei des Saddam Hussein im Irak sind bzw. waren in der islamischen Welt einige Beispiele für die Reaktion auf westliche Globalisierung und Bekräftigung eigener kultureller Identität (und natürlich auch persönlicher Macht) gegen die Uniformierung und Dominanz westlicher ökonomischer, politischer und kultureller Herrschaft. Diese Gruppierungen gewinnen in entwickelteren Ländern insbesondere unter den Globalisierungsverlierern Anhänger. Zum Beispiel hat bzw. hatte die Wohlfahrtspartei in der Türkei ihre Hauptstütze in den urbanen Unterklassen, die durch Landflucht in die scheinbar attraktiveren urbanen Zentren gekommen sind. Die markantesten Beispiele der Abstoßung des westlich liberalen Entwicklungsmodells können jedoch in der islamischen Revolution des Ayatollah Chomeini im Iran und in der terroristischen Organisation Al Kaida des Ben Laden gesehen werden. Als Reaktion auf Globalisierung sind neben der Einforderung kultureller Autonomie- und Selbstbestimmungsrechte ethnisch-kulturelle Renationalisierungstendenzen entstanden. Auch die in Mittel-Ost-Europäischen Staaten zu beobachtenden Nationalismen können als Suche neuer Identifikationsmuster interpretiert werden. Für die Regierungsautorität bedeuten diese subnationalen und meist partikularen Gruppierungen Herausforderungen, die den Erhalt der nationalen Einheit gefährden können.

3.5 Aktionsbereiche staatlich organisierten Handelns

Wie soll der Staat auf diese Herausforderungen reagieren? Soll er überhaupt reagieren, wo doch gerade die Stärkung gesellschaftlicher nicht-staatlicher Akteure zum Wesen einer Zivilgesellschaft gehört? Die Notwendigkeit staatlicher Steuerungsfähigkeit resultiert aus den Defiziten, die mit dem ungezügelten kapitalistischen Internationalismus verbunden sind. Auch die liberale ökonomische Theorie hat ja schon immer die staatliche Regulierungskompetenz in den Bereichen gefordert, in denen der Markt das Allgemeinwohl nicht hervorbringen kann. Diese Begründung gewinnt in dem Maße an Gewicht, in dem die ökonomischen Transaktionen am Staat vorbei, soziale Forderungen aber auf den Staat gerichtet zugenommen haben.

3.6 Die staatlichen Steuerungsmechanismen

Auf die vier skizzierten Herausforderungen der Globalisierung, Europäisierung, Individualisierung und Ethnisierung haben neuzeitliche demokratische Regimes mit drei Instrumentarien reagiert: innenpolitisch mit korporatistischen Mitteln und mit Nationalismus und außenpolitisch mit international governance.

Korporatismus
Die These vom Verlust der Steuerungskompetenz des Staates ist bekanntlich schon in den siebziger Jahren in Gestalt der Unregierbarkeitsthese vertreten worden (Matz, Kielmansegg, Hennis) und meint den Verlust staatlicher Autorität zur Bewältigung seiner Aufgaben, gegebenenfalls auch gegen die Allmacht gesellschaftlicher Gruppen und Verbände. Mit korporatistischer Politik versucht der Staat die Einbindung gesellschaftlicher Gruppen in Willensbildung und Entscheidungsfindung; dies führt zu Gemeinschaftsleistungen staatlicher und gesellschaftlicher Akteure. In der Bundesrepublik haben die ersten beiden Nachkriegsrezessionen zu diesem Politikmuster (konzertierte Aktion) geführt. Peter Katzenstein hat diesen Reaktionsmechanismus für kleinere Länder beschrieben: politische Stabilität und ökonomische Flexibilität hingen voneinander ab. „Their exposure to international economic forces beyond their control has led them to adapt corporatist political institutions which are an institutional mechanism for mobilizing the consensus necessary to live with the costs of rapid economic change (Katzenstein 1985: 200). Bei der Ressourcenmobilisierung kommt es im System des Korporatismus zur intermediären Interessenvermittlung durch Verbände, die damit die Interessen ihrer Mitglieder gegenüber der Regierungspolitik und gegenüber ihren Mitgliedern zu vertreten haben (Schmidt 1995: 520). Als Mobilisierungsinstrument für nationalen Konsens haben sich korporatistische Systeme als geeignet erwiesen, vorausgesetzt die gesellschaftlichen Gruppen benutzen ihre Vetomacht nicht zur Blockade und kooperieren auf Grund eines Basiskonsenses über grundlegende Werte, Normen und Regeln.

Nationalismus
Dem Auseinanderstreben gesellschaftlicher Kräfte (Verbände, minoritäre Gruppen, Autonomiegruppen etc.) beggnen einige Staaten mit Nationalismen als zusammenführendem Mittel. Die Nation ist nach wie vor die wichtigste identitätsstiftende Gemeinschaft. Ob über subjektive oder über objektive Merkmale geleitet, ob als „gedachte" oder „erlebte" Gemeinschaft vorgestellt, ob als „Produkt eines Prozesses der sozialen Konstruktion" oder als Ausdruck des „Bedürfnisses nach Wärme, Stärke und Stabilität" aufgefasst, bildet sie das Band der Zugehörigkeit. Konservative Gruppierungen in westlichen Ländern haben den Nationalismus auf ihre Fahnen geschrieben. Die Aktivierung nationaler Topoi ist

insbesondere ein Instrument der Staatenbildung in den neu unabhängig gewordenen Mittel-Ost-Europäischen-Staaten. Diese Renationalismusbewegungen sind jedoch komplex. In kaum einem Land sind Nationalität und Staat kongruent. Vielmehr gibt es Partikular-Nationalismen, die nicht zusammenführen, sondern sprengen. Identitäten haben verschiedene Bezugsmuster, die in der Region, der Ethnie, der Religion etc. verhaftet sein können. Solche partikularistischen Identitäten können zur Destabilisierung des Nationalstaatsverbandes führen. Nationalismus als integrierende Kraft ist nur da möglich, wo Identitäten nationalstaatliche Bezüge aufweisen.

International governance (Regierbarkeit)
Staaten gewinnen auch und vor allem wenn sie kooperieren; in interdependenten Zusammenhängen zwischen Staaten und nichtstaatlichen Organisationen können sie gemeinsam etwas hinzugewinnen (Positiv-Summen-Spiel) und dies nicht nur auf Kosten anderer (Null-Summen-Spiel). International governance meint die Steuerungsfähigkeit einer politischen Gemeinschaft im Zeichen gemeinsamer Ziele der beteiligten staatlichen (Regierungen) und nichtstaatlichen (gesellschaftlichen) Institutionen. Es geht um die Verdichtung der globalen Zusammenarbeit durch internationale Regimebildung. International oder global governance meint die kooperative Steuerungsfähigkeit des Staates unter Bedingungen verdichteter gesellschaftlicher Interdependenz und internationaler Integration. Das Konzept „governance without government" meint zwar internationale Regimes erweitert um jedweden Politikbereich (J.N. Rosenau/E.-O. Czempiel 1992: 8/9), übersieht aber, dass auch Staaten in internationalen Regimes durchaus wichtige Mitspieler sind.

Staaten verlieren mit dem Beitritt zu Internationalen Organisationen nicht ihre Entscheidungskompetenz, auch wenn sie im Zuge der Konsensbildung Kompromisse eingehen müssen. In wichtigen Fragen bleiben die Regierungen „Herren der Entscheidungen". In zwei Bereichen soll dies veranschaulicht werden.

In der am dichtesten integrierten Staatengemeinschaft, der Europäischen Union (EU), bleiben die Mitgliedsregierungen die Hauptakteure. Im Europäischen Rat und im Ministerrat, den wichtigsten intergouvernmentalen Organen der EU, haben die Regierungen in wichtigen Politikbereichen wie der Außen- und Sicherheitspolitik weiterhin das Sagen. Beschlüsse können in diesen Materien nur einstimmig bzw. im Konsens gefasst werden. Während die erste Säule, der Binnenmarkt, weitgehend vergemeinschaftet ist – die Nationalstaaten also Entscheidungskompetenz abgegeben haben – verbleiben die beiden anderen Säulen, die Außen- und Sicherheitspolitik, sowie das Innere und die Justiz unter einzelstaatlicher Kontrolle. Das Bundesverfassungsgericht hat diesen Sachverhalt in seinem Urteil von 1993 betont:

„Die Bundesrepublik ist (...) auch nach dem Inkrafttreten des Unions-Vertrages Mitglied in einem *Staatenverbund*, dessen Gemeinschaftsgewalt sich von den Mitgliedstaaten ableitet und im deutschen Hoheitsbereich nur kraft des deutschen Rechtsanwendungsbefehls (d.h. Zustimmungsgesetz) verbindlich wirken kann."

Ähnliches lässt sich auch auf subnationaler Ebene von den Parteien und Verbänden sagen. Sie agieren auch im europäischen Verband vor allem als nationale Akteure und werden als solche wahrgenommen.

Auch beim zweiten Beispiel, dem UN-Sicherheitsrat, sind selten Resolutionen gegen den Willen der Ratsmitglieder angenommen worden. Die Regierungen der Großmächte behielten sich das letzte Wort selbst vor und können eine gegen ihre Interessen gerichtete Resolution durch ihr Veto verhindern. In kriegerischen Auseinandersetzungen zeigt sich die zentrale Rolle der Großmächte. Zahlreiche gewaltsame Konflikte wie die Bosnienkriege demonstrieren, dass letztendlich nur eine Großmacht Frieden hat vermitteln können. Da, wo Internationale Organisationen mit militärischen Mitteln gegen einen Aggressor vorgegangen sind, geschah dies wie im Zweiten Golfkrieg oder in den Kriegen in Afghanistan oder im Irak durch Initiative der Großmächte. So, wie die internationale Staatengemeinschaft gegenwärtig organisiert ist, bleibt die friedensstiftende Rolle der Großmächte unverzichtbar, weil nur sie symmetrische Mittel in Gewaltkonflikten einsetzten können. Die zunächst unternommen Versuche der regionalen Organisationen EG und KSZE, den Konflikt durch diplomatisches Verhandeln unter Kontrolle zu bekommen, sind gescheitert. Auch die Mittel der UNO reichten nicht aus, um die Konfliktparteien zur Einstellung der Kampfhandlungen zu bewegen.

3.7 Fazit: Die Verlagerungsthese

Die vier Prozesse der Europäisierung, der Globalisierung, der Individualisierung und Ethnisierung sind Prozesse, die nicht schlagartig neu in Erscheinung getreten sind. Der Zusammenbruch der Diktaturen in Osteuropa tangiert diese vier krisenauslösenden Faktoren nur peripher. Vielmehr handelt es sich um meist länger andauernde Prozesse, die allenfalls indirekt mit der Zeitenwende zusammenhängen. Sicherlich haben sich die internationalen Beziehungen in Europa und zwischen den ehemaligen Supermächten verändert; sicherlich erfordert der Aufbau in den neuen Bundesländern sowie in den neuen Mitgliedsländern der EU gewaltige Anstrengungen. Aber die heutigen Probleme in westlichen Demokratien sind alles in allem nur peripher von den Umbrüchen tangiert worden; sehr viel einschneidender wirken die globalen Prozesse.

3 Globalisierung und Europäische Regierungsfähigkeit (Governance)

Die aufgezeigten Wirkungszusammenhänge lassen Tendenzen sowohl zur Internationalisierung als auch zum Nationalstaat erkennen. Es sind Spannungen in westlichen wie nicht-westlichen Gesellschaften entstanden zwischen Modernisierung und „indigenization" (Huntington), zwischen Universalem und Partikularem, zwischen Homogenisierung und Heterogenität. In diesen inneren Konflikten kommt dem Staat eine, wie ich meine, wichtige Rolle als Schlichter, Vermittler, Koordinator und als Allgemeinwohlagent zu. Auch zeigen empirische Untersuchungen, dass in den wichtigen Bereichen marktbeschränkender Finanzpolitik oder marktschaffender Wettbewerbspolitik in westlichen Industriestaaten die staatliche Steuerungsfähigkeit über global governance durchaus gegeben war. Globalisierung kann somit auch als Stärke der staatlichen Steuerungsfähigkeit gewertet werde.

Als Fazit lassen sich die scheinbar gegenläufigen Prozesse der Erosion und der Stärkung staatlicher Handlungsfähigkeit konstatieren. Die Ende der sechziger Jahre ausgesprochene Prognose des Staates als „anachronistische Souveränität" hat die reale Entwicklung ebenso gegen sich wie die behauptete Steuerungsunfähigkeit des Staates. Vorsichtig optimistisch kann davon ausgegangen werden, dass durch korporatistische Politik nach innen und durch *international governance* nach außen der Steuerungsverlust, der durch die aufgezeigten Prozesse eingetreten ist, aufgefangen, ja möglicherweise erweitert werden kann.

Der staatliche Handlungsspielraum ist nicht unbedingt eingeengt, sondern eher verlagert worden. Politikmuster haben sich verändert und sind in andere Arenen gewandert. Nicht der Zerfall, sondern die Verlagerung staatlicher Handlungsspielräume ist zu konstatieren. Diese, hier als *Verlagerungs*these apostrophierte Erscheinung kann auch als *Formwandel* (Maintz) oder als *Diskrepanz* (Schmidt) bezeichnet werden. Damit ist aber nicht das Demokratiedefizit gelöst, das durch die zunehmende Diskrepanz zwischen Herrschenden und Herrschaftsbetroffenen in internationalen Zusammenhängen entstanden ist. Die ehemals im klassischen Staatensystem existierende Kongruenz zwischen Herrschaftsbevollmächtigten und Herrschaftsbetroffenen muss auch auf der internationalen Ebene hergestellt werden. Nur auf diese Weise kann das Legitimationsdefizit behoben werden. Je mehr sich die Staatenwelt zur Weltgesellschaft entwickelt, umso größer wird der Bedarf an Wiederherstellung der *Symmetrie im Herrschaftsverhältnis*. Die Demokratisierung der Weltgesellschaft steht somit auf der Agenda zu Beginn des 21. Jahrhunderts. Für die Europäische Union bedeutet dies: da sie Mitauslöser globalisierender, oder besser: regionalisierender Prozesse ist, sollte sie nicht nur die Ökonomie in ihre Regulierungskompetenz nehmen, sondern auch deren Effekte, das Soziale.

Teil II: Die Europäische Union von innen

1 Die Geschichte politischer Ordnungsformen in Europa

Der auf Freiwilligkeit beruhende regionale Zusammenschluss umfasst nach der vierten Erweiterung ein Gebiet, das größer ist als das Europa Karls des Großen im Jahr 814, größer als das Napoleonische Empire 1812 oder als das Römische Reich 117 vor Chr. Kann dieses Europa der Europäischen Union Modell für regionalen Zusammenschluss von Staaten sein? Europa hat nach den verheerenden beiden Weltkriegen ein Institutionensystem hervorgebracht, das die Erfahrungen der Vergangenheit hinter sich gelassen und neuartige Formen der Kooperation geschaffen hat. Die Idee supranationaler Interdependenz hat eine mehr als fünfzigjährige Geschichte von Frieden, Wohlstand und sozialer Sicherheit gebracht, die zuvor noch undenkbar gewesen wäre. Nicht von ungefähr hat die EU dadurch an Attraktivität gewonnen und ist zum Vorbild für andere Regionen avanciert.

Europa kennt in seiner Geschichte eine Vielfalt staatlicher Organisationsformen. Hinsichtlich der Friedenssicherung fallen prinzipiell zwei verschiedene Arten von Europaprojekten ins Auge, zwischen denen freilich auch Mischformen bestehen können:

- Die klassischen „Allianz-Föderationen", die das *europäische Gleichgewicht* zur Grundlage haben, bzw. ein solches erzeugen wollen, verstehen Nationalstaaten als souverän verbleibende Einheiten. Der so genannte realistische Ansatz in der Theorie der internationalen Beziehungen sieht in ihnen eine Gewähr für Friedenserhalt (Morgenthau 1993; Kissinger 1994). Durch Gegenmachtbildung soll verhindert werden, dass ein Staat zu mächtig wird und andere dominiert. Dieses Ordnungsmodell steht in der Tradition des Westfälischen Staatsystems, das durch nationale Machtpolitik gekennzeichnet war, die einzelstaatliche Souveränität als sakro sankt erklärte und die Macht des Staates nur in Konkurrenz mit, ja im Kampf gegen andere Staaten glaubte erreichen zu können. Das Machtpoker war ein Null-Summen-Spiel, wonach der eine nur auf Kosten des anderen gewinnen könne.
- Ein von diesem Macht-Staatensystem radikal verschiedenes zweites Projekt lässt sich mit *Interdependenz durch Integration* bezeichnen. Staaten geben demnach souveräne Rechte an eine dritte Ebene ab. Dieser Fokus auf Interdependenz ist bei der liberalen Denkschule der internationalen Beziehungen

zu finden (Keohane 1984). Die Erkenntnis setzte sich nach dem Zweiten Weltkrieg allmählich in Europa durch, dass Wohlstand der Nationen – wie im übrigen auch machtpolitisches Ansehen – nicht im Gegeneinander der Staaten, sondern im Miteinander zu erreichen sei. Aus einem Null-Summenspiel wird ein Positiv-Summenspiel, aus reiner nationalstaatlicher Machtpolitik wird regionale bzw. internationale Verhandlungspolitik.

Diese beiden Konfigurationen politischer Ordnung trennen somit die beiden Hälften des 20. Jahrhunderts. Während die erste Hälfte noch ganz im Zeichen nationaler Machtpolitik gestanden hatte, setzte sich im westlichen Europa allmählich kooperative Verhandlungspolitik durch.

Die Europäische Union ist nach dem zweiten Denkansatz organisiert worden. Nur Pläne mit einem solchen Gehalt können als direkte Vorläufer für die europäische Integration in Form der EWG / EG / EU betrachtet werden. Historisch einher ging diese Linie immer mit dem Bestreben, die dominierende Rolle eines Staates durch Integration einzuschränken.

Hier soll versucht werden, die historischen Linien der europäischen Einigungsbemühungen nachzuzeichnen und die aktuelle Situation der Suche nach neuen Ordnungsmustern zu schildern.

1.1 Historische Entwürfe

Bis zur Mitte des 20. Jahrhunderts prägte das Nationalstaatenmodell die historischen Erfahrungen Europas. Erst mit der Gründung des Völkerbundes wurde der gemäßigte Integrationsansatz praktizierte Realität, scheiterte aber aufgrund vieler Unzulänglichkeiten.

Gleichwohl kennt die Europäische Union, die sich heute als vielschichtig integriertes und interdependentes politisches Gebilde präsentiert, viele Friedensprojekte, die sich am Allianzgedanken orientieren. Das Europa des Mittelalters war bis zu einem gewissen Maß durch Gemeinsamkeiten in Religion (katholische Kirche) und Sprache (Latein) geprägt. Mit der Kirchenspaltung, den Religionskriegen und dem Entstehen absolutistischer Staaten zerfiel diese Einheit; eine Vielzahl von innereuropäischen Kriegen wird seitdem registriert.

Eines der frühesten Dokumente stammt von Pierre Dubois, Ratgeber des Grafen von Burgund, der 1306 eine europäische Staatenföderation vorschlug, mit dem außenpolitischen Ziel, das Heilige Land zu erobern. Als erster Verfechter eines auf der Machtbalance beruhenden Konzepts kann der Berater und Minister Heinrichs IV., der französische Herzog Maximilien de Béthune Sully (1560-1641), gelten. Schon zu Beginn des 17. Jahrhunderts entwarf Sully in seinem „grand dessin" das Bild eines europäischen Gleichgewichts zwischen fünfzehn gleich starken Staaten als Wächter des Friedens. In Europa sollte nach dieser Konzeption eine Föderation in Form einer christlichen Republik – unter der Führung Frankreichs – errichtet werden. Im Jahre 1610 wurde Sully später selbst zum Leidtragenden europäischer Intrigen, als er nach der Ermordung Heinrichs IV. durch Maria von Medici als Finanzminister vom französischen Hof entfernt wurde. Von einer Union der Staaten und Völker sprach wenig später auch der holländische Völkerrechtler Hugo Grotius (1583-1645) in seinem Hauptwerk „De jure belli ac pacis libri tres" („Drei Bücher vom Recht des Krieges und des Friedens"). Das dort zu verzeichnende Denken in gleichwertigen Souveränitätskategorien brachte Grotius den Titel „Vater des Völkerrechts" ein.

Bei einem französischen Denker, mit dem sich später Jean-Jacques Rousseau intensiv auseinandersetzen sollte, überrascht die moderne Terminologie. Der Abbé de Saint Pierre (1658-1743) spricht bereits 1713 von einem föderativen Zusammenschluss souveräner europäischer Staaten. Von Rationalismus und Fortschritt geleitet meint Saint Pierre, die europäischen Fürsten könnten von einer gegen die absolutistische Vorherrschaft Ludwigs XIV. gerichteten „europäischen Föderation" überzeugt werden. Dieses Projekt geht von der Bildung einer ständigen Allianz („Europäische Republik") und von regelmäßigen Zusammenkünften in einem Bundestag oder Kongress aus. Eine gegenseitige Garantie des territorialen und verfassungsrechtlichen Status quo, ein rotierender Vorsitz im Bundestag, eine Art kollektiver Sicherheit im Falle von Vertragsverletzungen sowie „europäische Senats- und Mehrheitsentscheidungen" werden von den fünf Artikeln des Projektes von Saint Pierre erfasst.[11]

Ein Manuskript Rousseaus „Über die Föderation als Mittel, die Vorteile kleiner Republiken mit denen großer Staaten zu kombinieren" ist verloren gegangen. Dennoch kann als gesichert gelten, dass Rousseau von Saint Pierres' Föderationsgedanken angetan war. Rousseau gibt sich aber mit der von Saint Pierre angenommenen Motivation der Fürsten zur Abtretung von Souveränitätsrechten nicht zufrieden. In seinem „Jugement sur le Projet de la Paix perpétuelle" (1761) nimmt Rousseau vielmehr an, dem Ehrgeiz der Fürsten auf Erweiterung ihres Herrschaftsgebiets nach außen und der Drang auf Ausbau der Macht nach innen sei mit einem Föderationsprojekt nicht beizukommen. Die einzige Möglichkeit der Herstellung föderativer Strukturen sei, so Rousseau, die Durchführung einer ihrerseits aber wieder höchst fragwürdigen Revolution.

Eine weitere pro-föderative Position des 18. Jahrhunderts findet sich bei Immanuel Kant. In seiner Schrift „Zum ewigen Frieden" (1795) gründet sich die Vorstellung eines „Föderalismus freier Staaten" auf drei Definitivartikel, die den Zustand des Friedens begründen sollen: 1. Die bürgerliche Verfassung in jedem Staat soll republikanisch sein. 2. Das Völkerrecht soll auf einen Föderalismus

---

[11] Saint Pierre, Abbé Castel de: Der Traktat zum ewigen Frieden (1713). Berlin 1922.

freier Staaten gegründet sein. 3. Das Weltbürgerrecht soll auf dem Grundsatz der allgemeinen Hospitalität gründen.

Ebenfalls von normativem Charakter war im Jahre 1814 die Forderung des französischen Frühutopisten Graf von Saint-Simon (1760-1825), eine europäische Gemeinschaft mit supranationalem Parlament zu errichten. Saint-Simon, der mit bürgerlichem Namen Claude-Henri de Rouvroy hieß, setzt sich in seiner Broschüre „Die Reorganisation der europäischen Gesellschaft" für eine „allgemeine Macht" ein, die den Fortschritt und die „europäische Gemeinsamkeit" fördern solle (vgl. Theimer 1988: 20-23).

Als weiterer französischer Vorläufer der europäischen Idee lässt sich der Schriftsteller Victor Hugo (1802-1885) ausmachen, der auch als Politiker umfangreiche Aktivitäten entwickelte.[12] Der Abgeordnete in mehreren Gremien zu verschiedenen Zeiten (Pariser Stadtversammlung; Nationalversammlung; Senat) beschwor als Vorsitzender des zweiten internationalen Friedenskongresses im Jahre 1849 die „Vereinigten Staaten von Europa" herauf.

Im 20. Jahrhundert, und insbesondere nach Beendigung des Ersten Weltkriegs, gewannen Projekte eines geeinten Europas eine neue Dimension. Die Paneuropa-Bewegung, vom österreichischen Graf Coudenhove-Kalergi (1894-1972) ins Leben gerufen, sorgte unter anderem im Zusammenhang mit der Durchführung des Paneuropa-Kongresses in Wien 1926 für eine große Ausstrahlung der Europaidee. Auch bei Aristide Briand (1862-1932), dem französischen Journalisten, Advokaten und Politiker, findet sich parallel zu den Bemühungen um den Vertrag von Locarno und den Briand-Kellogg-Pakt die Vision einer „union fédérale européenne", die einzelne Staaten in einen umfassenden Verbund treiben würde.

Während des Zweiten Weltkrieges stand das Bild eines föderativen Europa als Mittel zur Verhinderung zukünftiger Kriege den vor Hitler scheinbar machtlosen europäischen Politikern vor Augen. Der französische Ministerpräsident Léon Blum bemerkte am 14.10.1939:

> Die Lösungen, an die wir Sozialisten denken, sind jene, die die Eingliederung Deutschlands in eine europäische Organisation zur Folge hätten – eine Organisation, die von sich aus sichere Gewähr gegen die Rückkehr von Gewaltanschlägen bieten und aus sich heraus die Elemente einer echten Sicherheit und eines dauerhaften Friedens schaffen würde. Wir kommen damit immer zu gleichen Formeln, zu der-

---

[12] Victor Hugo 1849: „Un jour viendra où vous France, vous Russie, vous Italie, vous Angleterre, vous Allemagne, vous toutes, nations du continent, sans perdre vos qualités distinctes et votre glorieuse individualité, vous vous fondrez étroitement dans une unité supérieure, et vous constituerez la fraternité européenne [...]" (Discours prononcé le 21 août 1849 lors du Congrès de la paix. http://www.lettres.net/hugo/texte03.htm).

selben Schlussfolgerung: die Unabhängigkeit der Nationen im Schoß eines föderativen und abgerüsteten Europa (in: Gasteyger 1994: 32).

Auch der deutsche Widerstand setzte nicht allein auf die Beseitigung Hitlers und des Nationalsozialismus. Der deutsche Pfarrer Hans Schönfeld verlas am 31.5.1942 in Stockholm das Programm der „deutschen Opposition für Deutschland und Europa", welches einer in „verantwortlicher Selbstverwaltung" lebenden deutschen Nation eine wirtschaftliche Interdependenz durch „enge Zusammenarbeit unter freien Nationen" verordnet. Dies münde nach Schönfeld in einen „europäischen Staatenbund freier Nationen", mit gemeinsamer Regierung und einer europäischen Armee auch unter Beteiligung Großbritanniens, Polens und der „tschechischen Nation" (in: Gasteyger 1994: 33).

Betrachtet man die bis hierher kursorisch genannten Wegmarken, können die Triebkräfte für Einigungsbestrebungen in Europa auf friedenssichernde transnationale Ordnungen gerichtet angegeben werden, die wie erwähnt, mit zwei Strategien, Gleichgewicht und Einbindung, erreicht werden sollten:

Zum einen beruht der *Gleichgewichtsgedanke* auf der Idee, gegen das Erstarken einer dominierenden Hegemonialmacht ein Gegengewicht zu bilden. So wandte sich beispielsweise Herzog Sully gegen die Einkreisung Frankreichs durch das Haus Habsburg, welches durch geschickte Nachfolgepolitik in Spanien, den Niederlanden und Österreich Fuß gefasst hatte. Auch die Überlegungen des Abbé Saint Pierre zielten gegen die Beherrschung einzelner Staaten durch eine Macht.

Zum andern bildet gleichsam die nächste Stufe eines Einigungsprojektes die *Einbindung* einer dominierenden Macht in breitere europäische Strukturen. Hier können der Friedensbund Kants, die „union fédérale européenne" von Briand oder die Überlegungen Blums als Beispiele dienen. Auch spätere Gedankenspiele des General de Gaulles zu einem Bündnis mit der Sowjetunion hatten beispielsweise das Ziel einer sanften Zähmung des Stalinschen Expansionsdrangs.

Doch diese Projekte gehen noch von nationalstaatlichem Souveränitätsdenken aus; der Zusammenschluss erfolgt durch selbständig bleibende politische Einheiten, die pazifizierend eingehegt werden sollen.

1.2 Entstehungs- und Entwicklungsbedingungen des europäischen Integrationssystems

Nach 1945 und dem Ende des Zweiten Weltkriegs setzte – auch wenn sich eine genaue Trennlinie nicht bestimmen lässt – europapolitisch eine neue Epoche ein. Nicht nur der Wille einzelner Politiker, sondern unter der Protektion der USA und den zunehmenden Drohgebärden aus Moskau sprach auch die politische

Notwendigkeit für eine Konkretisierung europäischer Integrationspläne. Bis zum Zweiten Weltkrieg blieben europäische Projekte auf den Rahmen zwischenstaatlicher Handelsbeziehungen oder meist wenig dauerhafte Militärbündnisse beschränkt. Normativ begründete Forderungen nach einem europäischen Zusammenschluss, wie sie von Kant, Hugo oder Saint-Simon entworfen worden waren, hatten sich mit der impliziten Annahme des freiwilligen Souveränitätsverzichts der machtpolitischen Realität entzogen und können daher für die damalige Zeit als idealistisch bezeichnet werden.

Nähert man sich der Gründung der ersten supranationalen europäischen Organisation, der Europäischen Gemeinschaft für Kohle und Stahl, so kommt neben dem Streben nach Frieden durch Gleichgewicht und Einbindung ein weiteres Motiv für eine europäische Integrationsbestrebung hinzu: die wirtschaftliche Prosperität. In ihrer Gesamtheit bildeten diese Motive in den 40er und 50er Jahren die kritische Masse, die eine institutionelle Ausgestaltung des alten Gedankens europäischer Einheit ermöglichte.

Zusätzlich zu den grundlegenden Strategien *Streben nach Gleichgewicht* und *Einbindung dominierender Mächte* sind nach 1945 folgende Triebkräfte anzuführen:

- Als Antwort auf den drohenden Verlust der europäischen Stellung entstand das Konzept des *Europas der „Dritten Kraft"* neben den USA und der Sowjetunion. Diese beiden wichtigsten Siegermächte des Zweiten Weltkrieges hatten ihren traditionellen Herrschaftsanspruch schwerpunktmäßig außerhalb der europäischen Kernländer. Das hier entstandene Vakuum sollte durch ein geeintes Europa zwischen den europäischen Flügelmächten gefüllt werden.
  Mit dem Aufkommen der Sowjetunion, die aufgrund ihres militärischen Potentials und ihrer expansiven Politik eine Bedrohung darstellte, gewann das Konzept von Europa als „Dritte Kraft" an Bedeutung. Aus westlicher Perspektive wurde das Projekt Europa als Gegengewicht, ja Bollwerk, zum sowjetischen Expansionismus gesehen. „Die Idee der 'Dritten Kraft' – eines Europas, das sich in seiner gesellschaftlichen Ordnung und in seiner außenpolitischen Orientierung gleich weit von den USA wie von der Sowjetunion fernhielt und darum zwischen beiden vermitteln konnte – war im Nachkriegseuropa populärer als jede andere politische Leitidee" (Loth 1980: 194).

- Nicht nur das Ziel eines geostrategischen Gegengewichts zur Sowjetunion und den USA, sondern auch die Verwirklichung eines sozialdemokratischen Weges zwischen Kapitalismus und Kommunismus schwebte einigen Nachkriegsdenkern für die zukünftige Rolle Europas vor. So hat die von Blum angestrebte „europäische Organisation" demokratischer Staaten nicht nur das Ziel der Zähmung der Sowjetunion, sondern auch die Perspektive ihrer Einbindung in einen nicht autoritär gefärbten Sozialismus. Ähnliche Töne klingen beim deutschen Politologen Richard Löwenthal an, wenn er die Verbindung des sozialistisch regierten Europas mit den westeuropäischen Staaten als „gewaltigen neutralen Puffer" zur Verhinderung des Zusammenstoßes der neuen Weltmächte bezeichnet (Löwenthal 1948).

- Der aggressive Nationalismus europäischer Länder, der zu zwei Weltkriegen geführt hatte, war nach 1945 weitgehend obsolet geworden und öffnete die Staaten in West- und z.T. Osteuropa hin zu transnationalen Organisationsformen. Angesichts leidvoller historischer Erfahrungen und für neue Herausforderungen bot sich Europa als Alternative an.
- Von deutschen Politikern und Repräsentanten des öffentlichen Lebens wurden schließlich europäische Konzepte auch als Instrument zur Lösung der deutschen Teilungsfrage gesehen. Diese Verknüpfung zwischen deutscher und europäischer Einigung bleibt eine Konstante deutscher Außenpolitik von Konrad Adenauer bis Helmut Kohl.

Diese analytisch trennbaren Motivationsstränge traten freilich in der Realität selten in reiner Form auf. Häufig wurden vielmehr zwei oder mehr dieser Ziele durch politische Vordenker vertreten. Einige Beispiele sollen kurz aufgezeigt werden.

Aus deutscher Perspektive wurden Konzepte des Dritten Weges gleichzeitig im Zusammenhang mit der deutschen Teilungsfrage entwickelt. Sowohl im christdemokratischen als auch im sozialdemokratischen Lager fand in der unmittelbaren Nachkriegszeit die Idee eines postfaschistischen Deutschlands als Mittler zwischen den mehr und mehr konfrontativen Blöcken West- und Osteuropas Anklang. Zu nennen ist hier zum einen das *Brückenkonzept* des Vorsitzenden der Ost-CDU (einschließlich Berlin) Jakob Kaiser (1888-1961). Kaiser, der wie sein Stellvertreter Ernst Lemmer der christlichen Gewerkschaftsbewegung entstammte, prägte die Formel, Deutschland habe die „Brücke zu sein zwischen Ost und West" (Kaiser 1946: 17). Die Parallelität zu sozialdemokratischen Positionen fand sich in Kaisers Vorstellung nach einem „eigenen Weg (...) zu neuer sozialer Ordnung". Ähnliches vertrat im Jahre 1945 Otto Grotewohl (1894-1964), damals noch Vorsitzender des Berliner Zentralausschusses der gesamtdeutschen SPD. Grotewohl forderte, „innenpolitisch eine mittlere Position zwischen den bürgerlichen und kommunistischen Parteien zu beziehen und außenpolitisch eine Mittlerrolle zwischen der Sowjetunion und den westlichen bürgerlichen Demokratien zu spielen". Auch der „mittlere Weg" des SPD-Vorsitzenden Kurt Schumacher (1895-1952) strebte einen Abstand zu beiden sich bildenden Blöcken an. Bei Schumacher zeichnete sich allerdings ein eigenständiger Weg mittels des „deutschen Provisoriums" ab, der von eher transnationalen als föderativen „Vereinigten Staaten von Europa" ausging (vgl. Pfetsch 1993: 148).

Trotz des von der SPD letztlich mitgegangenen Weges der deutschen Westintegration können aus dem sozialdemokratischen Lager der unmittelbaren Nachkriegszeit eine Vielzahl von Verfechtern eines deutschen Mittel- bzw. Mittlerweges verzeichnet werden. Zum Beispiel sagte der SPD-Sprecher von Rheinland-Pfalz, Hans Hoffmann, in der verfassungsgebenden Versammlung:

> Deutschland ist nicht nur nach der Geographie, sondern auch nach seiner Grundhaltung ein Zwischenland, ein Land der Übergänge (...) Der Grundsatz der persönlichen Freiheit als Kernstück der westlichen Demokratie hat für uns Deutsche nach dem Erlebnis des Dritten Reiches wieder erhöhte Bedeutung. Aber an der östlichen Staatsauffassung schätzen wir nicht weniger die Kunst der Einordnung der Einzelpersönlichkeit unter den Willen des Ganzen, die Disziplin, die erforderlich war in Russland wie in Deutschland (...) Die große Chance Deutschland aber, Mittler zwischen östlicher und westlicher Demokratie zu werden, hat Hitler vergeben. Uns aber bleibt der Zwiespalt. Wir wollen beides, Freiheit und Gemeinschaft, und es wird weiter die deutsche Mission bleiben, die Synthese beider Formen zu finden (zitiert nach Klaas 1978: 244).

Aus Kriegserfahrungen speiste sich auch die Haltung Winston Churchills, als er auf einer berühmten Rede in Zürich am 19.9.1946 ein europäisches Friedensprojekt entwarf: es gelte, „die europäische Familie in einer regionalen Struktur neu [zu] schaffen, die vielleicht die Vereinigten Staaten von Europa heißen wird" (in: Gasteyger 1994: 40). Diese „Vereinigten Staaten von Europa" zeichneten sich nach Churchill durch eine regionale Organisation als Teil der Vereinten Nationen, sowie durch die Bildung eines Europarates im Rahmen eines Bundessystems aus. Machtpolitische Interessen mischten sich mit europäischem Idealismus, der Großbritannien und das Commonwealth of Nations allerdings außerhalb des vorgeschlagenen Ordnungsrahmens beließ:

> Der erste Schritt bei der Neugründung der europäischen Familie muss eine Partnerschaft zwischen Frankreich und Deutschland sein. Nur auf diese Weise kann Frankreich die moralische Führung Europas wiedererlangen. Es gibt kein Wiederaufleben Europas ohne ein geistig großes Frankreich und ein geistig großes Deutschland. Die Struktur der Vereinigten Staaten von Europa, wenn sie gut und echt errichtet wird, muss so sein, dass die materielle Stärke eines einzelnen Staates von weniger großer Bedeutung ist. Kleine Nationen zählen ebensoviel wie große und erwerben sich ihre Ehre durch ihren Beitrag zu einer gemeinsamen Sache (in: Gasteyger 1994: 40).

General de Gaulle hingegen hatte noch 1945 eine gegen Deutschland gerichtete Allianz im Auge, als er ein wirtschaftliches „Ensemble" Großbritanniens, Frankreichs, Belgiens, der Niederlande, Italiens und Schwedens beschwor. Der Bünd-

1 Die Geschichte politischer Ordnungsformen in Europa

nisvertrag von Dünkirchen, der im März 1947 zwischen Großbritannien und Frankreich mit dem Zweck einer Sicherung beider Staaten gegen die Wiederaufnahme einer deutschen Aggressionspolitik geschlossen wurde, sprach hier eine noch deutlichere Sprache.

Als sich die Europa-Bewegung im Mai 1948 in Den Haag zum so genannten Haager Kongress traf, hatte die Realität der kommunistischen Machtergreifung in Prag, begleitet von den wachsenden Spannungen im Vorfeld der Berlin-Blockade, die hehren Motive der europäischen Föderalisten bereits fast eingeholt. Dennoch trafen die Grundpositionen auf dem Haager Kongress durch die Anwesenheit von Léon Blum, Jacques Chaban-Delmas, Edgar Faure, François Mitterrand, Jean Monnet, Robert Schuman und Konrad Adenauer auch innerhalb nationaler Delegationen aufeinander. Die fast 1000 Delegierten aus 19 Staaten stammten u.a. aus nationalen Parlamenten, Parteien, Gewerkschaften, Kirchen und Universitäten (vgl. Masclet 1994: 4). Die These, der Konflikt zwischen einer föderalistisch-sozialistischen und einer konservativ-nationalstaatlichen Europakonzeption habe die Auseinandersetzungen geprägt (Gasteyger 1990: 31), scheint vorschnell. Zumindest am deutschen Beispiel lässt sich zeigen, dass sich im konservativen Lager föderalistisch orientierte und bei der Sozialdemokratie eher nationalstaatliche Positionen finden lassen.

Wenn auch der immer deutlicher zu Tage tretende Ost-West-Gegensatz das Wirken der europäischen Föderalisten ausbremste, so gingen insgesamt von der Europabewegung doch wichtige Anstöße zum Europarat, zum Europäischen Gerichtshof für Menschenrechte und zum Europa-Kolleg in Brügge aus. Zwischen 1948 und 1949 erfolgte der Zusammenschluss der meisten Europaorganisationen zur Europäischen Bewegung (European Movement), die noch heute das Ziel der Schaffung der Vereinigten Staaten von Europa hat.

Die letztlich tragenden Politiker der ersten Stunde, Robert Schuman (1886-1963), Konrad Adenauer (1876-1967) und Alcide de Gasperi (1881-1954), stammen aus Grenzgebieten ihrer jeweiligen Länder: der Franzose aus Lothringen, der Deutsche aus dem Rheinland und der Italiener aus Südtirol; die gemeinsame Sprache war deutsch.[13]

Betrachtet man die für die Entstehungsbedingungen einer Europäischen Gemeinschaft maßgeblichen Wegmarken, lassen sich drei Modelle europäischer Politik erkennen, die sich mit Domination, Gleichgewicht und Interdependenz/Integration zusammenfassen lassen.

---

[13] Als weitere Gründungsväter bzw. Motoren müssen genannt werden: der Franzose Jean Monnet (1888-1979), die Belgier Paul-Henri Spaak (1899-1972), Léo Tindemans (1922-), der Luxemburger Christian Pierre Werner (1913-), die Italiener Emilio Colombo und Altiero Spinelli, die Franzosen Valery Giscard d'Estaing, Jacques Delors und François Mitterand (1916-1996), die Deutschen Walter Hallstein (1901-1982), Helmut Kohl (1930-), Hans-Dietrich Genscher (1927-).

- Das Modell der *Domination* wurde nach 1945 für die Staaten Westeuropas weitgehend obsolet. In Verbindung mit dem Pleven-Plan versuchte Frankreich allerdings zu Beginn der 50er-Jahre, auf militärischem Gebiet die dominierende Militärmacht in Westeuropa zu werden. Eine Herrschaft der sanften Art strebten damals auch die Vereinigten Staaten an, die zumindest Westeuropa in ihre Einflusssphäre zu bringen suchten, um den Kommunismus zurückzudrängen (Containment-Politik).
- Die Allianz zwischen europäischen Nationalstaaten, wie sie in Dünkirchen von Großbritannien und Frankreich beschlossen (und mit dem Brüsseler Pakt im Jahre 1948 auf die Beneluxstaaten erweitert) wurde, entspricht dem Streben nach *Gleichgewicht*. Das Deutschland der Weltkriege wurde mit der weiteren Konsolidierung der kommunistischen Macht in Mittel- und Osteuropa bald von der Sowjetunion abgelöst.
- Das Modell der *Interdependenz / Integration* geht auf mehrere Motive zurück. Ein starkes Europa als Gegengewicht zur Sowjetunion rückte ins Blickfeld der pragmatisch denkenden europäischen Staatsmänner. Auf diese Weise verfolgten so unterschiedliche Politiker wie Robert Schuman (Einbindung), Jakob Kaiser und Kurt Schumacher (deutsche Wiedervereinigung), Konrad Adenauer, George Kennan und Winston Churchill (containment, Dritte Kraft) dasselbe Ziel eines integrativen Staatengebildes auf dem westeuropäischen Kontinent. Die Gründung westlicher wirtschaftlicher, militärischer und politischer Organisationen diente diesem Ziel. Eine Sentenz machte die Runde: „To keep the Germans down, the Americans in and the Soviets out".

Das Modell der Interdependenz kennt neben der europäischen eine US-amerikanische Variante. Am Beginn für ein solches internationales Regime müsse der wirtschaftliche Wiederaufbau stehen, denn, so ein Memorandum des amerikanischen Soziologen Talcott Parsons vom 17.8.1945, „an expanding economy will, in general, facilitate political stability" (vgl. Gerhard 1996: 28). Deutschland müsse demzufolge in eine liberale Marktwirtschaft einbezogen werden. Die Europaidee, die von einer Gruppe junger Ökonomen und Politikwissenschaftler im amerikanischen Außenministeriums seit 1946 propagiert wurde, mündete etwas später mit der Perspektive der politischen Einigung Europas in das European Recovery Program (ERP) ein.

Einigungsinitiativen gingen in Europa im Vorfeld der ersten institutionellen Schritte von der Politik, insbesondere der Außen- und Sicherheitspolitik, aus. Erst später, als Fragen des wirtschaftlichen Neuaufbaus und der Erweiterung das Programm der europäischen Politik bestimmten, traten ökonomische Gesichtspunkte und Überlegungen über eine europäische Identität in den Vordergrund. Die Suprematie der Politik lässt sich bis in die Gründungsphase der ersten supranationalen Organisation verzeichnen. Die Europäische Gemeinschaft für Kohle und Stahl (1951) wurde von Robert Schuman aus politischen Überlegungen zur Beilegung des geschichtlich gehaltvollen Konfliktes um die Wiedererstarkung des Ruhrgebietes initiiert.

Überblickt man die historischen Wegmarken Europas im 20. Jahrhundert, so haben Konkurrenz, Gier, Hass und Krieg die erste Hälfte des Jahrhunderts geprägt. Aus diesem Purgatorium ist dann nach Ende der Feindseligkeiten aus dem Willen zum Gegeneinader der Wille zum Miteinander entstanden, der Weg führte von der Aporie der Tragödie zur Agora der Dialoge unter Bürgern, von nationalistischer Machtpolitik zur vergemeinschafteten Verhandlungspolitik, von einem Null-Summenspiel zu einem Positiv-Summenspiel.

1.3 Heutige Triebkräfte der Einigung

Zu Beginn eines neuen Jahrtausends steht Europa am Wendepunkt, in einer Legitimationskrise. Nach dem Schwung der ersten Integrationsjahre oder der Jahre nach der Einheitlichen Europäischen Akte, dem Maastrichter Vertrag und den nachfolgenden Amsterdamer und Nizza-Verträgen setzt nun ein in Quantität und Qualität nie zuvor gekannter Erweiterungsprozess ein. Die institutionellen Reformbeschlüsse in Nizza lassen eine Atomisierung erkennen, die den erreichten Integrationsgrad in Frage stellt und von der Vertiefung wegführen kann. Der Verfassungsgebungsprozess der Jahre 2003 und 2004 hat entscheidende Weichen zu dem Versuch gestellt, die Erweiterung mit der Vertiefung, gesamteuropäische Partizipation mit effektiver europäischer Politik in Einklang zu bringen. Diese Bestrebungen sind jedoch (noch) nicht bei der Bevölkerung angekommen.

Zur Integration bedarf es zeitgeschichtlicher Rahmenbedingungen, auslösender Anlässe und es bedarf Politiker, die dies umzusetzen willens und in der Lage sind. Eine Integration wird, ganz allgemein gesprochen, beflügelt durch Druck von außen und/oder Notwendigkeiten im Innern. Die Rahmenbedingungen waren in der Nachkriegszeit von außen durch den Ost-West-Konflikt vorgegeben, von innen war die Öffnung der Märkte durch Wirtschaftsinteressen erzwungen worden. Heute existiert der Druck des Kalten Kriegs nicht mehr und die Liberalisierung hat weltweit die Märkte geöffnet.

Was kann und wer kann für Integrationsbestrebungen in Frage kommen? Historisch waren nach dem Zweiten Weltkrieg vor allem drei Kräfte, die zur Integration geführt haben, wirksam: die Friedenssehnsucht, der Verlust dominanter internationaler Positionen und schließlich, etwas später, wirtschaftliche Vorteilssuche.

Diese Motive sind im Bewusstsein der heutigen Generation nicht mehr sehr präsent. Der Friede in Europa und die Sehnsucht danach ist für die nachgewachsene Generation kein existentielles Anliegen mehr. Großmachtambitionen einzelner europäischer Länder sind weggefallen und auch das Motiv größerer Märkte ist durch die Europäisierung, durch den immer größer gewordenen europäischen Markt und durch die Globalisierung weitgehend realisiert.

Ich sehe drei Triebkräfte am Werk, die eine europäische Integration fördern können. Erstens gibt es zahlreiche Bedrohungen und gemeinsame Gefahren, die als konfliktauslösend betrachtet werden können, wie die Immigration, der islamische Fundamentalismus, Massenvernichtungswaffen in den Händen von Despoten oder der internationale Terrorismus. Zweitens zeichnet sich zwischen den USA, Europa und Ostasien (Japan, China) ein wirtschaftliches Konkurrenzverhältnis ab, das durch den Konkurrenzdruck von außen die gemeinsamen Interessen der jeweiligen Regionen betont. Drittens steht dem amerikanischen Unilateralismus unter der Bush-Administration ein europäischer Multilateralismus entgegen, der auch von anderen Staaten bzw. Staatengruppen wie China, Indien, Russland oder dem Mercosur (Brasilien) getragen wird. Diesem Ansatz zur Gegenmachtbildung entsprechen verschiedene Strategien zur Bewältigung von Konflikten. Halten wir somit fest: Vereinigungsimpulse gehen heute von wirtschaftlicher Regionalkonkurrenz, von gemeinsamer Bedrohung von außen, sowie von unterschiedlichen Politikanlagen diesseits und jenseits des Atlantik aus.

2 Das politische System der Europäischen Union

Welches sind die markanten Kennzeichen des Politiksystems, das sich in der Nachkriegszeit herausgebildet hat? Ich sehe sechs Besonderheiten, die das europäische Integrationsprojekt in Gestalt der Europäischen Union auszeichnet:

- In der hundertjährigen europäischen Staatengeschichte stellt das Integrationsprojekt einen radikalen Wandel von nationaler Machtpolitik zur vergemeinschafteten Verhandlungspolitik dar. Aus einem Null-Summenspiel mit Gewinnen auf Kosten eines anderen, wird ein Positiv-Summenspiel mit Gewinnen für alle.
- Das europäische Politiksystem unterscheidet sich von allen Vorgängersystemen dadurch, dass es ein freiwilliger Zusammenschluss von demokratischen Staaten ist und nicht durch Druck, Gewalt, Unterdrückung, Krieg oder Zwangsheirat zustande kam. Das Integrationsprojekt ist somit das Kontrastmodell zu allen auf imperialer Vorherrschaft beruhenden politischen Gebilden.
- Das Politiksystem ist ein Zwittergebilde zwischen einer supranationalen Organisation und einer zwischenstaatlichen intergouvernementalen Kooperation. Insofern schützt es vitale nationale Interessen und kulturelle Eigenart

2 Das politische System der Europäischen Union

und ermöglicht gemeinsames Handeln. Dieses föderative Gebilde ermöglicht es Vielfalt mit Einheit zu verbinden.
- Als neuartiges politisches System sui generis hat es denn auch unterschiedliche Bezeichnungen erhalten, die je verschiedene Gesichtspunkte einfangen: ‚Verhandlungsdemokratie' (Scharpf), ‚Netzwerk' oder ‚polyarchisches Netzwerk' (Pfetsch), ‚Konkordanzsystem' (Puchala), ‚Pooling of Sovereignty' (Keohane/Hoffmann), ‚Bürokratisches Zusammenwirken' (‚bureaucratic intermingling', Ludlow), ‚Intergouvernementaler Institutionalismus' (Moravcsik), ‚Staatenverbund' (Bundesverfassungsgericht), ‚Zweckverband funktionaler Integration', ‚Föderation im Werden' (Hallstein).
- Die Europäische Union wurde auch als Mehrebenensystem (regional, national, europäisch) bezeichnet (Kohler-Koch) und lässt politische Willensbildung und Entscheidungsfindung auf unterschiedlichen politischen Ebenen zu. Das Verhältnis zwischen den verschiedenen territorialen Einheiten soll nach dem Grundsatz der Subsidiarität geregelt werden.
- Das europäische Politiksystem ist nicht statisch und unveränderbar fixiert, sondern bis auf den heutigen Tag im Prozess seiner Entwicklung befindlich. Die Tatsache, dass dieses Politiksystem (noch) keine Verfassung besitzt, bezeugt, dass Veränderungen noch immer angezeigt sind.
- Schließlich kann diesem neuartigen Politiksystem bescheinigt werden, dass es zu einer Erfolgsgeschichte geworden ist und mehr als fünfzig Jahre Friede und Wohlstand in und zwischen den Mitgliedsländern gebracht hat. Das Bestreben vieler europäischer Länder, Mitglied dieser Gemeinschaft zu werden, bezeugt die Attraktivität dieses Modells. Als ein solcher regionaler Zusammenschluss dient es als Vorbild ähnlich gelagerter regionaler Zusammenschlüsse in anderen Erdteilen, wie beispielsweise in Südostasien (ASEAN), Südamerika (Mercosur) oder Afrika (SADEC).

Als Gebilde eines freiwilligen Zusammenschlusses, das weder durch Unterwerfung oder Beherrschung geschaffen wurde, kann der Europäischen Union ein relativ großer Zusammenhalt prognostiziert werden. Diese Freiwilligkeit hat mehrere Wurzeln, von denen die gemeinsame geschichtliche Erfahrung, das Eigeninteresse der Mitgliedstaaten, die zeitweilige gemeinsame Bedrohung aus dem Osten und die wirtschaftlichen Herausforderungen etwa durch Japan oder die USA zu den wichtigsten zählen. Auch allgegenwärtige Globalisierungstendenzen zu größeren Märkten, die Verdichtung der Lebensräume durch Technik und Technologie, schnellere Transport- und Kommunikationsmittel etc. sind als Antriebskräfte für den europäischen Einigungsprozess zu sehen.

Die Europäische Union kann nach Simon Hix (1999) als voll entwickeltes politisches System beschrieben werden, ohne allerdings ein voll entwickelter Staat im traditionellen Verständnis zu sein, d.h. über ein abgegrenzt festgelegtes

Territorium zu verfügen und ein einheitliches Staatsvolk zu besitzen, über das definierte Herrschaftsfunktionen ausgeübt werden könnten. Hierzu ist zwar ein zu bestimmter Zeit definiertes Territorium vorhanden, das sich jedoch durch Erweiterungen ständig veränderte. Das Staatsvolk ist dabei heterogener geworden und hat das Zugehörigkeitsgefühl geschwächt. Schließlich liegt die Herrschaftsgewalt nicht allein bei einer Exekutive, die für die Herrschaftsbetroffenen zuständig wäre. Vielmehr sind die Exekutiv- wie die Legislativbefugnisse geteilt und auf mehrere Ebenen verteilt. Man kann somit von einem Quasi-Staat sprechen, der die drei Kriterien Territorialität, Staatsvolk und ausübender politischer Herrschaft zum Teil erfüllt. Noch treffender wäre es vielmehr von einem politischen System eigener Prägung zu sprechen.

Die aus der Systemanalyse hervorgehende Betrachtungsweise sieht das politische System der Europäischen Union durch vier Merkmale gekennzeichnet:

1. Das EU-System besitzt einen fest verankerten institutionellen Rahmen für die Willensbildung und Entscheidungsfindung. Das Verhältnis der Institutionen zueinander ist geregelt, aber Veränderungen unterworfen.
2. Bürger und gesellschaftliche Gruppen können ihre Interessen entweder durch intermediäre Gruppen oder durch Parteien zum Tragen bringen. Die Input-Kanäle sind offen und durchlässig nach „oben".
3. Kollektive Entscheidungen bestimmen die Redistribution von ökonomischen Ressourcen und die Zuteilung von sozialen und politischen Werten quer über das gesamte System.
4. Zwischen den Ergebnisleistungen (Output) und den Anforderungen (Input) bestehen Rückkoppelungsprozesse. Ein Netzwerk permanenter Interaktion zwischen staatlichen und nichtstaatlichen Akteuren bestimmt den Kreislauf.

Abb. 7 zeigt die Verbindung zwischen dem Institutionengefüge und den Politikfeldern. Die regulative und die distributive Politik wird den Gemeinschafts- oder supranationalen Organen zugeordnet und die makroökonomische Stabilitätspolitik, die globale Politik und die Bürgerpolitik den intergouvernementalen. Die *regulative Politik* betrifft vor allem den Binnenmarkt mit seinen vier Freiheiten für Waren, Kapital, Personen und Dienstleistungen, sowie die Wettbewerbspolitik und mit Einschränkung auch die Umwelt- und Sozialpolitik. Die *distributive Politik* bezieht sich vor allem auf die Budgetpolitik der Union mit der gemeinsamen Agrar-, der Strukturfonds- und der Kohäsionsfondspolitik.

Das Schema ist einleuchtend in seiner Struktur, bedarf allerdings der Ergänzung und Gewichtung je nach der politischen Bedeutung der einzelnen Strukturelemente. Ergänzend müsste der Rat in den Europäischen Rat der Regierungschefs und den Rat der Minister (Ministerrat) aufgeteilt werden und die beiden konsultativen Ausschüsse, der Wirtschafts- und Sozialrat sowie der Ausschuss

2 Das politische System der Europäischen Union

der Regionen, eingefügt werden. Der Ministerrat hat als gesetzgebendes und exekutierendes Organ eine hervorgehobene Stellung, und die Willensbildungsorganisationen (Verbände, Parteien) sind im EU-System noch schwach ausgebildet. Damit verfügt die Europäische Union über ein komplexes politisches System mit Legislative, Exekutive und Jurisdiktion, das im Gegensatz zu nationalen politischen Systemen geteilte Kompetenzen aufweist und zwischen intergouvernementalen und supranationalen (in geringerem Maße subnationalen) Akteuren unterscheidet.

Abbildung 7: Das politische System der Europäischen Union

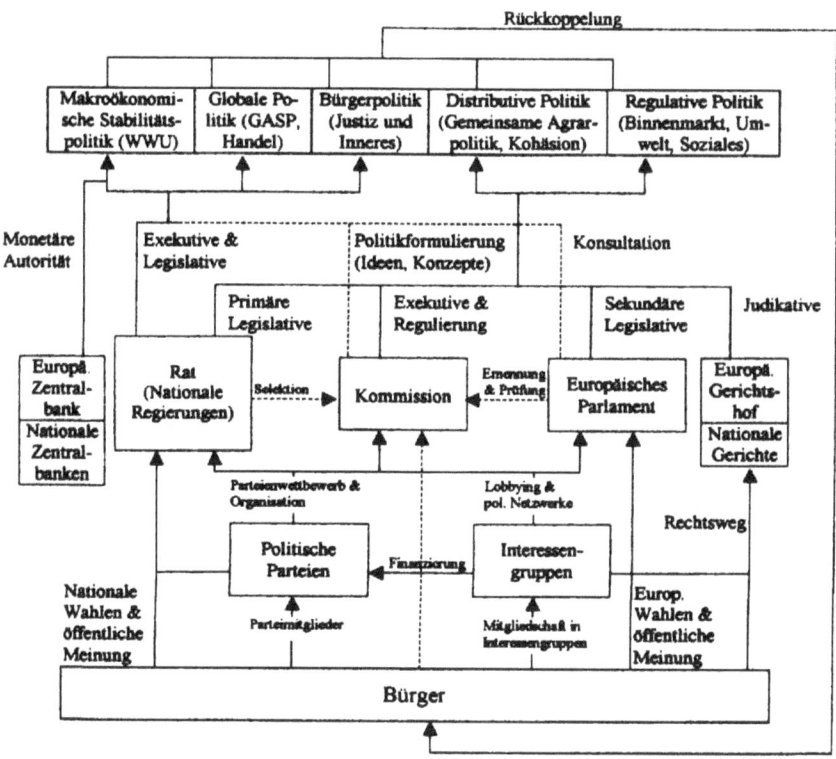

Die distributiven und regulativen Politikbereiche werden von der Kommission, dem Europäischen Parlament sowie vom Ministerrat wahrgenommen, wobei im MR vornehmlich die qualifizierte Mehrheitsregel praktiziert wird. Die drei Politikfelder der *makroökonomischen Stabilitätspolitik* (Wirtschafts- und Währungsunion), der *Globalpolitik* (Außen- und Sicherheitspolitik, Außenhandelspolitik) sowie der *Bürgerpolitik* (Rechte der Bürger, Asylpolitik, Immigrationspolitik, Justiz- und Innenpolitik) sind intergouvernemental angelegt und haben den Ministerrat als zentrales Entscheidungsorgan, das in wichtigen Bereichen mit Einstimmigkeit beschließt.

Welches ist die adäquate *Politikform*, die der Vielfalt der europäischen Völker gerecht wird? Was sind, ganz allgemein formuliert, die Mindestanforderungen für ein politisch geeintes Europa? Ein grober Referenzrahmen kann in den folgenden Merkmalen gefunden werden:

- Ein *Minimum an gemeinsamen Institutionen* muss gegeben sein, damit das politische Gebilde sich nach außen präsentieren und seine Interessen vertreten kann.
- Die politische und soziale Kohärenz muss nach innen durch einen Umverteilungsschlüssel für die Ressourcen hergestellt werden; im EU-Vertrag von Maastricht wird dies *Subsidiarität* genannt und bildet den föderalen Grundpfeiler des europäischen Mehrebenensystems. Wenn eine niedrigere politische Ebene bestimmte Aufgaben nicht erfüllen kann, dann soll die nächst höhere Ebene dafür zuständig sein. Kompetenzen sollten entsprechend der Fähigkeiten einer jeden Ebene (lokal, regional, national, international) verteilt werden.
- Einigende Netzwerke bestehen auch im *nicht-gouvernementalen Bereich* und in der Kooperation subnationaler Gruppen wie Interessenverbänden, Städtepartnerschaften, Gewerkschaften, multinationalen Unternehmen etc. Die mehr als 500 „Euro-Assoziationen" oder „Eurogruppen" in der EU sind oft der regierungsamtlichen europäischen Politik voraus.
- Diese Minimalkennzeichen sind zugleich Ausdruck eines *föderalen Europas* mit *zivilgesellschaftlichen* Zügen. Die föderalen Traditionen Deutschlands, der Schweiz oder Amerikas können als Föderalismusmodelle dienen, die es ermöglichen die Einheit in Vielfalt oder die Vielfalt in Einheit zu verwirklichen. Im Gegensatz zum amerikanischen Föderalismus spielen die Einzelstaaten in Europa aber eine größere Rolle.
- Zwei politische Strategien können wie in der Vergangenheit, so auch in der Zukunft das Projekt Europa voranbringen: die Strategie der *visionären Zukunftsorientierung* und die Strategie des *pragmatischen gegenwartsorientierten* Handelns.

Visionäre Ansätze sind auf ideale Ziele und einen Endpunkt gerichtet. Als Beispiel dafür kann die Vision Victor Hugos aus dem Jahre 1849 mit der

2 Das politische System der Europäischen Union

Vorstellung der „Vereinigten Staaten von Europa" angeführt werden.[14] Andere Beispiele sind Goudenhove-Kalergies Vision der „Vereinigten Staaten von Europa" (1923) oder Winston Churchills berühmte Rede über die „Vereinigten Staaten von Europa" (1946).
Der pragmatische Ansatz ist ein realisierbarer Schritt-für-Schritt Ansatz, der auf ein nahes Ziel ausgerichtet ist. Die Fouchet-Pläne für die „Einheit der europäischen Völker" (1961), der Werner-Plan für eine „Wirtschafts- und Währungsunion" (1970), der Tindemans-Report für die „Europäische Union" (1975) oder der Delors-Report (1987/89) sind Beispiele pragmatischer Politik. Ein Zitat des ehemaligen Premierministers Edward Heath von 1973 drückt diesen Ansatz aus: „Wir treten alle für Europa ein, aber wir sollten nicht unser Ziel festlegen, bevor wir nicht angefangen haben loszulaufen." Europa, so das Fazit, braucht beides, Visionen und Pragmatismus zugleich.

Analog dem Kant'schen Friedensvertragsprojekt können sechs ‚Präliminarartikel' und drei ‚Definitivartikel' formuliert werden, die die Zukunft der Europäischen Union bestimmen sollen.
Prälimiarartikel: Was soll in der nahen Zukunft getan und was soll unterlassen werden?

1. Die nationalen und die Gemeinschaftsinteressen müssen eine neue Balance finden. Gegenwärtig haben die Nationalinteressen das Übergewicht gewonnen. Nationale Egoismen müssen zurückgedrängt werden.
2. Die Handlungsfähigkeit der Union muss gestärkt werden, nach innen durch flexiblere Abstimmungsmodalitäten und verstärkte Kooperation, nach außen durch gemeinsame Politik; Europa muss in internationalen Foren mit einer Stimme sprechen. Die Erweiterung kann in Form der abgestuften Integration weiter geführt werden; nicht jedes Aufnahme begehrende Land muss auch in das Institutionensystem integriert werden. Es gibt differenzierte Aufnahmemechanismen.
3. Die Vollendung der politischen Union muss durch eine ausbalancierte Symmetrie zwischen den verschiedenen Ebenen des Politiksystems erreicht werden, und die liberale Marktwirtschaft muss durch eine soziale Komponente im Sinne einer sozialen Marktwirtschaft ergänzt werden.
4. Der Verfassungsvertrag sollte in naher Zukunft umgesetzt werden. Dies könnte im Idealfall geschehen durch ein europaweites Referendum oder für

---

[14] „Es wird die Zeit kommen, wo ihr alle, Frankreich, Italien, Russland, Deutschland, England und alle anderen Nationen des Kontinents zusammenschmelzen werdet zu einer größeren Einheit, ohne die eigenen Charakteristika und glorreiche Individualität zu verlieren [...] Es wird der Tag kommen, wenn die beiden großen Gruppierungen, die Vereinigten Staaten von Amerika und die Vereinigten Staaten Europa, aufeinander schauen und sich über den Ozean hinweg die Hände reichen werden."

Teilbereiche durch Beschlüsse einer Intergouvernementalen Konferenz. Auch ein verschlankter Verfassungsvertrag wäre ein möglicher Ausweg aus der Verfassungskrise.
5. Die Union muss auf drängende Probleme eine Antwort finden. In der Ökonomie geht es um Wachstum und Beschäftigung, im sozialen Bereich um die Sozial- und Gesundheitssysteme, demographisch um die Alterung der Gesellschaften und im Sicherheitsbereich um den internationalen Terrorismus. Drei Probleme, die das konfigurative Selbstverständnis der Union widerspiegeln, müssen in den kommenden Jahren gelöst werden: die eng mit der Frage einer „europäischen Identität" zusammenhängende Akzeptanzkrise, der Bedarf an institutioneller Reform, die im Verfassungsvertrag anvisiert wurde und die Frage der Verarbeitung der Erweiterung.
6. Schließlich muss sich das Politiksystem den Bürgern öffnen, entsprechend der Anweisung von Jean Monnet: „Nous ne coalisons pas des Etats, nous unissons des hommes."

Definitivartikel: Welche strukturellen Bedingungen müssen gegeben sein, damit das Politiksystem sich weiter entfalten kann?

1. Das Idealziel der innereuropäischen Entwicklung sollte in einem europäischen Bundesstaat mit zivilgesellschaftlicher Basis gefunden werden, wenn die Europäische Union weiter als friedensstiftendes und Wohlstand generierendes Gebilde Bestand haben soll. Es gilt, die Union als politische Union weiter auszubauen jenseits ökonomischer oder strategischer Interessen, und das heißt, der Drahtseilakt zwischen effektiverer Handlungsfähigkeit und repräsentativer Partizipation muss gelingen. Der ohnehin zu schnell erfolgten Erweiterung gilt es Einhalt zu gebieten, damit sich die Union konsolidieren kann.
2. Als Verantwortungsgemeinschaft nach außen hat die Union die Aufgabe, ihr Modell einer friedenstiftenden regionalen Integration auch in anderen Erdteilen weiter bekannt zu machen. Eine besondere Verpflichtung sehe ich Afrika gegenüber, einem Kontinent, der durch europäische Kolonial- und imperiale Politik mitgeprägt worden ist.
3. Europa muss sich weiter dem Freihandel öffnen und sich der Globalisierung stellen, sich gleichzeitig aber auch selektiv abgrenzen gegenüber unerwünschter und das Projekt gefährdender Einflüsse. Die Grenzen (nicht nur territorial) gegenüber anderen Regionen müssen nach eigenem Selbstverständnis markiert werden; dazu ist eine Identitätsfindung erforderlich. Woher (historisch) kommt Europa und wohin (geographisch, geopolitisch, kulturell) sollte Europa steuern?

3 Das wirtschaftliche und soziale Europa

3.1 Das Wirtschaftseuropa

Europa hat de facto als wirtschaftliches Projekt angefangen, auch wenn von der Intention der Politiker her der politische Zusammenschluss zur Friedenserhaltung im Vordergrund stand. Es war ein politisches Projekt, das als Wirtschaftsprojekt begonnen wurde. Der wirtschaftliche Zusammenschluss der zerstörten Länder des europäischen Kontinents war die Erfolgsstrategie, die die amerikanische Führungsmacht praktizierte und zur ersten transatlantischen Organisation, der „Organization for European Economic Cooperation, OEEC", führte; und dies durchaus mit der Fernerwartung, dass sich daraus auch die politische Stabilisierung einstellen würde. Die Schaffung eines europäischen Binnenmarktes ohne Grenzen ist seit der Gründung der Europäischen Gemeinschaft für Kohle und Stahl (1951) und den Römischen Verträgen (1957) Kernbestand und Motor der europäischen Integration. Dabei handelt es sich bekanntlich nicht nur um eine Freihandels- sondern auch um eine Zollunion mit Liberalisierung nach innen und einem gemeinsamen Zolltarif nach außen. Die Verwirklichung ist in den sechziger Jahren nach den vorgesehenen Etappen erfolgt, wurde aber durch die weltwirtschaftlichen Krisen der 70er Jahre retardiert. Der so genannte Werner-Plan zur Schaffung einer Wirtschaftsunion aus dem Jahre 1969, dessen Vollendung am Ende der nachfolgenden Dekade erfolgen sollte, konnte nicht realisiert werden und wurde erst in den 80er Jahren mit der Einheitlichen Europäischen Akte (1986) wieder aufgenommen und schließlich mit dem Maastrichter Vertrag (1992) und der Schaffung der Wirtschafts- und Währungsunion in den 90er Jahren Realität. Die Europäische Zentralbank (EZB), die weitgehend nach dem Modell der deutschen Bundesbank statuiert worden ist, soll als unabhängige Instanz für die Einhaltung der Preisstabilität sorgen. Wie schon bei der deutschen Bundesbank steht auch die EZB in ihrer Unabhängigkeit im Spannungsfeld zwischen den Vorgaben der Preisstabilität und den Notwendigkeiten der allgemeinen Wirtschaftspolitik. Diesbezüglich gibt es zwischen den Mitgliedsstaaten unterschiedliche Schwerpunktsetzungen: die einen legen mehr Wert auf Preisstabilität und damit auf Unabhängigkeit der Zentralbank von politischen Instanzen (z.B. Deutschland), andere legen den Akzent auf wirtschaftliches Wachstum und damit auf die Einbindung geld- und währungspolitischer Entscheidungen in das Gesamtgefüge der Wirtschaftspolitik (z.B. Frankreich).

Auch das Verständnis von Kapitalismus trifft in den Mitgliedsstaaten der Union auf unterschiedliche Interpretation und praktizierte Realität. Länder übergreifend haben sich als verschiedene Ausprägungen des Kapitalismus die Begriffe „Rheinischer Kapitalismus" bzw. „Liberaler Kapitalismus" durchgesetzt. Dabei meint der „Rheinischer Kapitalismus" einen sozial abgefederten Kapitalismus, der von der katholischen Sozialllehre mitgeprägt wurde; der „Liberale Kapitalismus" betont dagegen stärker das freie Unternehmertum mit geringerer sozialer Verpflichtung.

An das Funktionieren dieses Wirtschaftsprojekts wurden zahlreiche Bedingungen geknüpft. Hier gibt es zunächst die Kriterien zur Aufnahme in die Euro-Zone mit Vorschriften zur Preisstabilität (1,5 Prozentpunkte über der durchschnittlichen Inflationsrate der besten – höchstens drei – während des letzten Jahres), zur Neuverschuldung der öffentlichen Haushalte (Grenzwert 3.0% des Brutto-Inlands-Produkts), zur öffentlichen Verschuldung (Grenzwert 60% des BIP), sowie zu den Zinsen (Nominalzinssatz des letzten Jahres über 2% der durchschnittliche besten drei). Damit diese Werte eingehalten werden, wurde der so genannte Stabilitätspakt abgeschlossen, der Sanktionen vorsieht für den Fall, dass diese Kriterien nicht eingehalten werden. Der Rat der Euro-Zone kann dann ohne die Stimmen des betroffenen Staates mit Zweidrittelmehrheit Sanktionen verhängen. Inzwischen stellte sich heraus, dass einige wichtige Staaten wie z.B. Deutschland und Frankreich nicht in der Lage waren, die Kriterien einzuhalten. Mit einem Katalog von Maßnahmen im Vorfeld der Sanktionen haben die Kommission und die Staaten versucht, sich aus der Schlinge zu ziehen.

Für die Aufnahme neuer Mitglieder in die EU wurden 1993 die Kopenhagener Kriterien beschlossen; sie schreiben neben Demokratie und Rechtsstaatlichkeit sowie Erfüllung des erreichten Besitzstandes auch eine funktionierende Marktwirtschaft vor.

Auf dem Treffen des Europäischen Rats in Lissabon im März 2000 wurde ein neues wirtschaftspolitisches Programm formuliert. Das Ziel ist auf *„Beschäftigung, Wirtschaftsreform und sozialen Zusammenhalt als Bestandteil einer wissensbestimmten Wirtschaft"* gerichtet. Die Union soll zum *„wettbewerbsfähigsten und dynamischsten wissensbasierten Wirtschaftsraum der Welt"* gemacht werden, einem Wirtschaftsraum, „der fähig ist, ein dauerhaftes Wirtschaftswachstum mit mehr und besseren Arbeitsplätzen und einem größeren sozialen Zusammenhalt" zu erzielen.[15] Dieses ambitionierte Programm harrt noch immer der Verwirklichung und es scheint, als ob die angestrebten Ziele in weite Ferne gerückt sind.

Symbol für Europa: die neuen Banknoten
Die in sieben Stückelungen vorliegenden Banknoten unterscheiden sich sowohl nach Farbe als auch nach Größe. Je höher der Nennwert, desto größer die Banknote. Als Symbole wurden auf den Scheinen keine für ein bestimmtes Land charakteristischen Merkmale gewählt, sondern Europa dokumentierend „Zeitalter und Stile in Europa". Die Banknoten stellen Baustile aus sieben Epochen der

---

[15] http://ue.eu.int/ueDocs/cms_Data/docs/pressData/de/ec/00100-r1.d0.htm

3 Das wirtschaftliche und soziale Europa

europäischen Kulturgeschichte dar: Klassik, Romanik, Gotik, Renaissance, Barock und Rokoko, die Eisen- und Glasarchitektur sowie die neuzeitliche Architektur des 20. Jahrhunderts. Als charakteristisch für diese Epochen wurden die Stilelemente Fenster, Tore und Brücken dargestellt. Fenster und Tore finden sich auf der Vorderseite, Brücken auf der Rückseite der Banknoten. Ebenfalls auf der Rückseite ist auf jedem Schein eine europäische Landkarte abgebildet. Die Banknoten sind damit bewusst „europäisch" gehalten ohne Bezug zu nationalen Symbolen.

Anders dagegen die Euro- und Centmünzen. Hier finden sich einheitlich auf der Vorderseite die Wertangabe und auf der Rückseite nationale Symbole, gleichsam den Doppelcharakter der Europäischen Union aus Gemeinschafts- und Mitgliederorganen repräsentierend. Somit wurde auf dem Euro-Geld Europa und seine der Euro-Zone angehörenden Mitgliedsstaaten dokumentiert. Sollten neue Mitglieder zur Euro-Zone hinzukommen, so müssten auch deren nationale Symbole abgebildet werden.

Ist der transnationale Charakter der modernen Wirtschaft im Zeitalter von Globalisierung und Regionalisierung ein Motor oder eine Bremse für die europäische Identität?

Zu Beginn der europäischen Gemeinschaft traten die mächtigen Wirtschaftszweige der Kohle- und Eisenindustrie als einigende transnationale Kraft in Erscheinung. Der transnationale Charakter der Großkonzerne allein stellt aber nicht per se politische Einheit her. Es lässt sich empirisch nachweisen, dass diejenigen Staaten, die der EG/EU aus primär ökonomischen Interessen beigetreten sind wie beispielsweise Großbritannien, Schweden oder Dänemark, auch diejenigen sind, die sich dem politischen Projekt Europas am wenigsten verpflichtet fühlen, während diejenigen Länder, die historische, politische oder idealistische Gründe hatten, Teil einer europäischen Gemeinschaft zu sein, auch diejenigen sind, die das politische Gemeinschaftsprojekt Europa unterstützen (vgl. Grabbe, Heather und Kirsty Hughes 1998: 8). Dennoch bin ich der Überzeugung, dass die gemeinsame Währung des Euro gemeinschaftsbildende Kraft hat. Sie wird über die Verwendung als Zahlungsmittel hinaus einen enormen symbolischen Wert besitzen, stärker als andere Symbole, wie die europäische Flagge, das Autoschild oder die Europahymne.

3.2 Das soziale Europa

Das europäische Sozialmodell wird in der öffentlichen Diskussion sehr oft als das Markenzeichen Europas in Abgrenzung gegen das US-amerikanische liberale Wirtschaftsmodell betont. In Europa wird der sozialen Komponente mehr Rechnung getragen als im unternehmerischen Nordamerika. Mitbeteiligung oder Mitbestimmung der Arbeiterschaft, Schutz vor kurzfristiger Kündigung, soziale Abfederung bei Arbeitslosigkeit etc., all diese Errungenschaften der organisierten Arbeiterschaft gehören zum europäischen Sozialmodell und sind im liberalen Laissez-faire System Nordamerikas nicht zu finden. In den Vertrags- bzw. Verfassungsdokumenten sind die normativen Elemente festgeschrieben. Der Amsterdamer Vertrag beispielsweise betont die

> „Förderung des wirtschaftlichen und sozialen Fortschritts und eines hohen Beschäftigungsniveaus sowie die Herbeiführung einer ausgewogenen und nachhaltigen Entwicklung, insbesondere durch Schaffung eines Raumes ohne Binnengrenzen, durch Stärkung des wirtschaftlichen und sozialen Zusammenhalts", und im Verfassungsvertrags heißt es: „Die Union strebt die nachhaltige Entwicklung Europas auf der Grundlage eines ausgewogenen Wirtschaftswachstums an, eine in hohem Maße wettbewerbsfähige soziale Marktwirtschaft, die auf Vollbeschäftigung und sozialen Fortschritt abzielt"; noch deutlicher der Text des Beschlusses des Europäischen Rats von Barcelona 2002: „Das europäische Sozialmodell stützt sich auf gute Wirtschaftsleistungen, ein hohes Sozialschutzniveau, einen hohen Bildungs- und Ausbildungsstand und sozialen Dialog."

Diese Absichtserklärungen geben den normativen Gehalt dessen wider, was als ‚europäisches Sozialmodell' bezeichnet wird. Nun gibt es bei aller Gemeinsamkeit sozialpolitischer Anschauungen Unterschiede zwischen den Mitgliedsstaaten. In der sozialwissenschaftlichen Literatur werden nach den Kriterien Anspruchsberechtigung, Organisation und Finanzierung verschiedene Sozialmodelle unterschieden:

- Das skandinavische Wohlfahrtsmodell, das unter sozialdemokratischen Regierungen eingeführt worden ist;
- das kontinentaleuropäische Sozialmodell, das korporatistische Züge aufweist;
- das angelsächsische liberale Modell, das unternehmerischer Initiative mehr Raum gibt und wo die Sozialverpflichtung geringer ausgeprägt ist;
- schließlich gibt es eine Mittelmeer-Variante mit stärkerer Traditionsgebundenheit (Familie), gepaart mit korporatistischen Zügen.

Die Unterschiede zwischen den sozialen Gegebenheiten in den westlichen OECD-Ländern lassen sich auch an sozialen Indikatoren ablesen, die in Anlehnung an die erwähnten normativen Vorgaben gebildet werden können. Neben den Pro-Kopf-Einkommen spiegeln die Indikatoren Einkommensverteilung, Lebenserwartung, Bildungsniveau (Bildungsausgaben, Lese- oder Rechenkompetenz, Schüler- bzw. Studentendichte), Beschäftigungsraten (Arbeitslosigkeit),

3 Das wirtschaftliche und soziale Europa 73

relative Armut oder Sozialausgaben des Staates die soziale Situation in den einzelnen Ländern.

Ein Vergleich zwischen den 25 Ländern der EU und den Vereinigten Staaten lässt folgende Besonderheiten erkennen (vgl. Tab. 3):

- In der Lebenserwartung sind markante Unterschiede zwischen diesen westlichen Ländern kaum zu erkennen. Die Schweden haben nach der Statistik des Human Development Reports (HDR) mit 80 Jahren die höchste Lebenserwartung; geringer liegen vor allem die Baltischen Staaten mit knapp über 70 Jahren Lebenserwartung.
- Im Pro-Kopf-Einkommen sind die Unterschiede schon merklicher: Das reichste Land ist nach der Statistik des HDR Luxemburg mit über 60 000 US Dollar, das ärmste Lettland mit über 9 000 US Dollar; somit besteht eine Diskrepanz von 1:6,6. Von den europäischen Ländern hat neben dem kleinen Luxemburg auch Irland ein höheres Pro-Kopf-Einkommen als die USA. Die zehn neu hinzugetretenen Länder liegen etwa um die Hälfte niedriger als die älteren EU-Mitgliedsstaaten.
- Im Vergleich zu den USA weisen alle europäischen Länder eine ausgeglichenere Einkommensverteilung auf. Die besten Werte haben die skandinavischen Wohlfahrtsländer, die größten Ungleichheiten sind bei den liberalen angelsächsisch geprägten Ländern zu finden. Dieses Bild schildert auch die Statistik zur relativen Armut; ungünstige Werte für die Einkommen unter 50% des Durchschnittseinkommens sind auch in Italien, Estland und Irland zu finden. Den schlechtesten Wert haben die USA mit 17%; die besten Werte haben Tschechien (4,9%) und Finnland (5,4%).
- Die Sozialausgaben liegen in allen europäischen Staaten (mit Ausnahme Irlands) höher als in den USA, wobei wiederum die skandinavischen Länder hohe anteilige Werte am Brutto-Inlands-Produkt für Soziales haben. Die Spanne liegt hier zwischen 13,8% (Irland) und 28,9% (Schweden). Die USA erreichen gerademl 14,8%. Großbritannien bleibt mit knapp 22% im europäischen Durchschnitt.
- Auch für die Bildung wird von staatlicher Seite in den meisten europäischen Staaten mehr ausgegeben als in den USA (5,6% vom BIP). Allerdings gibt es auch bedeutende Unterschiede im europäischen Raum. Geringere Werte als in den USA weisen vor allem die südlichen Mittelmeerstaaten (Griechenland, Spanien, Malta) sowie die meisten neu hinzugetretenen osteuropäischen Staaten auf. Die geringsten staatlichen Leistungen im Erziehungsbereich erbringen Luxemburg und die Slowakei (mit je 4,1%). Auch Deutschland liegt mit 4,6% niedriger als die USA.

Die Europäische Union hat allerdings bei aller Bedeutung, die dem Sozialen zukommt, in diesen Bereichen nur, wenn überhaupt, eine koordinierende Kompetenz. Die Einzelstaaten sind nach wie vor die Hauptadressaten für soziale Leistungen, auch wenn die Wirtschaftspolitik der EU Auswirkungen auf das Sozialsystem hat (vgl. Teil II, 8. zur europäischen Regierungsfähigkeit). Die Regelungskompetenz der EU ist auch in den Politikfeldern wie Fiskalpolitik, Beschäftigungspolitik, Bildungspolitik gering. Zwar wirken die Vorgaben der Konvergenzkriterien und der Mechanismus des Stabilitäts- und Wachstumspakts, die Wettbewerbs- bzw. Subventionspolitik oder die Handelspolitik als Rahmenbedingungen auf das Soziale mit ein, doch die sozialen Auswirkungen fallen zu Lasten der Einzelstaaten. Das Europäische Sozialmodell wird daher nach wie vor von den verschiedenen Ausprägungen, die in den Einzelstaaten zu finden sind, geprägt, und diese messen dem Sozialen im Vergleich zu den Vereinigten Staaten eine größere Bedeutung zu.

Tabelle 3: Sozialindikatoren europäischer Länder im Vergleich mit den USA

Jahr	2002	2002	2004	1999 – 2001	1994-98	2003	2001	1990-2000
Staaten	Lebenserwartung in Jahren	BIP pro Kopf (PPP in US$)	Gini-Index	Öffentliche Bildungsausgaben (in % des BIP)	Anteil der Bevölkerung mit funktionaler Leseschwäche (in % von 16 – 65)	Arbeitslosenquote	Sozialausgaben (in % des BIP)	relative Armut in % (Einkommen unter 50% des Durchschnittseinkommens)
Belgien	78,7	27.570	25	5,8	18,4	7,9	27,2	8
Dänemark	76,6	30.940	24,7	8,3	9,6	5,6	29,2	9,2
Deutschland	78,2	27.100	28,3	4,6	14,4	9,6	27,4	8,3
Estland	71,6	12.260	37,2	7,4	..			12,4
Finnland	77,9	26.190	26,9	6,3	10,4	9	24,8	5,4
Frankreich	78,9	26.920	32,7	5,7	..	9,4	28,5	8
Griechenland	78,2	18.720	35,4	3,8	..	9,3	24,3	..
Großbritannien	78,1	26.150	36	4,6	21,8	5	21,8	12,5
Irland	76,9	36.360	35,9	4,3	22,6	4,6	13,8	12,3
Italien	78,7	26.430	36	5,0	..	8,6	24,4	12,7
Lettland	70,9	9.210	32,4	5,9	..			..
Litauen	72,5	10.320	31,9	..	..			..

4 Kultur und Politik oder: Die kulturelle Dimension Europas

Luxemburg	78,3	61.190	30,8	4,1	..	3,7	20,8	6
Malta	78,3	17.640	..	4,9	..			..
Niederlande	78,3	29.100	32,6	5,0	10,5	3,8	21,8	7,3
Österreich	78,5	29.220	30	5,9	..	4,3	26,0	8
Polen	73,8	10.560	31,6	5,4	42,6	19,2	23,0	8,6
Portugal	76,1	18.280	38,5	5,8	48	6,2	21,1	..
Schweden	80	26.050	25	7,6	7,5	5,6	28,9	6,5
Slowakei	73,6	12.840	25,8	4,1	..	17,5	17,9	7
Slowenien	76,2	18.540	28,4	..	42,2			8,2
Spanien	79,2	21.460	32,5	4,4	..	11,3	19,6	10,1
Tschechien	75,3	15.780	25,4	4,4	15,7	7,8	20,1	4,9
Ungarn	71,7	13.400	24,4	5,1	33,8	5,7	20,1	6,7
USA	77	35.750	40,8	5,6	20,7	6	14,8	17
Zypern	78,2	18.360	..	5,6	..			...
Quelle	HDR 2004	HDR 2004	HDR 2004	HDR 2004	HDR 2004	OECD	OECD	HDR 2004

HDR = Human Development Report 2004

4 Kultur und Politik oder: Die kulturelle Dimension Europas

Jean Monnet soll gegen Ende seines Lebens gesagt haben, er würde wenn er nochmals Europa aufzubauen hätte, nicht mit der Ökonomie, sondern mit der Kultur beginnen. Realpolitisch wäre dies sicherlich keine erfolgreiche Strategie gewesen, doch die Einsicht, dass Europa vor allem durch seine Kultur zusammengehalten werde, ist nicht von der Hand zu weisen. Welche Bedeutung kommt der ‚Kultur' im europäischen Ensemble von Nationalstaaten zu, und in welchem Verhältnis stehen die in Kapitel 1 aufgezeigten internationalen Ordnungsmodelle und die kulturellen Muster, die damit einhergehen? Welches der Modelle verbürgt am ehesten die kulturelle Entfaltung und den kulturellen Reichtum?

4.1 Macht und Kultur

In welchem Verhältnis stehen die Kultur der Völker und die Macht der Regierungen, in welcher Weise steht die kulturelle Dimension mit der politischen in

Beziehung, besonders im internationalen Bereich? Wie McClelland in seiner Studie „The Achivement Society" gezeigt hat, gibt es zwar parallele, jedoch komplexe Beziehungen zwischen kulturellen Errungenschaften auf der einen und wirtschaftlichen und politischen Leistungen auf der anderen Seite (McClelland 1961). Länder, deren Literatur, Musik, Kunst, etc. als „klassisch" bezeichnet werden, waren zu genau dieser Zeit auf dem Wege politisch dominant zu werden, wenn sie es nicht bereits schon waren. Sowohl die griechische polis als auch das römische Reich spielten im Zenit ihrer kulturellen und zivilisatorischen Leistungen zugleich auch eine dominante politische Rolle im Mittelmeerraum und darüber hinaus. Die reichen Stadtstaaten und Fürstentümer Norditaliens brachten die Renaissance zur Entfaltung wie die literarischen und künstlerischen Werke eindrucksvoll zeigen. Machiavelli schrieb seine Bücher in der Erwartung eines vereinten Italiens, lange bevor dies im ausgehenden 19. Jahrhundert Wirklichkeit wurde, nachdem Manzoni diese Idee zur Zeit der Romantik wieder belebt hatte. In seinen Dramen behandelt Shakespeare den Kampf um Vorherrschaft zwischen verschiedenen Königsgeschlechtern, und der aufgeklärte Liberalismus legte den Grundstein für Demokratie und Freihandel. Molière und Racine schrieben ihre Stücke zur Zeit der Vorherrschaft Frankreichs unter Ludwig XIV. Die seefahrenden Nationen der hispanischen Halbinsel exportierten im Zuge ihrer Eroberungen ihre hispanische Kultur und Zivilisation. Das Britische Empire und später das Commonwealth wurden von liberalen Philosophen und Vordenkern geprägt. Zur Zeit ihrer Bedeutung als Seemacht waren die Niederlande Zentrum des Humanismus. Goethe und Schiller lebten am Vorabend der Bemühungen um die Einheit Deutschlands. Als Kultur- und Wissenschaftsnation wurde Deutschland/Österreich zu einem Zentrum im 19. und beginnenden 20. Jahrhundert. Das deutsche Kaiserreich wurde zum Modell der Staatsbildung in Japan unter der Meji-Regierung. Die zivilisatorischen Errungenschaften Englands wurden zum Exportgut für seine Kolonien. Ähnlich exportiert die gegenwärtig dominante Macht, die USA, mit Hilfe wissenschaftlich-technologischer Überlegenheit ihre Zivilisation und ihr künstlerisches Schaffen in Musik, Literatur, Malerei etc. weltweit. Aus diesen hier nur kursorisch genannten Entwicklungen ergibt sich, dass es Parallelen zwischen der Entwicklung politischer, ökonomischer und kultureller Leistungen gibt. Dadurch, dass Staaten zu einer politisch dominierenden Macht werden, haben sie die Möglichkeit, ihre Kultur über ihre Grenzen hinaus zu verbreiten. Diese wird damit mindestens in Teilen eine regionale und/oder globale Kultur.

Im Verhältnis von Politik und Kultur lassen sich aus diesen hier nur selektiv wiedergegebenen Beispielen zwei Tendenzen herauslesen. Auf der einen Seite kann eine politisch dominierende Macht die Ausbreitung ihrer Kultur verstärken; politische Dominanz bedeutet zur selben Zeit sehr oft kulturelle oder zumindest zivilisatorische Vorherrschaft. Ausdruck dessen ist die Verbreitung der Sprache

4 Kultur und Politik oder: Die kulturelle Dimension Europas

der dominanten Macht. Die Kolonialisierung und/oder Eroberung des Mittelmeerraumes durch die Griechen und später durch die Römer führte zur Ausbreitung der hellenischen und römisch-lateinischen Kulturen. Die Errichtung des britischen Empire und die Gründung des Commonwealth hatten den Export der britischen Zivilisation, Kultur und Sprache zur Folge. Die Stellung der USA als Supermacht nach dem zweiten Weltkrieg hat weltweit ähnliche Effekte.

Auf der anderen Seite ist die Machtstellung nicht unbedingt Vorbedingung für kulturelle Leistungen. Man kann nicht behaupten, dass politisch weniger bedeutende Länder einen Mangel an kultureller Größe hätten. In einigen der erwähnten Fälle kam es zur Blüte einer Kultur bei gleichzeitiger politischer Machtlosigkeit: in den italienischen Stadtstaaten lange vor der staatlichen Einheit und in Deutschland Jahrzehnte vor der Reichsgründung. Es ist behauptet worden, dass es gerade die politische Dezentralisierung und rivalisierende Vielstaaterei waren, die es ermöglicht haben, kulturelle und wissenschaftliche Leistungen hervorzubringen (Ben David 1961). Politische Macht ist keine Vorbedingung für kulturelle Leistungen und deren Ausstrahlung über die nationalen Grenzen hinaus. Zudem hat kulturelle Expansion unabhängig von der militärischen stattgefunden. Die kulturelle Blütezeit der italienischen Renaissance im 16. Jahrhundert mit ihren weitreichenden Einflüssen in fast allen europäischen Länder auf den Gebieten der Kunst und der Wissenschaft, der Literatur, der Architektur, der Musik, etc., geschah trotz und/oder gerade aufgrund der politischen Fragmentierung Italiens zu dieser Zeit. Die so genannte „kulturelle Offensive" der Franzosen im 17. und 18. Jahrhundert wurde nicht immer von territorialer Inbesitznahme begleitet, hatte aber Auswirkungen, die weit über das französische Staatsgebiet hinaus reichten. Dasselbe trifft auch für den kulturellen und wissenschaftlichen Einfluss Deutschlands im 19. und in der ersten Hälfte des 20. Jahrhunderts zu. Deutsche Musik (einschließlich der österreichischen), Sprache, Archäologie, Philosophie, Literatur, etc. waren nicht von einem politisch mächtigen und geeinten Deutschland, sondern von einem vielstaatlichen Ensemble ausgegangen. Italien, aber auch die Niederlande und Spanien (Katalonien) sind Beispiele für Länder, die kulturelle Leistungen in einem politisch dezentralen System hervorgebracht haben. Föderalismus oder gar Regionalismus können kulturelle Vielseitigkeit fördern.

4.2 Ordnungsmodelle und Kulturmuster – Kultur im Kontext politischer Ordnungen

Nach diesen übergreifenden Überlegungen zum Verhältnis Macht und Kultur möchte ich nun die Frage aufgreifen, wie kulturelle, zivilisatorische oder ideologische Gegebenheiten mit politischen Ordnungsmodellen verbunden sind und welche Art von internationaler politischer Konstellation zu welcher Art von Kultur führen kann

Im Laufe der Geschichte hat es – wie beschrieben – mindestens sechs verschiedene politische Modelle für Europa gegeben, die in unterschiedlichem Maße mit kulturellen Mustern verbunden waren:

1. Das Mittelalter war durch den *Europäischen Universalismus* gekennzeichnet, mit dem Katholizismus (globale Bedeutung, universal) als vorherrschende Religion und Latein als der lingua franca. Im Streben nach einem geeinten Europa verklärten im frühen 19. Jahrhundert einige deutsche Romantiker etwa wie Novalis, nostalgisch dieses universelle Konzept, als einen Weg heraus aus dem zersplitterten Staatensystem dieser Zeit. Im Namen des Christentums wurden außerhalb Europas Eroberungen gemacht, und ebenfalls im Namen des Christentums wurden Kriege nicht nur gegen Feinde von außerhalb, sondern auch zwischen rivalisierenden christlichen Religionen geführt. Die religiöse Identifikation bildete daher zu dieser Zeit die ideologische Basis, die sowohl Einheit als auch Rivalität zur Folge hatte.

   Im Zeitalter des monarchischen Absolutismus entwickelte sich ein *Staatensystem* mit dem König als zentraler Gewalt, die mit dem Gottesgnadentum und der Staatsräson seine Legitimation fand. Dieses Staatensystem hatte drei verschiedene Ausprägungen: es war zum einen durch die *Vorherrschaft* eines Staates charakterisiert, zum andern in Abwesenheit einer solchen zuweilen ein *amorphes Gebilde* rivalisierender Staaten und schließlich für bestimmte Perioden ein *Gleichgewichtssystem.*

2. In dem Modell der *Dominanz* versuchte ein Staat andere zu beherrschen. Dies geschah im Namen von Revolutionen, Rassismus oder Kommunismus; legitimiert wurde die Vorherrschaft durch entsprechende Ideologien oder außenpolitische Doktrinen. Das Modell ist gekennzeichnet durch ein Zentrum-Peripherie-Verhältnis, wobei das Zentrum zur bestimmenden Kultur wird, die auf die umliegenden Länder ausstrahlt. Dies kann zusammen mit der politischen Dominanz die Form eines „kulturellen Imperialismus" annehmen und bedeutet die Eroberung des Geistes anderer, mit Hilfe deren die Machtverhältnisse zwischen Nationen zu verändern versucht wurde (Morgenthau 1993: 72).

3. Ein *amorphes* oder *anarchisches Staatensystem* ist vor allem in Transitionsperioden zu erkennen, wenn ein Wechsel im politischen Ordnungsgefüge stattfindet. Eine solche Situation existierte beispielsweise während des Dreißigjährigen Kriegs „in der kaiserlosen, der schrecklichen Zeit". Andere Epochen, wie etwa die Zwischenkriegsjahre 1918-1939 zeichneten sich durch das Fehlen einer Hegemonialmacht oder aber durch ein aus der Ba-

lance geratenes Gleichgewicht aus, beides Situationen, die zu internationalen und/oder nationalen Kriegen geführt haben.
4. *Gleichgewichtssituationen* existierten zu verschiedenen Zeiten in der Geschichte Europas. Die bekanntesten Beispiele sind Italien im 16. Jahrhundert und Europa im 19. Jahrhundert. In solchen internationalen Ordnungskonstellationen koexistierten mehrere Staaten nebeneinander, auch war das System gleichzeitig von verschiedenen Kulturen geprägt. Ein multipolares politisches System begünstigt zugleich ein multikulturelles System.
5. Nach dem Ende des Zweiten Weltkriegs wurde in Europa das *Integrationsmodell* politische Realität. Es war unter anderem Ergebnis der Tatsache, dass kein Land in der Lage war, andere Länder zu dominieren, mit der Konsequenz geteilter Souveränitäten innerhalb eines gemeinsamen institutionellen Rahmens. Es verbindet politisch Gemeinsames mit kulturell Verschiedenem. Während Dominanzmodelle vertikale Entscheidungslinien besitzen, zeichnen sich Integrationsmodelle föderaler Art durch horizontale Linien aus. Diese beruhen auf einer gewissen Gleichberechtigung seiner Mitglieder und ermöglichen die Entfaltung verschiedener Kulturen. Der europäische Staatenföderalismus ist bis jetzt das einzige Modell, das Vielfalt und Einheit zusammenführt, ohne vereinheitlichende Ideologie. Friede, Menschenrechte, Demokratie, soziale Gerechtigkeit, etc. sind zwar europäische Werte wurden aber zu universalen Werten. Die Europäische Union hat sich in zahlreichen Dokumenten zur Wahrung nationaler und regionaler Kulturen verpflichtet. Danach gewährleistet das Prinzip der politischen Selbstbestimmung auf den verschiedenen Ebenen ein multikulturelles Entfalten.
6. Als schließlich sechstes Modell kann das des *neuen Regionalismus* genannt werden. Es besteht aus einer multipolar und regional organisierten Welt. Im Gegensatz zum klassischen Gleichgewichtssystem besteht es nicht aus rivalisierenden Nationalstaaten, sondern aus mehr oder weniger integrierten regionalen Wirtschaftseinheiten, die sich in wirtschaftlichem Wettbewerb befinden. Europa ist neben Nordamerika und Ostasien einer dieser wirtschaftlichen Machtpole.

Zum Verhältnis politischer Ordnungen und kultureller Systeme gibt es verschiedene Thesen. Auf der einen Seite behauptete Johan Galtung höchst spekulativ, es existiere eine Verbindung zwischen der Stellung eines Landes in der Welt und seinem intellektuellen Stil: Zentrale Akteure zeigten eine eher deduktive Art, sich der wissenschaftlichen Wahrheit zu nähern, während weniger wichtige Akteure einen eher dialektischen, intellektuellen Zugang besäßen (Galtung 1981: 843). Auf der anderen Seite können politische Stile, wie Shapiro bemerkt, als eine Interpretation sozialer und politischer Realitäten angesehen werden. Es gäbe

Verbindungen zwischen griechischer Kunst und dem System der Polis, zwischen der Kunst des Barock und der Gegenreformation, etc. (Shapiro 1953).

Zusammenfassend kann gesagt werden: zwischen politischen Ordnungsmodellen und kulturellen Mustern gibt es keine eindeutige Zuordnung; es besteht keine Gleichung, aber auch keine Gleichgültigkeit. Raum für kulturelle Vielfalt verbürgen am ehesten dezentrale Ordnungsmuster wie die Multipolarität, das Gleichgewichtssystem, der internationale Regionalismus oder föderal sich organisierende Gesellschaften wie die Europäische Union.

4.3 Die Aktualität der kulturellen Dimension

Die kulturelle Dimension der Europäischen Union hat seit den neunziger Jahren Aktualität erhalten. Dies hat allgemein und in säkularer Betrachtung mehrere Gründe:

- Der erste Grund hat zu tun mit der Entwicklung des westlichen Konstitutionalismus. Wie James Tully bemerkt, hat sich der moderne Konstitutionalismus über die letzten vier Jahrhunderte nach den Prinzipien der Gleichheit und der Selbstregierung von Staaten, sowie der Gleichheit der einzelnen Bürger entwickelt. Dieser Prozess vollzog sich in Opposition zur Vorherrschaft universaler imperialer Herrschaft. Die europäischen Staaten errichteten ihrerseits eigene imperiale Herrschaftssysteme in der nicht-europäischen Welt. Der moderne Konstitutionalismus trat mit der Entkolonialisierung in die zweite Phase des europäischen Imperialismus ein, während der sich unabhängige (National-) Staaten bildeten. Schließlich ist der Konstitutionalismus in der Gegenwart charakterisiert durch kulturelle Bewegungen, die zuvor ausgeschlossen und durch die ersten beiden Entkolonisierungs- und Staatsbildungs-Bewegungen unterdrückt worden sind (Tully 1995: 15/16). Politische Befreiung und Selbstbestimmung ermöglichen die Entfaltung kultureller Kräfte.
- Zweitens hat die Erweiterung der Europäischen Union nach Mittel- und Osteuropa sowie zum Mittelmeer die Diskussion um die Grenzen Europas entfacht. Der geographische Raum der Union verlangte nach einer Klärung des Begriffs 'Europa', seiner Identität und seiner kulturellen Bedeutung als dem stärksten Element seiner Selbstdefinition. Diese Frage stellte sich noch nicht, als die Gemeinschaft sechs, dann neun, zwölf und fünfzehn Mitglieder umfasste. Die vierte Erweiterung um weitere zehn Staaten (2004) auf 25 und die mögliche Aufnahme der islamisch geprägten Türkei hat die Diskussion um das Selbstverständnis Europas existentiell aufgeworfen.

4 Kultur und Politik oder: Die kulturelle Dimension Europas

- Drittens hat die Debatte zur Globalisierung Befürchtungen um den Verlust nationaler oder regionaler Kultur ausgelöst. Als Reaktion sind Widerstände insbesondere gegen die kulturelle Globalisierung in einigen europäischen Ländern aufgetreten. Die Furcht, in eine unifizierte nicht-europäische Kultur getrieben zu werden, hat die Besinnung auf die ‚europäische' Kultur aktuell werden lassen. Der Antiamerikanismus speist sich zu einem erheblichen Maße aus solchen Befürchtungen.
- Viertens wurde die Europäische Union in ihrer Entwicklung von verschiedenen Motiven getrieben: es begann mit dem politischen Ziel nach Frieden und wirtschaftlichem Wohlstand, später haben wirtschaftliche Krisen die soziale Dimension aktuell werden lassen. In den neunziger Jahren und im Zuge der dritten Erweiterung war das Demokratiedefizit ein viel diskutiertes Thema; schließlich erlangte die kulturelle Dimension Bedeutung im Zusammenhang mit der „türkischen Frage", die die Frage nach dem Selbstverständnis aufwarf und indirekt auch die politische Legitimation tangierte.

4.4 Kultur und Politik

Der Begriff der Kultur ist vieldimensional und wird in verschiedenen Bedeutungen verwendet. Es existiert ein *weit gefasster Kulturbegriff*, der alle Ausdrucksformen in Kunst und Literatur beinhaltet, sowohl das Schaffen der Eliten (die so genannte Bildungs- oder hohe Kunst) als auch die Werke der einfachen Leute (die so genannte Populärkultur). Wir definieren Kultur in diesem Sinne als ein Bündel sowohl grundlegender Ideen, Überzeugungen, Werte und Vorstellungen, die unsere Wahrnehmung von Realität (nationale, ethnische oder sonstige) formt, als auch zur praktischen Orientierung dient (Faure/Rubin 1993, Cerruti 1997).

In der politischen Theoriegeschichte nähert sich der politische Kulturbegriff dem der politischen Tugend. Um den immateriellen und geistigen Kern von Politik zu benennen, verwies Aristoteles auf die sozialen, gemeinschaftsbezogenen Tugenden der Bürger. Der Begriff der Tugend wurde später u.a. von den Römern und in ihrem Gefolge auch von Machiavelli aufgegriffen. Den Tugendbegriff variierten später Rousseau mit seinem Konzept der „religion civile" ebenso wie andere mit ihren Vorstellungen von „moralischem Empfinden" (moral sentiments) oder von „moralischen Systemen" (Owen). Diese verschiedenen Konzepte drücken das aus, was Kultur im politischen Sinne ausmacht, nämlich Ideen und Symbole und eine Art sich zu verhalten und zu kommunizieren. Kultur im politischen Verständnis kann als ein Ensemble gemeinsamer Werte, Vorstellungen und Interessen der Mitglieder, als das Fundament der Politik angesehen werden, das seinen Ausdruck in den allgemeinen Regeln des Regierens als „gute politische Ordnung" finden müsse (Friedrich 1963: 663).

Eine politische Gemeinschaft besteht nicht nur aus Institutionen und politischen Prozessen, sondern auch aus Werten und Zusammengehörigkeitsgefühlen. Die „Regierungsnerven" („nerves of government', Deutsch) – um eine medizinische Metapher zu benutzen – benötigen neben einem stabilen Knochenbau auch einen Blutkreislauf, angetrieben durch ein schlagendes Herz. Die Kultur kann als das Herz des politischen Körpers angesehen werden.

Ich schlage ein Kulturkonzept vor, das sich als funktionales Äquivalent zu Konzepten von Theoretikern der politischen Philosophie versteht. Aristoteles nannte die Kraft, die das politische System zusammenhält „paideia" (Ethos), Machiavelli nannte sie Tugend, Rousseau die „religion civile", etc., sie alle beziehen sich auf den Konsens gesellschaftlicher Grundwerte, die fest in der nationalen Kultur verankert sind und als Kitt der Zusammengehörigkeit gelten können.

Im nationalen Kontext existieren zwei Vorstellungen von nationaler Kultur: eine, die man als *traditionell* bezeichnen kann, die nicht übertragbar ist, und die das Sein und das Dazugehören zum Ausdruck bringt; die andere, die man als *post-traditionell* bezeichnen kann, ist übertragbar und bringt das Sein und Werden zum Ausdruck. Erstere basiert auf der Vorstellung relativ homogener, vereinheitlichter Zivilpolitiken und setzt eine kulturelle Einheit voraus, letztere lässt sich hingegen durch z.T. antagonistische und nicht einheitliche kulturelle Muster charakterisieren. Unterscheidungen zwischen objektiver und subjektiver Kultur sind nur andere Bezeichnungen für diese unterschiedlichen Vorstellungen. Die Kultur ist *objektiv*, weil sie auf objektiv beobachtbaren Kriterien, wie Sprache, Religion, Ethnie, etc. beruht. Das Staatsgebiet stimmt mit dem kulturellen Raum überein. In diesem Sinne war die Übereinstimmung von Staat und Nation das Bestreben nationaler bzw. nationalistischer Bewegungen. Die Kultur ist *subjektiv*, wenn sie den politischen Willen betont und kulturelle Unterschiede und Differenzen akzeptiert. Erstere entspricht einer einheitlichen nationalen Kultur, letztere dem Multikulturalismus. Der so genannte ‚Verfassungspatriotismus' (Sternberger) beruht auf einem Minimalkonsens an grundlegenden Werten und Überzeugungen. Solche aus dem Recht abgeleitete Begriffe sind jedoch zu abstrakt um die Empfindungen, Gefühle und Überzeugungen der Bevölkerung zu erreichen. Um die Realität in politischen Gemeinschaften zu erfassen, müssen deshalb stets beide Dimensionen des Nationenbegriffs, die objektive wie auch die subjektive, berücksichtigt werden. Kultur verleiht Identität und versieht den Staat mit Zustimmung (vgl. Abb. 6). Der Staat ist gewissermaßen die äußere Hülle für das Innenleben der Nation.

Für Europa bedeutet dieses in nationalen Kontexten gewachsene Verständnis von politischer Kultur, dass zwar das institutionelle Gefüge der EU (Verfassung) einen wichtigen Rahmen für politische Handeln bildet, dass aber die ‚Seele' (Delors) aus Quellen der Kultur im weitesten Sinne gespeist wird.

4 Kultur und Politik oder: Die kulturelle Dimension Europas

4.5 Die politische Kultur

Neben dem weit gefassten Kulturbegriff gibt es *enger gefasste Kulturkonzepte*. Politische Kultur ist ein solcher Begriff, der zum Verständnis nationaler Kulturen herangezogen worden ist. Die Diskussion wurde durch die bahnbrechende Studie von Almond und Verba über „zivile Kultur" eröffnet (1963, 1980) und zog zahlreiche Nachfolgestudien, besonders in den USA und Deutschland nach sich (Barnes, Kaase et al. 1979, Conradt 1980, Reichel 1981, Gabriel 1992, Berg-Schlosser/Rytlewski 1993). In der Tradition dieser Forschungsrichtung bezieht sich politische Kultur auf „Werte, Überzeugungen und Haltungen der Bürger in Bezug auf politische Institutionen, politische Prozesse und Staatstätigkeit" (Schmidt 1995: 745). Politische Kultur erfasst die subjektiven Haltungen individueller Bürger, „die subjektive Dimension des sozialen Fundaments des politischen Systems" (Berg-Schlosser/Rytlewski 1993) sowie die „affektiven" Momente (Almond/Verba 1980). Einige Studien haben sinnvollerweise auch das Verhalten der politischen Akteure innerhalb der politischen Institutionen untersucht (vgl. Berg-Schlosser 1985: 746-747, Rohe 1994) und damit den politischen Stil des Umgangs von Politikern miteinander einbezogen. Beispielsweise sind Regierungskoalitionen in Deutschland und Italien gang und gäbe, während britische Politiker größere Probleme mit Vereinbarungen zwischen politischen Partnern in der EU haben als deutsche oder italienische Politiker.

Der Begriff der *politischen Kultur* bezieht sich somit auf die Wahrnehmung von Politik seitens der Bürger und der politischen Eliten im Umgang miteinander. Studien über politische Kultur verwenden Meinungsumfragen und analysieren die Haltung der Bürger zu ihrer Regierung, ihren Parteien, ihren politischen Institutionen, etc. Andere empirische Zugänge konzentrieren sich auf die politische Partizipation des Einzelnen und seiner Zugehörigkeit zu politischen Organisationen wie zu politischen Parteien oder Verbänden, auf das freiwillige Engagement in sozialen Organisationen oder Aktivitäten wie den Dritte-Welt-Initiativen, den Menschenrechts- und Umweltgruppen, der Friedensbewegung, den Tierschutzgruppen, oder die Teilnahme an Protestbewegungen (Streiks, Boykotte, Demonstrationen oder Gebäudebesetzungen).

Aus unterschiedlich geprägten politischen nationalen Kulturen resultieren verschiedene *nationale Verhandlungsstile*, die durch Einflüsse von Kultur, Geschichte, politischem System oder von der Stellung in der Welt gespeist sind. Beispiele werden im nachfolgenden Kapitel behandelt.

Auch gibt es eine *Unternehmenskultur* mit ihren eigenen Bedeutungen, Verhaltensnormen und Symbolen. *Professionelle Kulturen* haben ähnliche Standards ausgebildet. Das vielstaatliche Ensemble der EU mit seinen zurzeit dreiundzwanzig offiziellen Sprachen hat in der alltäglichen Arbeit einen professionellen Sprachstil entwickelt. In der Brüsseler Verwaltung scheint Französisch die am häufigsten gesprochene Sprache zu sein; nach außen ist dies jedoch Englisch (Stocker 1996: 94). Schließlich gibt es eine *Familienkultur*, die Jugendliche in ihrer Entwicklungsphase prägt (Faure/Rubin 1993).

Dem komplexen Begriff von Kultur kann man sich durch Bildung von Kategorien nähern. Die Unterscheidungen zwischen Bildungs- und Populärkultur, zwischen traditionellen und posttraditionellen Kulturen wurde bereits genannt; andere lassen sich hinzufügen, wie die zwischen authentischer und reflexiver Kultur, zwischen aristokratischer, bürgerlicher oder proletarischer Kultur, etc. Im europäischen Kontext sind die national geprägten Kulturen die mit Abstand wichtigsten, identitätsstiftendsten; die europäische Identität stellt in der subjektiven Wahrnehmung gewissermaßen eine Restkategorie dar.

Ein Wort zur Sprachenvielfalt in Europa. Sprache ist eine der wichtigsten Ausdrucksformen von Kultur. Sie ist auf der einen Seite ein Kommunikationsvehikel und auf der anderen Seite eine Art zu denken, sich auszudrücken und sich zu verhalten. Diese zwei Funktionen von Sprache müssen auseinander gehalten werden. Englisch, das so genannte internationale Englisch, als Kommunikations- oder Konferenzsprache, kann keine andere Nationalsprache als Denk- und Ausdrucksform von Kultur ersetzen. Im Vorteil sind diejenigen bei denen die National- und die Kommunikationssprache zusammenfallen.

Sprache ist aber ein verkürztes Thema, wenn es um die Einigung Europas geht. Die elf offiziellen Sprachen der EU15 haben die Verständigung zwar nicht erleichtert und haben eine große Zahl von Sprach- und Dolmetscherdiensten notwendig gemacht, verhindert aber hat die Sprachenvielfalt das Zusammenwachsen nicht. Prinzipiell hat sich dies auch bei der EU25 mit einundzwanzig Sprachen gezeigt. Vier Sprachkulturen haben das Projekt Europa ins Leben gerufen, die zweite und dritte Erweiterung der Gemeinschaft haben zu sechs bzw. neun Sprachen geführt und die bedeutenden Integrationsschritte, die Einheitliche Europäische Akte (1986) sowie den Maastrichter Vertrag (1992), auf den Weg gebracht. Die vierte Erweiterung mit elf Sprachen hat den Amsterdamer Vertrag (1997) verabschiedet. Die Verabschiedung des Verfassungsvertrags (2004) wurde schließlich von einer zwanzigsprachigen Regierungskonferenz vorgenommen. Die insbesondere unter den Eliten weit verbreiteten Sprachen Englisch mit 49% der europäischen Mutter- und Fremdsprachlern und Französisch mit 31% mögen ebenso wie die zahlreichen Dolmetscher- und Sprachendienste die Kommunikation erleichtert haben. Das Deutsche, das von 34% der Europäer gesprochen wird, ist zwar die am meisten gesprochene Muttersprache (25%), bleibt jedoch als Kommunikationssprache hinter den beiden anderen zurück. Viel tief greifender als die Sprachenvielfalt sind die über die Sprache transportierten unterschiedlichen Kulturverständnisse, die das Denken und Handeln der Europapolitiker bestimmen. Nicht um die Sprache als Kommunikationsmittel geht es, sondern um Sprache als Ausdruck bestimmter Kulturverständnisse, als eine Art zu den-

4 Kultur und Politik oder: Die kulturelle Dimension Europas 85

ken, zu fühlen und zu handeln. Für die Politik wichtig, weil das Handeln bestimmend, ist das, was die politische Kultur ausmacht, nämlich Sprache in ihrer Denk- und Handlungsbedeutung. Unterschiedliche kulturelle Denkmuster können die Verständigung erschweren und einen europäischen Diskurs behindern, jedoch nicht verhindern (vgl. unten).

Drei nationale Kulturen, nationale Stile (Deutschland, England, Frankreich)

Interkulturelle Vergleiche zwischen verschiedenen europäischen Ländern weisen auf Unterschiede hin. Wichtige Unterschiede zwischen den drei größten Kulturen Europas können anhand von sechs Fallbeispielen aufgezeigt werden, wobei ich in der Darstellung vom Allgemeinen und Abstrakten zum Spezifischen und Konkreten fortschreite. Ich beginne mit der Beschreibung der Sprachgruppen und der entsprechenden intellektuellen Stile. Anschließend analysiere ich die verschiedenen Perzeptionen politischer Kulturen in diesen Ländern. Zwei Beispiele aus dem EU-Bereich, dem des Demokratieverständnisses und dem der Nominierung des Präsidenten der Europäischen Zentralbank (EZB), sollen die Unterschiede zwischen diesen drei Kulturen verdeutlichen. Ein Glossar zentraler Begriffe, die in der politischen und kulturellen Debatte verwendet werden, soll die Verständnisunterschiede in ihren jeweiligen nationalen Kontexten wiedergeben.

(1) Sprachgruppen und intellektueller Stil
In der heutigen EU existieren mindestens drei kulturell dominierende Gruppen, in der Zukunft werden es mindestens vier sein: (1) die englischsprachige Kulturgruppe, bestehend aus dem Vereinigten Königreich, Irland, Teile der skandinavischen Länder und teilweise auch den Niederlanden, (2) der lateinischen (romanischen) Sprachgruppe, bestehend aus Frankreich, Italien, Spanien, Portugal, Belgien und teilweise Griechenland, (3) der deutschen Sprachgruppe, bestehend aus Deutschland, Österreich (und Teilen der Schweiz), aber auch mit einigen Einflüssen in kleinere Nachbarländer wie Luxemburg, den Niederlanden oder Dänemark. Mit der Erweiterung der EU nach Osten hin ist auch die slawische Sprachgruppe hinzugekommen. Die kleineren Länder und die Länder mit gemischten Kulturen, wie die Schweiz, Belgien und Luxemburg haben Verbundnetzwerke mit den Ländern der respektiven Sprachen entwickelt. Johan Galtung (1981) hat intellektuelle Stile herausgearbeitet, die mit kulturellen Gruppen einhergehen: der ‚angelsächsische' Stil pflege besonders die Debatte und den Diskurs, er sei reich an empirischen Fakten und dürftig an Theorie, er sei reich an formaler Sprache und arm an Eleganz; aber er pflege auch den Humor (backslapping). Der Stil klammere sich stur an Anschauliches und an Fakten. Der

‚gallische' Stil zeichne sich durch Eleganz und den Gebrauch von bons mots, Doppeldeutigem und Anspielungen aus. Verglichen damit zeichne sich der ‚teutonische' Stil durch deduktive Theoriebildung aus, beginnend mit Prämissen und aufzuzeigenden Wirkungszusammenhängen und mit einer Vielzahl von Schlussfolgerungen endend. Dem Stil werde oft nachgesagt, er sei trocken, pedantisch und ohne Humor. Die Theoriebildung folge einer Pyramide mit Annahmen am Anfang, gefolgt von einer Vielzahl von Ableitungen.

In ihrer sozialen Zusammensetzung besitzen die drei kulturellen Stile unterschiedliche Strukturen. Nach Galtung zeichnet sich die teutonisch-wissenschaftliche Gemeinschaft durch vertikale, individualistische und polarisierte Strukturen, die gallische durch horizontale, individualistische und polarisierte Strukturen und die angelsächsische durch horizontale, individualistische aber gering polarisierte Strukturen aus. Im Gegensatz dazu charakterisierten vertikale, kollektivistische und gering polarisierte Strukturen den japanischen (nipponischen) Stil (Galtung 1981: 843). Diese Unterscheidungen sind selbstredend idealtypisch und damit stark vereinfachend; aber sie bringen nichtsdestoweniger Charakteristisches zum Ausdruck.

(2) Unterschiedliche Protestformen
Ergebnisse einer empirischen Studie von Dekker, Koopmans und van den Broek (1997) mit Daten für 1990 zeigen eine hohe Korrelation zwischen politischer und sozialer Partizipation in 14 europäischen Ländern: anhand ihrer Daten lassen sich drei Ländergruppen voneinander unterscheiden: die nördlichen, skandinavischen Länder, wie Schweden, Island, Dänemark, Norwegen gefolgt von den Niederlanden mit sehr hohen Werten für soziale und politische Teilnahme; niedrigere Werte in Südspanien, Portugal, Italien, gefolgt von Frankreich; und eine dritte Ländergruppe, bestehend aus Deutschland, Belgien, Großbritannien, Österreich und Irland mit durchschnittlichen Werten.

Die politische Kultur dieser Länder zeigt verschiedene Protestformen. Während in Deutschland und den Niederlanden neue soziale Bewegungen einen hohen Partizipationsgrad besitzen, liegen Großbritannien, Frankreich und Spanien mit Streiks an der Spitze. Gewalttätige Strategien sind nach diesen Studien in Frankreich und Spanien üblicher als in den Niederlanden, Deutschland und Großbritannien. Diese Ergebnisse können, unter anderem, vor dem Hintergrund jeweiliger Gesellschaftstypen interpretiert werden: der staatszentrierten Gesellschaft in Frankreich, den Zivilgesellschaften in England und in den USA und der gemeinschaftsbezogenen Gesellschaft in Deutschland. Die hohe Partizipation der nordeuropäischen Länder bestätigt die Annahme ihrer Nähe zum Zivilgesellschaftskonzept; die geringe Partizipation in den südeuropäischen Ländern deutet auf ihre (ehemals) staatszentrierte Ausrichtung hin; und die durchschnittliche Partizipationsrate für Deutschland ist ein Indiz für die Entwicklung von einem

4 Kultur und Politik oder: Die kulturelle Dimension Europas 87

(einst) staatszentrierten, gemeinschaftlichen Land zu einer Zivilgesellschaft (Verwestlichung) mit hohen Partizipationswerten bei sozialen Bewegungen. Frankreich stellt mit seiner geringen Partizipation bei sozialen Bewegungen, aber hohen Werten bei Demonstrationen und Streiks eine besondere Variante eines zentralistischen Systems dar, denn die aktiven und starken sozialen Bedürfnisse finden oft über klientelistische Kanäle ihren Weg in den Staatsapparat (Suleiman 1991: 17).

(3) Die Perzeption von Demokratie in der EU (Großbritannien, Deutschland und Frankreich)
Es ist eine weit verbreitete Ansicht, der EU mangele es an einem ausreichenden Maß an Legitimierung. Obwohl es Europawahlen für ein europäisches Parlament gebe, werde der Wahlprozess nur im nationalen Kontext wahrgenommen. Nationale Themen bestimmten den Wahlkampf. Europarelevante Themen würden ohne wirkliche Beteiligung der Bürger behandelt und von Eliten entschieden. Es existiert die verbreitete Meinung, dass es so etwas wie den europäischen Bürger, der seinen Willen im europäischen Kontext zum Ausdruck bringt, nicht gebe. Europa sei (noch) keine Nation, wo die Bürger über ihr Schicksal entscheiden würden; einzig über indirekt gewählte Vertreter im Ministerrat kämen die Bürger zum Zug.

Nach Donate Kluxen-Pyta (1998) gibt es drei verschiedene Diskurse über das Demokratieverständnis, und jeder von ihnen steht in Verbindung mit den drei unterschiedlichen Traditionen und Kulturen, der französischen, der deutschen und der englischen.

Die *britische Kritik* am Demokratiedefizit in der EU bezieht sich auf ein mangelhaft entwickeltes Repräsentationssystem, wonach die Repräsentanten den Repräsentierten gegenüber verantwortlich sind, sowie auf das Fehlen von Verantwortlichkeit in wichtigen europäischen Institutionen, unter anderem vor allem in der Kommission gegenüber den europäischen Bürgern. Es gebe keine Demokratie ohne zuortbare Verantwortlichkeit und demokratische Rechenschaft. Die Kommission, sowie mit einigen Abstrichen auch der Ministerrat und das Europaparlament, sind nach dieser Auffassung entweder nicht gewählt oder der Wählerschaft gegenüber nicht verantwortlich.

Von *deutscher* verfassungsjuristischer Seite wird auf das Fehlen eines Grundelements der Staatlichkeit, nämlich des Staatsvolkes hingewiesen. Dies deute auf die Unvereinbarkeit zwischen einer wirklich existierenden Demokratie und einem wirklich existierenden europäischen Volk hin. Solange es keinen europäischen Bürger gäbe, könne es auch keinen europäischen Staat geben. In seiner Urform bedeutet dies, dass jede politische Gemeinschaft auf einer gemeinsamen oder gar homogenen Kultur basieren müsse, oder zumindest den gemeinsamen Willen haben müsse, zusammen leben zu wollen. Es gibt aber auch andere

Stimmen, die auf den besonderen Charakter des EU-Systems hinweisen; die Union könne nicht nach Maßstäben nationaler Demokratieauffassung bewertet werden; auch eine vorgegebene nationale Kultur sei nicht erforderlich, sie würde sich vielmehr erst im politischen Prozess durch Öffentlichkeit herstellen.

Die *französische Kritik* am Demokratiedefizit zielt schließlich auf den Nationalstaat selbst. Eine Europäisierung bedeutet für einige Franzosen das mögliche Verschwinden der politischen Nation. Es ist genau diese Streitfrage, die die Debatte in Frankreich bestimmt, denn sie bezieht sich auf den für die Franzosen heiligen Begriff der Souveränität. Souveränität bedeutet die Integration der Bevölkerung nach innen und die Bestätigung der Existenz in Abgrenzung zu anderen Staaten nach außen. Diese Fixierung auf die Nation hat in Frankreich zu zwei verschiedenen Positionen über die Zukunft der EU geführt: eine Position widersetzt sich so lange jeder Kompetenzübertragung an die Union, bis sie politisch klar definiert ist; und eine zweite Position favorisiert einen schrittweisen Souveränitätstransfer auf verschiedene Ebenen, bis eine klare Machtverteilung stattgefunden hat. Diese letzte Position geht Hand in Hand mit liberalen Gedanken im Zeitalter der Globalisierung und wird vor allem von Technokraten und Pragmatikern vertreten.

(4) Die Nominierung des Präsidenten der Europäischen Zentralbank
Auch die Diskussion um die Nominierung des Präsidenten der Europäischen Zentralbank (EZB) lässt die verschiedenen national geprägten politischen Kulturkonzeptionen erkennen. Die Auseinandersetzung darüber in den neunziger Jahren war nicht nur ein persönliches Duell zwischen den beiden politischen Hauptakteuren, dem deutschen Bundeskanzler und dem französischen Präsidenten, sie verdeutlichte auch die in diesen beiden großen europäischen Ländern tief verwurzelten, unterschiedlichen politischen Kulturen. Helmut Kohls Kandidat war der niederländische Zentralbankpräsident Wim Duisenberg, Jacques Chirac favorisierte den französisch Zentralbankpräsidenten Jean-Claude Trichet.

Trichet war erst nachträglich nominiert worden, lange nachdem der niederländische Zentralbankchef von der Mehrheit der Mitglieder des Europäischen Rats ins Rennen geschickt worden war. Nachträgliche Konsultationen im Rat führten zu dem Kompromiss, dass Duisenberg direkt nach den Konsultationen vom 2.5.98 mehr oder weniger genötigt war, anzukündigen, dass er nicht beabsichtige, die vorgesehene volle Amtszeit von acht Jahren auszufüllen, sondern einige Zeit vorher ausscheiden werde. Trichet als sein Nachfolger solle dann eine komplette Amtszeit von acht Jahren im Amt bleiben.

Wie kann man diesen „Kompromiss" erklären? Eine Antwort darauf kann in den unterschiedlichen politischen Kulturen Deutschlands und Frankreichs gefunden werden. Die verschiedenen Auffassungen von politischer Kultur, Prestigedenken und Prioritätensetzungen, sowie Erfahrungen mit je eigener Geschichte geben hierzu Erklärungen ab.

Frankreich und seine politische Klasse billigen der Nation einen hohen Stellenwert zu; damit einher geht die Repräsentation der Nation durch eine Person. Die Nation, „une et indivisible", steht in der Tradition monarchischer und/oder republikanischer Herrschaft und ist das Symbol der Selbstidentifikation. Ein französischer Kandidat müsse die Bedeutung der französischen Nation zum Ausdruck bringen. Hinzu kommt, dass der Status und die Statuten der Europäischen Zentralbank nach dem Vorbild der deutschen Bundesbank konzipiert worden waren, mithin eine weitreichende Unabhängigkeit erlangt hatte.

Deutschlands politische Eliten legten aufgrund historischer Erfahrungen mit Hyperinflation nach dem Ersten Weltkrieg Wert auf die Stabilität der Währung, die nur mit Hilfe ausgeprägter Autonomie, klar abgegrenzter Kompetenzen, Regeln und Abläufen innerhalb der EZB garantiert werden könnten. Die Unabhängigkeit von der Politik sollte die Stabilität der europäischen Währung sichern.

Abgesehen von den verschiedenen Bewertungen der institutionellen und personellen Aspekte, gibt es einen Prioritätsunterschied zwischen Personen und Institutionen in der Politik. Während in der französischen Politik Personen wichtiger sind als Institutionen, gibt die deutsche politische Kultur den institutionellen Arrangements hohe Priorität. Institutionen bleiben, Personen wechseln – dies könnte das deutsche Konzept knapp wiedergeben; in der französischen Politik können Verfassungen schon eher auf den persönlichen Stil eines Politikers zugeschnitten werden. De Gaulle formte die V. Republik nach seinen persönlichen Ambitionen, und auch später wurde zu verschiedenen Zeitpunkten die Verfassung geändert, wenn die Politik einen Zusatz verlangte. Menschen können verschiedene Kleider tragen.

Die unterschiedlichen Prioritäten in Bezug auf Personen und Institutionen trafen somit aufeinander. Für Frankreich war die Nominierung Trichets von großer Bedeutung, während Deutschland an den Statuten der EZB festhielt. Dieses Hauptziel, die Festlegung der institutionellen Regeln, war schon längst erreicht worden, lange bevor die Frage der Nominierung aufkam. Mit der Gewissheit, den institutionellen Rahmen bereits festgelegt zu haben, konnte Kohl den persönlichen Ambitionen Chiracs Platz machen. Duisenberg hat durch vorzeitige Aufgabe das Amt an Trichet übergeben.

Unterschiedliche wirtschaftspolitische Auffassungen liefern zusätzliche Erklärungen. Während nach deutscher Auffassung die EZB autonom und unabhängig sein sollte, sehen die Franzosen die Geldpolitik als einen integralen Bestandteil einer umfassenden Wirtschaftspolitik an. Daher auch der Vorschlag, der Bank ein Wirtschaftskabinett zur Seite zu stellen. Dieser Vorschlag, der auch in anderen Ländern durchaus Anklang fand, käme aber wiederum der Realität der Bundesbank recht nah, die ebenfalls ihre Politik in der Vergangenheit zu verschiedenen Anlässen (deutsche Vereinigung, Aufwertung der Währung) der der Bundesregierung anpassen musste. Dies steht auch durchaus im Einklang mit dem Bundesbankgesetz. Dieses gibt vor, dass die Bundesbank einerseits in voller Autonomie die Geldpolitik betreiben dürfe, andererseits aber die Politik der Regierung unterstützen solle; bisweilen sind dies unvereinbare Ziele.

Ein dritter Faktor, nämlich die Rolle des Ratspräsidenten, sollte nicht unerwähnt bleiben. Seine Rolle hätte die eines Vermittlers und Schiedsrichters sein können. Tony Blair, der die britische Ratspräsidentschaft vertrat, erfüllte diese Erwartungen nicht, obwohl sie im Einklang mit der politischen Kultur seines Landes gestanden hätten. Wenn die Franzosen der Nation und damit einhergehend der sie repräsentierenden Personen Priorität einräumen, wenn die Deutschen die Institutionen als Konstante in der Politik betonen, dann geben die Briten dem Prozess und der Verantwortlichkeit der am Spiel beteiligten Personen den Vorrang. Blair konnte aber zu dieser Zeit, aufgrund der Sorgen um den Nordirlandkonflikt, die auf ihn zukommende Rolle nicht ausfüllen und eine persönliche Niederlage des deutschen Kanzlers vermeiden. Unterschiede in der politischen Kultur, in den Politiken und in den persönlichen Verhältnissen können so den suboptimalen Ausgang des Brüsseler Debakels erklären.

(5) Kulturbesetzte Begriffe im europäischen Diskurs
Zentralen Begriffen und Konzepten kommt in den drei wichtigen europäischen Sprachen je nach nationalem Kontext unterschiedliche Bedeutungen zu, und somit können sie missverstanden werden. Die Darstellung einiger wichtiger, den politischen Diskurs bestimmender Begriffe und ihre jeweilige Bedeutung in den drei Hauptsprachgruppen der EU soll dies verdeutlichen.

Politikverfahren: Föderalismus, Subsidiarität, Demokratie, Regierung
Der Begriff des *Föderalismus* hat im angelsächsischen, französischen und deutschen Sprachraum voneinander abweichende Bedeutungen. Länder mit föderalen Strukturen definieren ihr System als differenzierte Mehrebenenregierungsform mit aufgeteilten Kompetenzen zwischen Gemeinden, Regions-, Länder- und Zentralregierungen. Ganz allgemein ist eine Föderation eine auf Konsens basierende Ordnung, „eine wiederkehrende Form effektiv organisierter Kooperation zwischen Gruppen, ... sie vereint die nach Einheit strebenden ohne diese zu zerstören" (Friedrich 1963: 585). Im Englischen und in den romanischen Sprachen bedeutet das Wort „föderal" traditionell die Übertragung bestimmter Regierungsgewalten auf eine Zentralregierung. Die Washingtoner Bundesregierung heißt folglich ‚federal government' und hat diese Bedeutung von Lockes Zeiten bis heute behalten. Die französische Konzeption von „fédéral" hält an der Konzeption des Staatssystems fest und bezieht sich daher auf die Souveränität nach außen, nicht auf die Teilung von Souveränität nach innen. Diese ist ‚une et indivisible'.

4 Kultur und Politik oder: Die kulturelle Dimension Europas

Der mit dem Föderalismus einhergehende Begriff der „*Subsidiarität*' ist im Unionsvertrag der EU in Artikel 3b definiert: „In den Bereichen, die nicht in ihre ausschließliche Zuständigkeit fallen, wird die Gemeinschaft nach dem Subsidiaritätsprinzip nur tätig, sofern und soweit die Ziele der in Betracht gezogenen Maßnahmen auf Ebene der Mitgliedsstaaten nicht ausreichend erreicht werden können und daher wegen ihres Umfanges oder ihrer Wirkungen besser auf Gemeinschaftsebene erreicht werden können...". Diese Definition entspricht der Subsidiaritätsbedeutung der christlichen Soziallehre. Sie steht im Mittelpunkt der föderalen Strukturen, bei denen die verschiedenen Kompetenzen auf den unterschiedlichen Regierungsebenen der Lokal-, Länder- und Zentralregierungen festgeschrieben sind. Es spricht für sich, dass weder die englischen noch die französischen Wörterbücher eine Subsidiaritätsdefinition geben.

Es gibt viele *Demokratie*bedeutungen und -formen, an deren Anfang jeweils immer das „Volk" steht. Aber auch hier unterscheidet sich die englische Bedeutung von der des Kontinents. Giovanni Sartori hat zwischen dem rationalen und pragmatischen Ansatz des Demokratieverständnisses unterschieden (Sartori 1965: 231). Auf dem Kontinent dominiere dank Jean-Jaques Rousseau der rationale Ansatz den Demokratiediskurs, während sich in England und den USA das Demokratiekonzept stärker auf pragmatische Verfahren, denn auf theoretische Konzeptionen konzentriere. Die Idee einer direkten, idealen und radikalen Demokratie hat wiederum auf dem Kontinent ihren Ursprung, während die Idee einer gewählten verantwortlichen Repräsentation dem englischen Demokratieverständnis näher steht.

Auch das Verständnis von ‚*Regierung*' unterscheidet sich auf beiden Seiten des Kanals bzw. des Atlantiks. Jenseits des Atlantiks wird der Begriff ‚Regierung' als ein ‚System zur Verwaltung der Staatsangelegenheiten' definiert. Auf dem Kontinent bezieht sich Regierung vornehmlich auf das exekutive Staatsorgan und die mit Macht ausgestatteten Personen, während in der englischen Welt der Begriff eine breitere Bedeutung besitzt, nämlich die Gesamtheit der staatsverwaltenden Organe und Institutionen, einschließlich der exekutiven, legislativen und judikativen Gewalten.

Kultur, Zivilisation, Wissenschaft
Die Trennlinie zum Kulturverständnis verläuft nicht zwischen dem europäischen Kontinent und Übersee, sondern zwischen den englischen und romanischen Sprachgruppen auf der einen Seite und der deutschen Sprachgruppe auf der anderen Seite. Vereinfachend brachte Thomas Mann 1914 in seinen „Betrachtungen eines Unpolitischen" das deutsche Kulturverständnis zum Ausdruck: „Der Unterschied von Geist und Politik enthält den von Kultur und Zivilisation, von Seele und Gesellschaft, von Freiheit und Stimmrecht, von Kunst und Literatur" (Mann 1968: 23). Und er fährt fort: „Und Deutschtum, das ist Kultur, Seele, Freiheit,

Kunst und nicht Zivilisation, Gesellschaft, Stimmrecht, Literatur". Kultur hat in dem so verstandenen, allerdings später revidierten deutschen Verständnis (siehe Ringer 1992) eine nach innen auf kreative Tätigkeiten gerichtete Bedeutung, die auf die Werke einer Bildungselite beschränkt ist. Es steht in Herders Tradition mit seiner Vorstellung einer ‚nationalen Kultur' fernab jeglichen Nationalismus', in Hegels Tradition aufeinander folgender Völker und in der Tradition der Romantiker und ihrer Vorstellung einer Entwicklung hin zu höheren Entwicklungsstufen. Herders Kulturkonzept betont die nationalen oder regionalen Volkskulturen. Im Sinne eines ‚aufgeklärten Patriotismus' werden nationale Kulturen mit kosmopolitisch-humanistischen verbunden; Kulturen bereichern einander und werden gleichrangig gesehen. Die Begriffe ‚Patriotismus' und ‚Nation' wurden als Antithesen zu Nationalismus und Staat verwandt. Somit war Herder den humanistischen Werten der Aufklärung ebenso wie den Vorstellungen organischen Wachstums der Romantiker verbunden (siehe Hanefield 1996). Vergleichende Studien verschiedener europäischer (auch antiker) und außereuropäischer Kulturen, vor allem von Herder und Wilhelm von Humboldt, sind die Zeugnisse dieses Kulturverständnisses.

Im Unterschied zu diesem eher engen deutschen Kulturverständnis entwickelten die anderen Sprachgruppen ein breiteres Verständnis, das *Zivilisation*, ‚Kultiviertheit und angesammeltes Wissen zur Gesellschaftscharakterisierung' mit einschließt. Im angelsächsischen Raum fließen Kultur und Zivilisation in einander; sowohl „hoch entwickelte Technologien als auch Kultur" sind Konnotationen dieses breiten Begriffsumfangs. Das Verständnis von Kultur im Deutschen macht in anderen Sprachen keinen Sinn. Zu Beginn des letzten Jahrhunderts wurde der Begriff der Zivilisation von deutschen Kritikern wie etwa Oswald Spengler abschätzig gebraucht; man verstand die technische Welt der Ingenieure als dem Geistigen entgegengesetzt. In der angelsächsischen Welt werden Kultur und Zivilisation weitgehend als synonym verwendet. Der deutsche Übersetzer von Huntingtons Buch „The Clash of Civilization" hat ‚civilization' mit ‚Kultur', ‚Kulturkreis' oder ‚Hochkultur' übersetzt.

Historisch meinte der Ausdruck *Wissenschaft* im Deutschen zunächst vornehmlich die Geisteswissenschaften. Die Begriffe ‚arts', ‚humanities' oder ‚literature' können als Äquivalent zu den deutschen ‚Geisteswissenschaften' angesehen werden. Die Naturwissenschaften hatten in der Wissenschaftskultur des 19. Jahrhunderts ein geringeres Prestige. In der französischen oder englischen Tradition meint dagegen ‚science' hauptsächlich die Naturwissenschaften. Diese Unterscheidungen in den Wissenschaftskulturen sind jedoch nicht länger gültig; heutzutage können „Wissenschaft" und „sciences" sowohl die so genannten weichen, als auch die so genannten harten Wissenschaften mit einschließen.

4 Kultur und Politik oder: Die kulturelle Dimension Europas

4.6 Kultur im europäischen Mehrebenensystem

Kann es überhaupt ein Bewusstsein von gemeinsamer europäischer Kultur bei all diesen Verstehens- und Verständnisunterschieden geben? Um diese Frage zu beantworten, ist zunächst davon auszugehen, dass Europa multikulturell geprägt ist. Diese Vielfalt kann sich – wie gezeigt – nur im Rahmen eines dezentralen (multipolaren) internationalen und eines föderal nationalen Regierungssystems entfalten. Ein solches politisches System muss von dem Willen getragen sein, kulturelle Unterschiede zu akzeptieren, wenn nicht gar zu würdigen und zu fördern. Diese Kulturinterpretation wird post-traditionell, subjektiv oder reflexiv genannt und basiert auf einer politischen Willensgemeinschaft der Bürger.

Eine europäische Kultur unterscheidet sich durch solche Merkmale von jenen, die in den nationalen europäischen oder amerikanischen Kulturen bekannt sind. Die multikulturelle Geschichte Europas bildet den Grundbaustein des europäischen Gemeinschaftsprojekts. Trotz aller Rivalitäten und Kriege zwischen den europäischen Staaten, gab es immer auch ein Gefühl von Einheit, das Wissen um ein gemeinsames Erbe und das Verfolgen ähnlicher Ziele. Vielfalt in Einheit ist der Schlüsselbegriff um den jahrhundertealten Prozess der Zusammenführung.

Es ist anzunehmen, dass die Zahl der Nationalitäten, die sich über eine gemeinsame Kultur, oder spezieller noch über eine gemeinsame Sprache definieren, zehnmal größer ist als die Zahl existierender Nationen (Gellner 1983: 44/45). In der EU sind augenblicklich dreiundzwanzig offizielle Sprachen und über 250 Regionen anerkannt.

Was bedeutet Vielfalt und welche Formen nimmt sie an? Vielfalt ist ein Grundpfeiler liberalen Denkens. Anthropologisch kommt dieses Konzept bei Wilhelm von Humboldt in seinem 1792 geschriebenen Traktat „Ideen zu einem Versuch, die Grenzen der Wirksamkeit des Staates zu bestimmen" zum Ausdruck (Humboldt 1967). Nach Humboldt bedeutet Vielfalt die Entwicklung der Anlagen jedes einzelnen, die Vielzahl der Lebenssituationen, das „freie Spiel der Kräfte", ungehindert von einer eingreifenden Regierung, jedoch mit der Partizipation und Selbstbestimmung der einzelnen Bürger in lokalen Gemeinden.

Vielfalt, und damit einher gehend Identität, manifestiert sich auf drei räumlich unterschiedlichen Ebenen, auf einer lokalen oder regionalen, einer nationalen und einer internationalen oder europäischen Ebene.

Die regionale Ebene
Mehr als 250 „Regionen", „Provinzen", „counties", „Länder" und „councils" begründen Europas regionale Vielfalt. Sie unterscheiden sich sowohl innerhalb als auch jenseits der nationalen Grenzen in Reichweite, politischer Repräsentation sowie in der Funktion, die sie im Staatenverbund ausüben.

Politischer Regionalismus fördert die Identifikation, die Traditionspflege, die Partizipation und wirtschaftliche Expansion durch grenzüberschreitende Abkommen. In diesem Sinne tritt der Regionalismus dem viel diskutierten Demokratiedefizit der EU entgegen. Regionalismus kann somit zu mehr Demokratie beitragen und helfen, die Lücke zwischen demokratischen Erwartungen und ihrer Realisierung zu schließen.

Regionalismus kann aber auch ein begrenzender Faktor sein und betrifft die Effizienz der Entscheidungsprozesse innerhalb der EU. Die zahlreichen regionalen Gruppierungen können nicht in einen effizienten Entscheidungsprozeß auf Unionsebene integriert werden. Es müssen neue politische Organisationen entstehen, die die nationalen und subnationalen Körperschaften in den Entscheidungsprozeß der EU integrieren. Das andere Extrem wäre eine leviathanartige Superstruktur.

Die nationale Ebene
Nationale Identität/Vielfalt ist das Ergebnis des langen historischen Prozesses der Nationenbildung in Europa. Er hat zu nationalen Imagebildungen beigetragen, die zu nationalen Eigenschaftszuschreibungen wie britischer Humor, französische Eloquenz, deutsche Gründlichkeit, italienische Kreativität, spanischer Stolz, schweizer Präzision, italienischer oder französischer Küche, etc. geführt haben. Die Vielfalt findet sich auch in verschiedenen Brauchtümern, Gewohnheiten oder in verschiedenen Sprachen wieder.

Sowohl regionale Vielfalt, als auch nationale Einheiten sehen sich im heutigen Europa einer Herausforderung gegenübergestellt, die in der Geschichte der europäischen Völker nicht neu ist: Bewegungen von ethnischen Minderheiten und Nationalitäten. Ted Robert Gurrs (1993) Begriff der „communal groups" fasst die verschiedenen Minderheitengruppen, wie Ethno-Nationalitäten, religiöse Sekten, indigene Völker oder kommunale Aktivisten, zusammen. Diese „communal groups" sind zwar die politischen Akteure und Subjekte, die zu Vielfalt und Einheit führen, sie können aber gleichzeitig eine erwünschte Diversifikation und Vereinheitlichung behindern. Wir sehen die Entwicklung ethnischer Konflikte und das Entstehen eines partiellen Nationalismus an den Rändern der heutigen EU-Staaten. Die Iren in Nordirland, die Basken in Spanien und die Korsen in Frankreich sollen hier nur als die gewalttätigsten dieser Minderheitengruppen genannt werden. Andere regionale Bewegungen, wie die Schotten oder Walliser in Großbritannien, die Südtiroler oder die Lega Nord in Italien oder Flamen und Wallonen in Belgien, etc. haben nicht die Gewaltintensität erreicht, die die so genannten Nationalitäten in der ehemaligen Sowjetunion und im ehemaligen Jugoslawien an den Tag legen. Der Nationalismusbegriff kennt positive wie negative politische Ausprägungen.[16]

Die europäische Ebene
Der Vielfalt der europäischen Kulturen ist aber auch eine Grenze gesetzt. Das positive Bild der Vielfalt kann durch Extrempositionen getrübt werden. Wenn Regionalismus mit ethnischem Chauvinismus verknüpft wird, so kann dies Isolation, Ausschluss, Provinzialismus und Kirchturmpolitik zur Folge haben. Hunderte von Kulturen, die sich zudem noch über die Sprache definieren, tragen nicht zu einem besseren Verständnis unter den Europäern bei. Es muss eine Geschäftssprache geben, die in der Lage ist, regionale Sprachgrenzen zu überwinden. Obwohl Englisch zur lingua franca geworden ist, ist es – wie oben gezeigt – immer noch schwer genug, sich aufgrund der verschiedenen Wortbedeutungen

---

[16] Das Nationalismuskonzept kann zwei verschiedene Ausrichtungen haben; eine positive, die zur Identifikation eines Volkes oder von Völkern beiträgt und eine negative, die dazu führt, dass sich eine Nation gegenüber anderen überlegen fühlt oder gar des anderen Existenzrecht in Frage stellt. Beide Nationalismusausrichtungen gehen Hand in Hand mit den beiden Seiten von Identität: Identität innerhalb einer Gruppe kann auf dem Willen beruhen, zusammen leben zu wollen; die andere Seite von Identität bezieht sich hingegen auf die „Anderen", die als Widersacher, Rivalen oder sogar Feinde betrachtet werden.
Die Antriebskräfte, die hinter nationalen oder ethnisch-religiösen Bewegungen stecken, haben drei Hauptursachen: Erstens ist Nationalismus eine Art *Statussicherung*. Zweitens kann Nationalismus ein Ausdruck des *Kampfes gegen Überfremdung* sein. Drittens kann Nationalismus eine *Reaktion auf eine forcierte Assimilationspolitik* des Zentralstaates sein, der versucht, die Bevölkerung gleichzuschalten.
Daher hängt der Weg, wie sich Nationalismus entwickelt, friedlich oder kriegerisch, positiv oder negativ, von dem Verhältnis ab, das die nationalistischen Gruppen zueinander oder zur Zentralregierung haben. Sieben Verhaltensweisen von Nationalisten und fünf von Zentralregierungen sind möglich: Die politischen Bestrebungen von Minderheitengruppen können verschiedene Formen annehmen: 1. Isolation als Verteidigungsstrategie besonders kleiner Gruppen; 2. Assimilation mit Identitätsverlust; 3. Kommunalismus als Form der Selbstbestimmung auf lokaler Ebene; 4. Autonomie, die kulturell, wirtschaftlich oder politisch sein kann; 5. Migration zurück ins Heimatgebiet; 6. Sezession und Rückzug aus dem Staatsverband und Aufbau einer neuen Souveränität; 7. Irredentismus und das Bestreben, sich mit dem Staat zu vereinen, in dem die Minderheitennationalität die Mehrheit darstellt.
Die Art und Weise, wie Minderheitenbewegungen ihre Bestrebungen in die Tat umsetzten, hängt davon ab, wie die Zentralregierung auf ihre Forderungen reagiert. Fünf verschiedene Reaktionsmöglichkeiten der Regierung sind möglich: 1. Repression, Unterdrückung oder gar Ausrottung; 2. Befriedung, d.h. taktische Schacherei mit kleineren Konzessionen; 3. zeitliche Zusicherung begrenzter Rechte; 4. Autonomiegewährung; 5. Sezessionserlaubnis.
Bei eskalierender Dynamik zwischen Minderheitenbestrebungen und Regierungsreaktionen entstehen Konflikte, die zu folgenden vier Maßnahmen geführt haben: 1. zur Ausrottung ganzer Völker (der Juden in europäischen Ländern, besonders in Nazi-Deutschland, zu Pogromen gegen Armenier in der Türkei und der Tutsis in Burundi und Ruanda); 2. territoriale Trennung (Griechen und Türken auf Zypern, Moslems in Pakistan und Indien); 3. Assimilation (Algerier in Frankreich, Türken in Deutschland, etc.); 4. Errichtung neuer föderaler Strukturen (Juraschweiz, Wallonen und Flamen in Belgien, Basken in Spanien, Tiroler in Italien, etc.).

zu verständigen. Welche Sprache soll Russisch als osteuropäische Verkehrssprache ersetzen?

Kultur ist ein wichtiges Element der Identitätsbildung. Identität ist eine Wissens-, Bewusstseins- und Reflektionsangelegenheit, und Kultur ist der spezifische Inhalt eines solchen Wissens (siehe Assmann 1997: 144). Sprache als Medium und Inhalt von Kultur erleichtert die Kommunikation zwischen sich nahe stehenden Mentalitäten. Wie aber bereits erwähnt, sind gemeinsame Kulturen nicht das einzige Element zur Identitätsbildung. Der politische Wille, zusammen leben zu wollen, ist auch bei kultureller Vielfalt möglich. Die Schweiz und zu einem gewissen Teil auch Frankreich, die USA und Kanada sind oft zitierte Beispiele. Zusätzlich zur objektiven Bedeutung von Kultur ist auch die subjektive oder voluntaristische wichtig.

In diesem Kapitel habe ich versucht, die Konzepte für Kultur und Identität zu ergründen, die Rolle der Politik und des Staates zu analysieren und ihr Verhältnis zueinander im nationalen und europäischen Kontext zu studieren. Wie kann eine europäische Einheit aussehen unter den Bedingungen stark wirkender nationaler, aber schwach entwickelter europäischer Identität?

Es lassen sich drei kulturell zusammenführende Gemeinsamkeiten nennen: das europäische Erbe, die gemeinsamen Werte und die sich ergänzenden Kulturen.

Das *gemeinsame kulturelle europäische Erbe* war bei der kulturellen, politischen und intellektuellen Elite immer präsent. Sie alle bereicherten sich aus dem gemeinsamen Reservoir europäischer Schöpfungen. Der türkische Nobelpreisträger Orthan Pamuk, sieht in drei europäischen Schöpfungen die europäische Kultur repräsentiert: „Zusammen mit der *Orchestermusik* und der *Renaissancekunst* gehört der *Roman* meiner Auffassung nach zum Fundament europäischer Wesensart und Identität." (FAZ v. 24.10.2005). Die Überzeugung besteht, dass Europas Wurzeln in der griechischen, lateinischen und hebräischen Kultur, mit Athen, Rom und Jerusalem als Zentren, sowie in der christlichen Glaubensüberlieferung des katholischen Universalismus und später des protestantischen Partikularismus liegen. Auf diese Gemeinsamkeiten, die im Mittelalter am ehesten existierten, bezogen sich romantische Autoren zu Beginn des 19. Jahrhunderts, um den Kontrast zur zersplitterten Gegenwart zu betonen. Die Hauptströmungen der Architektur verbreiteten sich europaweit und können noch heute die Grenzen des jeweiligen Europas markieren. Italienische Maler, Bildhauer und Steinmetze arbeiteten an den großen Kathedralen in Nordeuropa und an den Schlössern europäischer Potentaten. Leonardo da Vinci verbrachte seine letzten Lebensjahre auf dem Schloss bei Amboise. Die Aufklärung führte Voltaire nach Potsdam, Diderot zu Katharina der Großen. Im Zeitalter des Absolutismus war die europäische Aristokratie durch Heirat verbunden; Schriftsteller, Philosophen und Wissenschaftler kannten einander und unterhielten persönliche Kontakte. Die großen

4 Kultur und Politik oder: Die kulturelle Dimension Europas

englischen und schottischen Philosophen besuchten die bedeutenden kontinentaleuropäischen Denker als Begleiter aristokratischer Söhne. In den vergangenen Jahrhunderten dominierten wechselnde kulturelle Zentren das europäische Theater. Mozart komponierte anfangs auf Italienisch, Friedrich II. sprach Französisch, etc. Marx und Engels wohnten in Berlin, Paris, Brüssel und London und wurden auf diese Weise vertraut mit deutscher Philosophie, französischer Politik und englischer Wirtschaftspolitik. Liberalismus als eine der europäischen Hauptströmungen entwickelte sich in drei verschiedenen Varianten in England (Wirtschaftsliberalismus), Frankreich (politischer Liberalismus) und Deutschland (moralischer Liberalismus), etc. Kurz: die europäische Republik des Geistes existierte real in den vergangenen Jahrhunderten. Doch alles Universale beginnt, wie der englische Schriftsteller Julian Barnes bezeugt, mit dem Regionalen. Die Verbindung von Provinzialität und Kosmopolitismus ist auch das Markenzeichen der deutschen Klassik.

Historisch hat es trotz aller Streitigkeiten zwischen den Staaten immer schon ein Gefühl der Einheit zwischen den europäischen Nationen gegeben. Das ‚Heilige Römische Reich Deutscher Nation' war der lose politische Rahmen für das in zahlreiche unterschiedliche staatliche Einheiten zerfallende Europa. Unter diesem Dach sind in den einzelnen Nationen Werke von europäischer und universaler Wirkung entstanden. Man kann auf den verschiedenen Gebieten des geistigen und künstlerischen Schaffens eine Liste europäischer Größen aufstellen. Ich habe meine persönliche Liste mit den Berechnungen von Charles Murray (2003) abgeglichen und gelange zu folgenden europäischen Namen:

Literatur/Dichtung: Homer, Sophokles, Aristophanes, Vergil, Dante, Boccaccio, Shakespeare, Cervantes, Molière, Goethe, Schiller, Byron, Balzac, Hugo, Dostojewski, Tolstoi oder Thomas Mann sind Klassiker der europäischen Literaturgeschichte.

Musik: Monteverdi, Orlando di Lasso, Bach, Haydn, Mozart, Lully, Händel, Beethoven, Verdi, Schubert, Schumann, Chopin, Berlioz, Brahms, Wagner, Stravinsky, Tschaikowski, Debussy, Mendelssohn oder Schoenberg sind Klassiker in der europäischen Musikgeschichte.

Malerei: Leonardo da Vinci, Michelangelo, Raphael, El Greco, Rubens, Tizian, Caravaggio, Dürer, Rembrandt, Giotto, Vermeer, Breughel, Velasquez, Goya, Cézanne, Gauguin, Van Gogh, Monnet, Picasso oder Dali verkörpern die (europäische) Malereigeschichte.

Philosophie: Sokrates, Platon, Aristoteles, Thomas von Aquin, Hobbes, Locke, Hume, Francis Bacon, Descartes, Spinoza, Leibniz, Kant, Voltaire, Diderot, Rousseau, Hegel, Marx oder Nietzsche sind Klassiker der europäischen Philosophiegeschichte.

Erfindungen: Leonardo da Vinci, Gutenberg, Newton, James Watt, Franklin, Pascal, Fleming, Nobel, Siemens, Benz, Daimler, Haber, Bosch, Zuse, Otto Peugeot, Citroen oder Tupolev haben wichtige Erkenntnisse/Erfindungen gemacht.

Entdecker: Kolumbus, Vespucci, da Gama, Magalhaes, Cabral oder Amundsen haben die Welt für Europa entdeckt.

Medizin/Psychologie: Paracelsus, Semmelweiß, Müller, Virchow, Freud, Fleming, Ehrlich, C.G. Jung, Koch oder Sauerbruch stehen auf der Liste bekannter Mediziner oder Psychologen.

Architektur: Balthasar Neumann, Schlüter, Schinkel, Vauban, Eiffel, Gaudi, Haussmann, Le Corbusier, Gropius oder Alvar Aalto haben städteplanerische und architektonische Spuren hinterlassen.

Naturwissenschaft: Kopernikus, Galilei, Bruno, Boyle, Kepler, Newton, Lavoisier, Descartes, Huygens, Faraday, Pasteur, Fraunhofer, Linné, Alexander von Humboldt, Darwin, Wöhler, Kekulé, Hertz, Bunsen, Helmholtz, Lomonossow, Curie, Einstein, Planck oder Heisenberg haben das naturwissenschaftliche Weltbild geprägt.

Wohltäter der Menschheit: Hippokrates, Franz von Assisi, Pestalozzi, Florence Nightingale, Henry Dunant, Ketteler, Robert Koch, Albert Schweizer oder Mutter Theresa können als Wohltäter der Menschheit bezeichnet werden.

Religion: Luther, Calvin, Zwingli, Päpste Leo XIII oder Johannes XXIII prägten das religiöse Weltbild in Europa.

Politik: Churchill, Schuman, Adenauer, Spaak, Brandt oder Giscard d'Estaing haben das Gesicht des neuen Europa mit geprägt.

Sie alle haben ihre Werke zwar im Kontext nationaler Kulturen geschaffen, werden aber auch in der außereuropäischen Welt wahrgenommen. Gemeinsam ist ihnen allen, dass sie einer europäischen Öffentlichkeit bekannt sind, ihr Wirken in und zwischen den europäischen Nationen stattgefunden hat.

Selbstredend liegt der Liste ein normativer bias zugrunde: Wohltäter und Politiker sind nicht nach ihrer flächendeckenden Breitenwirkung ausgewählt, sondern nach ihrem Wirken im Sinne des Wohls der Menschheit oder im Sinne der Überwindung von Trennendem. Die vielfältigen Versuche, Europa (oder sogar die Welt) zu beherrschen (römische Kaiser, Karl V., Ludwig der XIV., Gustav Adolf, Napoleon, Hitler etc.) mögen zwar militärisch-politische Leistungen gewesen sein; die kriegerischen Mittel zur Beherrschung, die sie benutzten, disqualifizieren sie. Dies heißt nicht, dass durch sie jedoch auch geschichtliche Neuerungen wie das römische Recht, die Staatenbildung, der Code Napoleon, die Sozialversicherung (durch Bismarck) etc. eingeführt worden sind.

Wenn es heute um die Frage der Grenzen Europas geht, so kann historisch die Grenze da gezogen werden, wo der Einfluss kulturellen Schaffens spürbar wurde. Die kulturhistorische Grenzlinie kann anhand der Verbreitung architektonischer Stile verfolgt werden. Die Reichweite der Romanik, der Gotik, der Re-

4 Kultur und Politik oder: Die kulturelle Dimension Europas

naissance, des Barock, etc. kann anhand der heute noch existierenden Gebäude nachgewiesen werden. Sankt Petersburg, Kiew, Riga oder Weißrussland gehören demnach ebenso zu Europa wie Belgrad, Sarajewo oder Skopje.[17]

Die intellektuellen Eliten kommunizierten transnational; die Aristokratie war durch Heirat, Erbe, etc. miteinander verwandt. Sogar Kriege brachten die Menschen einander näher. Im Zeitalter des Absolutismus war die politische ‚Einheit' durch unterschiedliche Koalitionen gebildet worden, die ein Kräftegleichgewichtssystem hervorbrachten. In der Gegenwart bestimmt kooperative Politik zur Lösung gemeinsamer Probleme und Verwirklichung gegenseitiger Interessen europäische Gemeinsamkeit.

Als *gemeinsame Werte* kann Europa verbuchen, dass hier die Wiege der individuellen Freiheit, der Völkerrechtsnormen, der Idee der Demokratie, der Menschenrechte oder der Aufklärung stand. Europa steht ebenso für den Fortschrittsglauben, die Toleranz, für den Entwicklungsgedanken, den Unternehmergeist, für Erfindungsreichtum, etc. Diesen positiven Errungenschaften stehen selbstredend auch negative gegenüber, und bei allem Universalismus gibt es auch Eurozentrismus.

Kulturen, wenn sie sich ergänzen, können als Bereicherung betrachtet werden. In diesem Sinne wurde auch der Kulturbegriff in der Aufklärung gebraucht. Gerade aus der Vielfalt der Kulturen hat Europa seine kräftigsten Impulse erhalten.

4.7 Die europäische Kulturpolitik

Die europäische Kommission hat europäische Programme für Kultur und Bildung bzw. Ausbildung aufgelegt und aktiv gefördert (vgl. Übersicht 1). Für Hochschul- und berufliche Bildung wurde das Erasmus-Programm (2004: 5930 Mio. Euro) bzw. das Tempus-Programm für die Kooperation im Hochschulbereich mit Mittel- und Osteuropäischen Staaten aufgelegt; jährlich wurden in der Vergangenheit rund 160 000 Studenten für ein Auslandssemester bezuschusst; bis 2013 ist eine Verdreifachung auf 390 000 Studenten vorgesehen. Für Weiterbildung gibt es das Leonardo da Vinci- (2004: 3649 Mio. Euro), für Berufsausbildung das Comenius-Programm (2004: 1612 Mio. Euro), für Erwachsenenbildung das Grundtvig-Programm (2004: 593 Mio. Euro), für die Ausbildung zur Unterstützung der europäischen Integration gibt es das Jean Monnet Programm

---

[17] Rémi Brague: Borders. In: A Soul for Europe. Hrsg. von F. Cerutti und E. Rudolph. Sterling: Peeters 2000: 127-144. Er schreibt allerdings: „Any attempt to define the boundaries of Europe on the basis of cultural phenomena leads to hopelessly discrepant images." (S. 135); siehe auch Brague 2001

(2004: 271 Mio. Euro), und schließlich gibt es für die Sprachprogramme Lingua so genannte Querschnittsprogramme, die 2004 mit 831 Mio. Euro gefördert wurden. Für die Programmphase 2007 bis 2013 hat die Kommission eine Verdreifachung der finanziellen Mittel auf einen Betrag von insgesamt 13,6 Mrd. Euro vorgesehen. Mit diesen Programmen soll Europa den Bürgern, insbesondere den Jugendlichen, näher gebracht werden; Priorität erhält die Mobilitätsförderung mit einem Anteil von 75% der vorgesehenen Fördermittel. Zu erwähnen sind ferner das Programm „Kultur 2000", das die früheren Programme „Kaleidoskop" auf künstlerischem Gebiet, „Ariane" für die Übersetzung literarischer Werke, „Raphael" zum kulturellen europäischen Erbe zusammenfasst, das MEDIA-Programm im audiovisuellen Bereich, wie z.B. für den europäischen Film. All diese Programme sollen das Zusammengehörigkeitsgefühl der Menschen in den Mitgliedsländern verstärken und fördern.

Übersicht 1: Bildungs- und Kulturprogramme der EU

Programme	Aktionen
SOKRATES	Comenius (Schulische Ausbildung) Erasmus (Hochschulbildung) Grundtvig (Erwachsenenbildung) Lingua (Spracherwerb) Minerva (Informations- und Kommunikationstechnologie im Bildungswesen) Eurydice, Arion, Naric (Beobachtung und Innovation)
LEONARDO DA VINCI	Förderung der beruflichen Erst- und der beruflichen Weiterbildung; Intensivierung der Zusammenarbeit zwischen Berufsbildungseinrichtungen
JUGEND	Jugend für Europa Europäischer Freiwilligendienst
TEMPUS	Förderung der Hochschulausbildung durch Kooperation von europäischen Hochschulen mit Einrichtungen aus Partnerländern
Zusammenarbeit EU/Kanada; EU/USA	Förderung der Zusammenarbeit in der Hochschul- sowie der beruflichen Ausbildung
Kultur 2000	Förderung europäischer Kultur
Erasmus Mundus	Unterstützung von Masterstudiengängen; Förderung der internationale Bekanntheit und der Attraktivität der europäischen Hochschulbildung; Vergabe von Studienstipendien

Quelle: http://ec.europa.eu/dgs/education_culture/allprogrammes/index_en.html

4 Kultur und Politik oder: Die kulturelle Dimension Europas

Über rein europäische Adressaten hinaus richten sich einige Programme wie das Jean Monnet Programm auch an das nicht-europäische Ausland, das über die Europäische Union informiert werden soll (vgl. Abb. 11).[18]

Exkurs: Englisches, Deutsches und Französisches Glossar zu zentralen Begriffen nach lexikalischen Quellen

Subsidiarität: Gesellschaftspolitisches Grundprinzip für den Aufbau von Staat und Gesellschaft und deren Beziehungen. Dem Subsidiaritätsprinzip zufolge hat die übergeordnete Gemeinschaft die Pflicht, der nach- und untergeordneten Gemeinschaft behilflich zu sein (subsidium=Reserve, Beistand) sofern deren Kräfte zur Existenzerhaltung und Aufgabenerfüllung nicht ausreichen (Schmidt 1995).

Federal: Relating to the central government of a federal union; pertaining to a compact or union of federal states, which agree to delegate certain specific governmental powers to the central government. Consisting of a group of states independent in local matters but united under a central government for other purposes; defense.
Föderalismus: Beziehung für ein Gestaltungsprinzip sozialer Gebilde, u.a. von Staaten; soll der Sicherung der Eigenständigkeit und Selbstverantwortung gesellschaftlicher Teilbereiche dienen in dem Sinne, dass der übergeordneten Gewalt jeweils nicht mehr Regierungsbefugnisse gegenüber nachgeordneten Gewalten eingeräumt wird, als im Interesse des Ganzen geboten ist. (...)
Fédéral: Relatif à un groupement d'Etats qui constitue une unité internationale distincte, superposée aux Etats membres, et à qui appartient exclusivement la souveraineté externe.

Democracy: Government by the people, usually through elected representatives.
Demokratie: Die Herrschaftsform, in der die Macht bei allen Bürgern liegt. (...)
Démocratie: Gouvernement où le peuple exerce la souveraineté.

Government: Established system of administering state affairs. Persons entrusted with the affairs of a state.
Regierung: Staatsorgan, das die richtunggebenden und leitenden Funktionen in einem politischen System ausübt; (...) Spitze der Exekutive in einem Staat. (...)
Gouvernement: Ensemble de ceux qui gouvernent un Etat.

---

[18] Vgl. http://europa.eu.int/comm/dgs/education_culture/newprog/index_de.html.

Identity: Normally used, in political contexts, to denote ... self-identification. The emergence of a national identity involves a growing sense among people that they belong naturally together, that they share common interests, a common history, and a common destiny.

Identität: allgemeine vollkommene Gleichheit oder Übereinstimmung (in Bezug auf Dinge und Personen); Wesensgleichheit; vor allem durch Schriftstücke nachzuweisende Echtheit einer Person.

Identité: Ce qui fait qu'une chose est la même qu'une autre.

Culture: Training of the mental or moral powers, or the result of such training: refinement; improvement and development through care and training. Particular type or stage of civilization, as of a people or period; appreciation of art, music, literature.

Kultur: Das von Menschen zu bestimmten Zeiten in abgrenzbaren Regionen in Auseinandersetzung mit der Umwelt in ihrem Handeln Hervorgebrachte (Sprache, Religion, Ethik, Institutionen, Recht, Technik, Kunst, Musik, Philosophie, Wissenschaft), auch der Prozess des Hervorbringens der verschiedenen Kulturinhalte und -modelle... und entsprechend der individuellen und gesellschaftlichen Lebens- und Handlungsformen. (...)

Kultur (1871): Eigentlich höhere Ausbildung und Vervollkommnung eines derselben fähigen Objekts, z.B. Kultur des Bodens, der Waldungen, der Thiere, besonders aber die Erzeugung, Entwicklung, Bereicherung und Veredelung des geistigen Lebens des Menschen. Nur in diesem Sinne wird das Wort gebraucht, wenn von der Geschichte der Kultur die Rede ist, und auch da wird es nicht auf die Menschheit im Allgemeinen angewendet, sondern nur auf die Völker, welche auch wirklich zu den Kulturvölkern, d.h. zu denjenigen Völkern gehören, die auf ihrem Gebiete mit eigenen Kräften Eroberungen gemacht, zu ihrem Fortschreiten und zu ihrer Entwicklung selbstthätig mitgewirkt, dem geistigen Leben neue Formen gegeben oder von anderen Völkern angenommene eigenthümlich ausgebildet haben und eben dadurch eine selbständige Ausstrahlung des großen geistigen Mittelpunktes der menschlichen Bildung darstellen.

Culture: Ensemble des connaissances acquises : instruction, savoir. Ensemble des structures sociales, religieuses, etc., des manifestations intellectuelles, artistiques, etc. , qui caractérisent une société.

Science: The systematic observation and classification of natural phenomena; knowledge, as of general truths or particular facts, obtained and shown to be correct by accurate observation.

Wissenschaft: 1. Lebens- und Weltorientierung, die auf eine spezielle (meist berufsmäßig ausgeübte) Begründungspraxis aufgebaut ist; 2. Die Tätigkeit, die das wissenschaftliche Wissen hervorbringt. (...).

Wissenschaft (1871): im strengen Sinne .. eine Erklärung und Zurückführung der Erfahrungsstoffe auf ihre tieferen Gründe und Zusammenhänge... und so gelangt man in allen Wissenschaften zu gewissen letzten Prinzipien und Grundsätzen, aus denen erklärt wird, die sich aber nicht weiter erklären lassen ... umfasst das ganze Gebiet der menschlichen Vorstellungen und Erkenntnisse.
Science: Ensemble organisé de connaissances relatives à certaines catégories de faits ou de phénomènes.

Civilization: Countries marked by a highly developed technology and culture. Total culture of a given people or period. A stage of development in human society that is socially, politically, culturally, and technologically advanced.
Zivilisation: In der engl./frz. Bedeutung, die sich seit 1945 auch weitgehend im deutschen Raum durchgesetzt hat (wo der Begriff ursprünglich nur auf die guten Sitten sowie auf gutbürgerliche Lebensart bezogen war), das Selbstverständnis der modernen bürgerlichen Gesellschaft als ein Konglomerat von Stand der Technik, Umgangsformen, sowie der wissenschaftlichen Erkenntnis. (...)
Civilisation: Ensemble des caractères communs aux sociétés évoluées. Ensemble des caractères propres à la vie intellectuelle, artistique, morale et matérielle d'un pays ou d'une société.

Quellen:
English: The New Bantam English Dictionary, US, 1979; Combined Dictionary thesaurus 1995
Deutsch: Meyers Großes Taschenlexikon in 24 Bänden (Bibliographisches Institut, Brockhaus) 1987, resp. Neues Konversations-Lexikon, ein Wörterbuch des allgemeinen Wissens, hrsg. von Hermann I. Meyer. Bibliographisches Institut 1871
Francais: Nouveau Petit Larousse, 1958, 1968

5 Die Identität Europas

Die Erweiterung der Europäischen Union macht nicht nur interne institutionelle Reformen und außenpolitische Umorientierungen notwendig, sondern führt auch zu einem Mehr an unterschiedlichen Kulturen und Sprachen. Führt diese größer werdende Heterogenität nicht auch zu größerer Unübersichtlichkeit oder gar zu babylonischer Sprachverwirrung? Wie kann ein bundscheckiges Gebilde wie das Europa der 25 oder 30 überhaupt eine Identität gewinnen? Geht nicht die gemeinschaftsbildende Kraft kultureller Identität verloren bzw. kann überhaupt nicht entstehen? Bringt die Erweiterung ein Mehr an Verbindendem oder ein Mehr an Trennendem?

„Was ist der Stoff der Politik fragt Werner Weidenfeld in der Zeitschrift 'Internationale Politik' (1985) und fährt fort: „Manche mögen antworten: Strukturen und Systeme, Macht und Herrschaft. Richtig wäre: Einstellungen und Wünsche, Werte und Erwartungen. Das eigentliche Gewebe der Politik besteht aus subjektiven Dispositionen." Um dieses eigentliche Gewebe, und das heißt um die politische Kultur, geht es hier. Auszugehen ist von der kulturellen Vielfalt in Europa und zu fragen ist, wie dieses große Kapital für den europäischen Integrationsprozess anzulegen ist. Wie können die vielen Stimmen zu einem Chor zusammengeführt werden?

5.1 Das „alte" und das „neue" Europa

Auf einer Pressekonferenz vom 23. Januar 2003 hat der amerikanische Verteidigungsminister vom alten und vom neuen Europa gesprochen.[19] Diese Äußerung wäre nicht weiter zu kommentieren, wenn nicht dahinter historische Erfahrungen lägen, die sowohl Europäer als auch Nordamerikaner mit Europa gemacht hätten. Zwischen der ‚Neuen Welt' und der ‚Alten Welt' wurde unterschieden seitdem Amerika (Nordamerika) von europäischen Auswanderern als „Land der Zukunft" gesehen wurde, wie es Hegel in seiner Geschichtsphilosophie geschrieben hat. Die „historische Rüstkammer des alten Europa" schien auch Napoleon zu langweilen: „Cette vieille Europe m'ennuie" (nach Hegel 1970: 114). Schon Karl Marx und Friedrich Engels haben im Kommunistischen Manifest 1848 mit einem polemischen Rundumschlag auf das geistig und gesellschaftlich zurückgebliebene reaktionäre Europa der Restauration hingewiesen: „Ein Gespenst geht um in Europa – das Gespenst des Kommunismus. Alle Mächte des alten Europas haben sich zu einer heiligen Hetzjagd gegen dies Gespenst verbündet, der Papst und der Zar, Metternich und Guizot, französische Radikale und deutsche Polizisten." Mit dem alten Europa geißeln Marx und Engels die tatsächlichen oder vermeintlichen Verächter des gesellschaftlichen Fortschritts. Schon hier wird deutlich: ‚alt' und ‚neu' dienen als Metapher für ein politisches Programm oder eine Strategie: das alte ist das zu überwindende oder zu bekämpfende, das neue steht für das anvisierte politisch-gesellschaftliche Ziel.

Nicht anders verhält es sich mit der in Verbindung mit dem Irakkrieg benutzten Formel: das neue Europa meint die Staaten, die im Irakkrieg auf der Seite der USA gestanden haben; das alte Europa steht für die Staaten, die sich nicht beteiligt haben. Im Übrigen gründet sich diese Formel auf geschichtliche Erfahrungen, die Amerika mit der europäischen Einwanderung vom 17. bis zum

---

[19] Ronald Rumsfeld: You're thinking of Europe as Germany and France. I don't. I think that's old Europe.

19. Jahrhundert gemacht hat. Die Europäer, die ihre jeweiligen Länder aus religiösen, politischen oder wirtschaftlichen Gründen verließen, haben dies aus Ablehnung des „alten Kontinents" getan. Der Bruch mit der „alten Welt" war für sie zugleich die Hoffnung auf einen Neuanfang in der „neuen Welt". Dieses Hintersichlassen des Alten machte die Auswanderer offen für die Integration in den „Schmelztiegel" Amerika und trug nicht unwesentlich zur Staats- und Nationenbildung der USA bei, im Unterschied zur europäischen Staatenbildung, wo die sich zu einer Gemeinschaft zusammenschließenden Nationen auf die Wahrung ihrer Eigenart bedacht sind.

Das Identitätskonzept wird in der Politik meist im Rahmen der Nation diskutiert. Identität bezieht sich hierbei auf die Beziehung zwischen dem Bürger und einem territorial definierten Kollektiv, genannt Staat. Das Kollektiv oder die „Wir-Identität" ist das Bild, das eine Gruppe für sich entwirft und mit dem sich die Mitglieder identifizieren (Assmann 1997: 132). Die kollektive Identität ist nicht unbedingt gleichbedeutend mit der kulturellen Identität. Während sich erstere auf die „reflexive Zugehörigkeit zu einer sozialen Gruppe" bezieht, besteht letztere aus der „Anerkennung einer Kultur" (Assmann 1997: 134). Das eine ist eine soziale, das andere eine kulturelle (Re-) Konstruktion. Beide Identitäten besitzen zwei Ursprünge, der einer gemeinsamen Kultur (objektiver Begriff) und der des Willens, zusammenleben zu wollen (subjektiver Begriff). Beide Ursprünge ziehen sehr unterschiedliche Identitätsbedeutungen und -perzeptionen nach sich und können politisch zu ernsthaften Konflikten führen. Mit dem subjektiven Willensbegriff konnte Frankreich, mit dem objektiven Kulturbegriff Deutschland das Elsass für sich reklamieren.

Die Politisierung von Identitäten
Das friedliche Bild koexistierender Minderheiten kann durch politische Inanspruchnahme getrübt werden. Ein politischer Führer kann sich ethnischer, religiöser, rassischer oder anderer Gefühle bedienen und sie gegen andere instrumentalisieren. Das 20. Jahrhundert lehrt, dass Hass oder gar Krieg das Ergebnis solcher instrumentalisierter Machtpolitik sein kann.

Welche Arten politischer Bestrebungen sind mit den Dokumenten von Helsinki und Paris oder den Verträgen von Maastricht und Amsterdam vereinbar? Welche Reaktionen der betroffenen Regierungen sind mit einem Europa vereinbar, das fähig ist, Konflikte friedlich zu lösen, und welche Ergebnisse stehen mit einem zivilgesellschaftlichen Europa im Einklang? Aus meiner Liste möglicher Bestrebungen durch Minderheitengruppen sind nur Kommunalismus und Autonomie akzeptable Möglichkeiten, oder – in besonders extrem und außergewöhnlichen Fällen – Trennung. Die einzig akzeptable Möglichkeit, Minderheiten in den europäischen politischen Rahmen zu integrieren, geht über föderale Strukturen, Assimilation, oder – in extremen Fällen – die territoriale Trennung. Die

Lösung liegt in einer ausgewogenen Balance zwischen den verschiedenen Ebenen des europäischen Politiksystems.

Mit dem Begriff der Identität sind mehrere Analyseebenen und Dimensionen angesprochen: die historisch-politische (gemeinsame Geschichte), die philosophische (das Mit-Sich-Eins-Sein), die psychologisch-genetische (Identitätsbewusstsein, Zusammengehörigkeitsgefühl, emotionale Bindung), die geographische (Grenzen: wo beginnt das Andere?), die kulturelle (Sprache, Religion, materielle und ästhetische Kultur) oder die affektiv-politische (historisches Bewusstsein, Nationalismus, Europa als gegen andere abgrenzbare Idee und Realität) (vgl. Pfetsch 2005).

Der politische Ansatz setzt seinen Identitätsschwerpunkt auf die Art und Weise, wie Legitimität für eine Regierung und Loyalität für das politische System erzeugt wird. Im Gegensatz zu nationalen Identitäten zeichnet sich eine europäische Identität durch eigene, im Folgenden näher zu erläuternde Besonderheiten aus:

- Die heute (noch) schwach entwickelte europäische Identität kann von den Befürwortern als ein Prozess begriffen werden; die europäische Identität ist nicht gegeben, sondern aufgegeben; es ist ein dynamischer vielschichtiger Prozess und nicht eine statische Situationsbeschreibung. Sie indiziert eine Absicht dessen, was in der Zukunft existieren könnte oder sollte; teilweise ist sie auch Realität.
- Obwohl Ansätze einer europäischen Identität in verschiedenen Elitengruppen in der Vergangenheit gefunden werden können, richtet sich der Blick hauptsächlich in die Zukunft; erst die Schaffung eines institutionellen Rahmens, eines integrierten politischen Schemas, hat es ermöglicht, die Perspektive einer europäischen Identität zur realistischen Option werden zu lassen.
- Eine europäische Identität nährt sich aus verschiedenen internen und externen Quellen. Intern besitzt Europa eine lange Geschichte gemeinsamer Unternehmungen, wechselnder Rivalitäten und, bezogen auf Grundwerte und -verständnisse, ähnliche Kulturen. Unabhängig von der Existenz gemeinsamer Werte und Erinnerungen kann kulturelle Differenz und Vielfalt als komplementär und nicht als abgrenzend interpretiert werden. Von außen ist Europa aufgefordert worden, eine „exzentrische Kultur" (Brague) zu entwickeln, mit der Folge, dass Europa sich eine Einheit nur in Abgrenzung zum Rest der Welt schaffen kann.
- Solange nationale, regionale oder lokale Identitäten eine größere Anziehungskraft auf den Einzelnen ausüben, kann die europäische Identität nur eine Teil- oder Residualidentität sein; Gefühle zur eigenen, näheren Umge-

5 Die Identität Europas 107

bung haben zur Folge, dass dort eine größere Loyalität existiert und Verpflichtungen freiwillig eingegangen werden. Jeder Mensch hat diese Zugehörigkeiten, auch wenn sie sich in der Intensität zu den unterschiedlichen räumlichen Kollektiven unterscheidet.
- Als Maßstab für die Zusammengehörigkeit können die verschiedenen durch die Union geschaffenen und Solidarität erzeugende Elemente gesehen werden wie wirtschaftliche Vorteile, zugestandene politische Rechte, soziale und kulturelle Vergünstigungen etc.

5.2 Die räumliche und zeitliche Lagerung des Identitätsbegriffs

Mit der Frage nach der Identität ist "das elementare Konstruktionsprinzip moderner Gesellschaften" (Weidenfeld 1985: 14) thematisiert. Europa ist und muss mehr sein als ein Konsumenten- und Produzentenmarkt, will es von den Bürgern akzeptiert und damit legitimiert werden; die europäische Identität müsste als eine kollektive Identität entstehen, die die identitätsstiftenden Kräfte des Nationalismus und Rassismus überwindet, ohne in puren Konsumismus oder in anonymen Institutionalismus zu verfallen (vgl. Delanty 1995: viii).

Identität im politischen Sinne wird vor allem an dem Begriff der Legitimation festgemacht, und diese fragt nach dem Grad der Zustimmung des einzelnen zur Regierung und zum Regierungssystem. Der Glaube an die Rechtmäßigkeit einer Regierung wird vor allem von den Leistungen der jeweiligen Regierung gespeist und dies ist eine Frage der Effizienz. Die Antwort auf die Frage nach dem Grad der Akzeptanz eines bestimmten politischen Regimes in Form von Zustimmung und Ablehnung ist direkte Folge eines erfolgreich eingeschätzten Regierungshandelns. Wir nehmen diesen Gedanken später wieder auf.

Der politische Begriff der Identität kennt die zwei Dimensionen der Zeit und des Raums. Die räumliche Lagerung, also die territoriale Bezugseinheit, ist von Bedeutung ebenso wie die Konstanz bzw. Variabilität im historischen Zeitablauf.

Die räumliche Lagerung des Identitätsbegriffs
Was zunächst die Kategorie Raum angeht, so fragt Identität nach der Verbundenheit des Einzelnen mit einem Kollektiv, bezogen auf ein definiertes Territorium, nach dem Zusammenklang persönlicher Eigenschaften und Eigenarten von Individuen mit denen anderer. Dabei werden im Allgemeinen mehrere Bezugseinheiten und Loyalitätsebenen angesprochen. Identität beginnt beim Individuum und seiner Familie bzw. Verwandtschaft und kann im Rahmen politischer Gemeinschaftsbildung über die Gemeinde, das Land und die Nation auf ganz Europa oder auf universelle Werte (Universal-Kultur) ausgeweitet werden. Somit

spricht man von einer Persönlichkeitsidentität, einer Stammesidentität, einer lokalen oder regionalen Identität, einer nationalen Identität, einer europäischen Identität oder einer Identität als Weltbürger. Bei diesem Aufstieg von kleinen zu großen Einheiten können Loyalitäten verschieden und gleichzeitig gelagert sein, wobei für jeden einzelnen bestimmte Loyalitäten wichtiger sind als andere. Auch muss der Aufstieg nicht unbedingt linear dieser Loyalitätslinie folgen – es können mehrere sehr unterschiedliche Ebenen gleichermaßen wichtig sein. Symbol hierfür sind die nationalen Autokennzeichen, die zugleich europäische Plaketten tragen. In einer 2003 durchgeführten Europabarometerumfrage sprechen sich in den EU15-Ländern 40% für die nationale und nur 4% für die europäische Identität aus. 47% der befragten EU-Bürger sehen im Nationalen und Europäischen ihre Zugehörigkeit. Die Gründe für die viel stärkere emotionale Bindung des einzelnen an die Nation liegen nach Adam D. Smith in Gegebenheiten nationaler Identität: historisches Territorium als Heimatland, gemeinsame Mythen und geschichtliche Erinnerungen, eine gemeinsame Massenkultur, gemeinsame Rechte und Pflichten für alle Bürger und ein gemeinsamer Wirtschaftsraum mit territorialer Mobilität (vgl. Smith 1978). Diese Merkmale seien lebendig, zugänglich, lange etabliert und popularisiert.

Je nach dem, welches nationenprägende Merkmal man als das wichtige in den Vordergrund stellt, kann man von einer Kulturnation, einer Staatsnation, einer Klassennation oder einer Staatsbürgernation sprechen (vgl. Lepsius 1991).

Drei Referenzebenen liegen diesen Nationenkonzepten zugrunde: ein nationales (Hegel), ein intra- und transnationales (Herder) und ein internationales (Marx). Bei sehr heterogenen politischen Gemeinschaften und solchen, bei denen ethnisch-kulturelle Merkmale nicht mit staatlichen übereinstimmen, stehen das Kultur- und das Staatsnationenkonzept in einem Spannungsverhältnis, das nur – will man gewaltsames Vorgehen ausschalten – in einem Staatsbürgerkonzept aufgehoben werden kann. Übertragen auf die Europäische Union mit sehr heterogenen Staatsnationen kann somit politische Identität nur in einer europäischen Staatsbürgerschaft gefunden werden. Die vertraglich festgeschriebene europäische Staatsbürgerschaft, die z.B. der Europapass juristisch verkörpert, ist ein erster Schritt zur Herstellung eines europäischen Staatsbürgerbewusstseins, das allerdings noch in weiter Ferne liegt.

West- und Osteuropa – dies ist im Zuge der Erweiterung der EU nach Mittel- und Osteuropa wichtig – kommen 1945 bzw. 1989 aus entgegengesetzten Richtungen, obwohl sie in ihrer Transition von totalitären/autoritären Regimes zu Demokratien in ähnlicher Lage waren. Während im Westen nach 1945 der aggressive Nationalismus aufgrund seiner Übersteigerung in den beiden Weltkriegen obsolet geworden war und sich transnationalen Orientierungen öffnete, wurde nach 1989 der im Osten aufgezwungene proletarische Internationalismus obsolet und die Nation bot sich als neuer Referenzrahmen für Identität an. West-

5 Die Identität Europas

europa löst sich vom Nationalen und öffnet sich zum Internationalen, Osteuropa entfernt sich vom Internationalismus und sucht im Nationalismus neue Identitäten. Die Nation wird jedoch in West und Ost nach wie vor als wichtigste Referenzebene angeben.

Die zeitliche Lagerung des Identitätsbegriffs
Identität ist in ihrer räumlichen Lagerung in der Zeit veränderbar. Identität ist auch ein Bewusstseinsvorgang, ein Vorgang, der mit der Wahrnehmung von Realität zu tun hat. Und diese Wahrnehmung kann in gewissem Maße künstlich oder besser: bewusst politisch erzeugt oder manipuliert werden. Tito versuchte, eine jugoslawische Nation zu schaffen, ebenso wie Milosevic eine serbische Identität kreierte. In Deutschland sind wiederholt regionale Identitäten kreiert worden, die zunächst ein hohes Maß an Beliebigkeit aufweisen. Der Grundsatz absolutistischer Herrschaft „cuius regio, eus religio" gab den Fürsten die Freiheit, Religion nach Belieben zu oktroyieren. Die Neueinteilung der Bundesländer nach dem Zweiten Weltkrieg war z.T. eher aus strategischen Transportmöglichkeiten vorgenommen worden als aus historischer Gewachsenheit. Diese Beispiele zeigen, dass mit der Zeit auch solche künstlichen Kreationen ein Zusammengehörigkeitsgefühl erzeugen konnten.

Drei zeitliche Komponenten werden wichtig (vgl. Weidenfeld 1985: 16): Zum ersten ist Identität determiniert durch das Verhältnis zur Vergangenheit. Gedächtnis, Geschichte, erinnerungswürdige Ereignisse oder auch Herkunftsbewusstsein sind Begriffe, die Identität konstituieren können. Hierzu gehören auch Ursprungsmythen, die in fast allen Nationen zu finden sind. Ein Zitat des deutschen Philosophen Karl Jaspers „Europa, das ist die Bibel und die Antike", steht für diesen Identitätsbegriff. Als zweite zeitliche Komponente der Identität lässt sich die in der Gegenwart existierende Umwelt, d.h. die ökonomische, soziale, politische und kulturelle Ortsbestimmung begreifen. Drittens können auch in die Zukunft gerichtete gemeinsame Absichten und Ziele auf die Identitätsbildung einwirken. Vergangenheit, Gegenwart und Zukunft müssen unterschiedlich in politisches Handeln aufgenommen werden, wie der weise Spruch von Konfuzius nach Friedrich Schiller formuliert:

> Dreifach ist der Schritt der Zeit, / Zögernd kommt die Zukunft hergezogen, / Pfeilschnell ist das Jetzt entflogen, / Ewig still steht die Vergangenheit.
> Möchtest du beglückt und weise / Endigen des Lebens Reise, / Nimm die Zögernde zum Rath, / Nicht zum Werkzeug deiner That, / Wähle nicht die Fliehende zum Freund, / Nicht die Bleibende zum Feind.

Auf Europa bezogen besagt der Weisheitsspruch, dass in die Zukunft gerichtete Europa-Visionen wie z.B. die der ‚Vereinigten Staaten von Europa' geraume

Zeit als Idee existierten, aber zunächst keine Realisierungschancen hatten. Die Zeit war in den hinter uns liegenden Jahrhunderten nicht reif dafür. Dies gilt auch für das Projekt einer europäischen Verfassung in den fünfziger oder achtziger Jahren des vergangenen Jahrhunderts und blieb zunächst ein Projekt parlamentarischer Gremien. Erst zu Beginn dieses Jahrhunderts haben sich die Europapolitiker auf ein solches Dokument geeinigt, dem allerdings nicht alle Bürger der Mitgliedstaaten gefolgt sind. Solche bremsenden Momente hat es seitens der Bevölkerung schon immer gegeben. So war die französische Bevölkerung inklusive einiger politischer Eliten in der Nachkriegszeit zu einer Aussöhnung mit Deutschland nicht bereit; die führenden Eliten haben dennoch diesen Politikwandel bewirken können.

Klammere dich nicht an die schnell vergängliche europäische Gegenwart, denn diese kann sich ändern! Die zahlreichen Krisen, die das europäische Gemeinschaftsprojekt überstanden hat wie die des ‚leeren Stuhls' in den sechziger Jahren, haben gezeigt, dass eine flüchtige Gegenwartsfixierung verfehlt gewesen wäre.

Doch der Wandel muss auch das Bleibende berücksichtigen und dem historisch Gewachsenen Rechnung tragen. Exemplarisch zeigen dies die oben genannten Verfassungsberatungen der vergangenen Jahrzehnte. „Staatsverfassungen lassen sich nicht auf Menschen, wie Schösslinge auf Bäume pfropfen. Wo Zeit und Natur nicht vorgearbeitet haben, da ist's, als bindet man Blüten mit Fäden an. Die erste Mittagssonne versengt sie." (Humboldt (1792) 1967: 26). Europäische Projekte bedurften oft längerer Realisierungszeiten bis sie konsensfähig waren. Der Werner-Plan einer Wirtschafts- und Währungsreform von 1969 wurde erst dreißig Jahre später verwirklicht, vom ersten Verfassungsvorschlag der Europaversammlung bis zum Ratifizierungsbeschluss des Rats 2004 sind mehr als fünfzig Jahre vergangen.

Das Innen und das Außen. Zentrum und Peripherie
Die Abgrenzung gegenüber dem Anderen kann in Europa auf eine lange Tradition zurückblicken. Schon die Griechen versuchten sich von den ‚Barbaren' abzugrenzen. Die seit Karl dem Großen in Europa bestehende Einheit der Christenheit sah sich im Gegensatz zu Ungläubigen, Sarazenen, Heiden, andersgläubigen Christen. Ab dem 10. Jahrhundert etwa kann man von der Idee des christlichen Europa in Opposition zum Islam sprechen. Zur Verteidigung des Glaubens wurden im 11. und 12. Jahrhundert Kreuzzüge unternommen, an denen neben dem Heiligen Römischen Reich Deutscher Nation, England und Frankreich auch italienische Städte und Fürstentümer beteiligt waren. Diese Zusammenführung zu einer „Armee Gottes" angesichts eines gemeinsamen Feindes war das erste Gemeinschaftswerk europäischer Länder in dieser Zeit. Der Begriff des Kalten Krieges, der im 13. Jahrhundert geprägt wurde, brachte das Spannungsverhältnis

5 Die Identität Europas

zwischen Muslimen und Christen zum Ausdruck. Im weiteren Verlauf der Geschichte bildeten sich im 15. Jahrhundert zwei europäische Identitäten heraus: die eine durch Abgrenzung im Osten Europas gegenüber dem Islam mit dem Fall von Konstantinopel 1453 und die andere durch die Bildung westlicher Grenzen nach 1492 mit dem Aufstieg der europäischen Seemächte (vgl. Delanty 1995: 47). In der Folgezeit war Europa politisch durch die Rivalität je zweier Mächte bzw. Machtbündnisse gekennzeichnet; die Abgrenzungen nach außen änderten sich von Epoche zu Epoche.

So wie sich Europa nach außen abzugrenzen versuchte, wird es von außen unterschiedlich wahrgenommen. In weiten Teilen des russischen Geisteslebens wird Europa als Synonym mit dem Westen gebraucht. Aus dieser Perspektive gehört Russland nicht zu Europa. Von London aus gesehen zählte lange Zeit allein das kontinentale Westeuropa zu Europa. Noch Winston Churchill sah in seiner berühmten Züricher Rede von 1946 die „Vereinigten Staaten von Europa" ohne Großbritannien. Aus amerikanischer, asiatischer oder afrikanischer Sicht hingegen wird Europa viel eher als Kontinent im geographischen Sinne als Einheit wahrgenommen.

Die Migrationspolitik kann als Beispiel für Abgrenzung dienen. Die Bilder sind in Erinnerung: Überladene Schiffe aus Albanien oder aus afrikanischen Ländern stranden an den Küsten Süditaliens, illegale Zuwanderer aus Afrika und dem Maghreb suchen in Spanien und damit in der EU eine bessere Zukunft. Die Zurückweisung dieser illegal Einwanderung Suchenden hat die Metapher vom „fortress europe" aufkommen lassen. Konkretisiert werden die Vorstellungen über die Außengrenzen u.a. durch nationale und z.T. koordinierte europäische Migrationspolitik, die so unterschiedliche Migrationsströme wie Asylanten, Flüchtlinge, saisonale Arbeitsemigranten, „Gastarbeiter", illegale Einwanderung (Schmuggler, Terroristen), Menschenhandel etc. zu erfassen versucht. Die Abschaffung der Grenzkontrollen zwischen den Staaten, die dem Schengen-Abkommen beigetreten sind, macht die freie Beweglichkeit in verschiedenen europäischen Ländern möglich und damit Grenzkontrollen an den Außengrenzen durch koordinierte oder harmonisierte Politik nötig. Gegenüber afrikanischen und ost- bzw. südosteuropäischen Migrationsbewegungen hat sich Europa abgeschirmt.

In Europa gab es schon immer Zentrum-Peripherie-Verhältnisse. Handel und Gewerbe blühten an unterschiedlichen Orten, meist Stadtstaaten. Wanderungen von den Peripherien in die Zentren setzten ein. Industrielle Zentren entstanden, Peripherien proletarisierten. Dies geschah erst auf nationalstaatlicher und später auf europäischer Ebene. Innerhalb von Italien beispielsweise steht ein reicher Norden dem ärmeren Süden gegenüber. In dem Dreieck um die Zentren Turin – Genua – Mailand liegen die industriellen Wachstumszonen. Durch Europa hindurch gibt es von Nord nach Süd, beginnend in Großbritannien über die Niederlande, Belgien, Deutschland, Schweiz, Norditalien bis nach Nordspanien einen so genannten ‚Bananengürtel', ein Band industrieller Zentren, die magnetisch von Kapital und Arbeitskräften angezogen werden.

Generell lässt sich dabei beobachten, dass die Kultur und Zivilisation des Zentrums im Zeitverlauf dominant wurde. Einkommensverhältnisse im Zentrum laufen den Einkommensverhältnissen in der Peripherie davon. Als Folge entstehen ungleiche Bevölkerungswachstumszentren. Nationale Eliten im Zentrum sind die politisch maßgebliche Kraft. Ihre Sprache und Kultur setzen sich durch – in Frankreich beispielsweise verdrängte die Sprache der Ile de France langsam die sechs übrigen Regionalsprachen. Durch den zentralen Verwaltungsaufbau überzogen die Eliten das ganze Territorium, so dass Regionalsprachen, Regionalkulturen und Rechtstraditionen sich mit der Zeit verlieren. In anderen zentralistisch organisierten Staaten wie Spanien oder Großbritannien sind die Nationenbildungsprozesse ähnlich verlaufen.

Auf die Europäische Union übertragen wird sich diese Entwicklung jedoch nicht wiederholen. Durch intern geschützte Multipolarität wird eine Zentrumsdominanz verhindert, bzw. durch extern wirkende Polarität zu den USA ausbalanciert.

Die Zentrums-Peripherie-Konstellation wird durch Ausgleichsmechanismen, die vor allem in föderativ organisierten Gemeinwesen ausgeprägt sind, abgefedert. Die Gleichheit der Ungleichheit schlägt sich im EU-Rahmen in Abstimmungsmodalitäten, Ausgleichszahlungen, Rechtsgleichheit sowie Regional-, Struktur-, Sozial- und Agrarfonds nieder. So, wie in der Bundesrepublik Deutschland „die Einheitlichkeit der Lebensverhältnisse im Bundesgebiet" (Art. 106) ein Grundgesetzgebot ist, so sollen auch die Mitgliedsländer der Europäischen Union und ihre Regionen einen vergleichbaren Lebensstandard erhalten. Verschiedene Mechanismen des Politiksystems wirken ausgleichend und egalisierend, so dass Unterschiede zwischen reich und arm, groß und klein eingeebnet werden können.

Elemente europäischer Identitätsfindung
In einer Elementartafel des Europäischen lassen sich fünf Elemente für die Herausbildung einer europäischen politischen Kultur und damit Identität angeben: a) das gemeinsame europäische Erbe, b) sich ergänzende nationale Kulturen, c) gemeinsame Institutionen, d) eine gemeinsame Außen- und Sicherheitspolitik und schließlich e) ein föderales Politiksystem, das die Vielfalt mit der Einheit verbindet (vgl. Pfetsch 2005). Damit diese Elemente ins Bewusstsein gelangen, ist ein europäischer Diskurs nötig, der bei allem Trennenden möglich ist. Europäische Themen können in den jeweiligen nationalen Kontexten diskutiert wer-

den, ähnlich der Schweiz, wo gemeinsame schweizerische Belange in den jeweiligen Kantonen behandelt werden.

5.3 Schlussfolgerungen

Das Konzept der Identität kennt eine doppelte Realität, die der Tatsachen und die der Perzeption von Tatsachen. Es ist eine Realität und eine Vorstellung. Folglich kann Identität eine subjektive Konstruktion des Geistes sein und in Zeit und Ort wechseln. Doch hat diese relative Beliebigkeit seine Grenzen. Identität kennt auch eine objektive Komponente, nämlich die der Ethnien, der Kulturen, des Sozialen und Ökonomischen, Faktoren also, die in Raum und Zeit eine gewisse Konstanz aufweisen.

Zwei Fragen stellen sich in Bezug auf die beiden Gesichtspunkte, die in diesem Kapitel diskutiert worden sind: einmal erhebt sich Frage wie die Identitätskonzepte zueinander in Verbindung stehen und wie sich dies im europäischen Raum niederschlägt. Zum andern die Frage nach dem Zusammenhang zwischen der europäischen Identität und der Legitimation der Europäischen Union.

Zur ersten Frage nach dem Zusammenhang zwischen den Identitätskonzepten kann generell geantwortet werden, dass bestimmte Elemente der Konzepte eher komplementär sind, als dass sie sich gegenseitig ausschließen. Mit anderen Worten, die erwähnten Divergenzen, Unterschiede, Widersprüche etc., die als Merkmal des europäischen Projektes hervorgehoben worden sind, markieren zwar Unterschiedliches, können aber als solche auch als Bereicherung aufgefasst werden. Die Vielfalt schließt die Einheit nicht aus, ja bedingt sie sogar. Heraklid (1995) beschreibt diesen Sachverhalt philosophisch überhöht wie folgt:

„Die Menschen erkennen nicht,
dass alles, was sich widerspricht,
dadurch mit sich in Einklang kommt."

Die Identitätskonzepte zeichnen auch Gemeinsamkeiten auf, die sich vor allem auf die gemeinsame Geschichte und gemeinsame Überzeugungen beziehen. Die historischen Erfahrungen und gemeinsam erlebte Geschichte, konvergierende Interessen, Bedrohungen von außen, etc. stützen Identitätsgefühle. Es kann davon ausgegangen werden, dass der gemeinsame Euro nicht nur ein einfaches Zahlungsmittel ist, sondern auch hohe Symbolkraft besitzt. Zu dem ökonomischen Wert der Geldeinheit tritt auch ein kultureller Wert hinzu. Neben den gemeinsamen Werten bildet die gemeinsame Währung die zweite Ressource für die europäische Identität. Ein dritte besteht in der Konfrontation mit anderen Regionen. Die internationale Konkurrenz zwischen den entstehenden Regionalismen dürfte Europas gemeinsame Interessen verstärken. Damit kann sich heute die europäische Identität aus drei Quellen speisen, aus der Komplementarität der Unterschiede, aus den gemeinsamen Werten, Symbolen, dem europäischen Erbe etc., sowie aus einer gemeinsamen Konkurrenzlage.

In Bezug auf die zweite Frage nach den Beziehungen zwischen den Identitätskonzepten und der Legitimation läst sich antworten: je mehr sich die europäischen Staatsbürger mit der Union identifizieren, um so höher ist die Legitimität, denn die Legitimation speist sich vor allem aus zwei Quellen, aus der Akzeptanz eines politischen Regimes durch die Staatsbürger und aus den Leistungen, die die Regierung erbringt. Politisch manifestiert sich somit die europäische Identität in der Unterstützung durch die Europäer (Legitimität) und ist abzulesen in den Erfolgen der europäischen Politik. Doch wie steht es damit gegenwärtig?

Meinungsbefragungen belegen ziemlich eindeutig, dass die Europäische Union in beiden Bereichen defizitär ist. Der Union mangelt es im öffentlichen Bewusstsein an Unterstützung, und auch mit Erfolgen wird die Union nicht unbedingt in Verbindung gebracht, wenn man die zahlreichen Krisen in der Vergangenheit und die außenpolitischen Misserfolge z.B. in den Bosnien- und Kaukasuskonflikten betrachtet. Die Konferenzen von Amsterdam und Nizza konnten dieses Defizit kaum mildern, geschweige denn beheben. Es scheint jedoch, als ob der Fundus an Gemeinsamkeiten, an sich ergänzenden Komplementaritäten und an weltwirtschaftlichen Herausforderungen mit der Zeit und in der Zukunft die Lücke füllen können, die zwischen den Bürgern und den politischen Trägern entstanden ist.

Hoffnungsvoll und als Zeichen der Zusammengehörigkeit kann die hohe Zustimmung zu einer europäischen Verfassung in der Meinung der Bevölkerung gesehen werden. In allen 15 Ländern der EU liegt bei einer Eurobarometerumfrage 2003 die Befürwortung höher als die Ablehnung. Im Durchschnitt der Bevölkerung der Mitgliedsstaaten begrüßen 62% eine Verfassung und nur 10% sind dagegen. Noch vor den 2005 abgehaltenen Referenden in Frankreich und in den Niederlanden waren 60% der Franzosen und 67% der Niederländer für eine europäische Verfassung. Entgegen landläufiger Erwartung lehnen nur 14% der britischen Bevölkerung eine Verfassung ab, Werte, die in den Gründerstaaten Italien oder Belgien ähnlich hoch liegen. Die Skepsis ist in den nordischen Staaten Finnland und Dänemark am stärksten.

Die Negativvoten zum Verfassungsvertrag in Frankreich und in den Niederlanden Mitte 2005 haben – dies die Erklärung – nicht die Ablehnung des europäischen Projekts zum Ausdruck gebracht, waren in der Tendenz nicht antieuropäisch geprägt, sondern sind aus eher nationalen Motiven, ihrer ökonomischen und sozialen Situation und der sie Regierenden heraus erfolgt. Die Voten zeigen überdies zweierlei: zum einen bringen sie die Fragwürdigkeit von Volksabstimmungen zu so hoch komplexen Dokumenten wie einer Verfassung zum Ausdruck, zum andern sind sie Ausdruck national geprägter Identitätsempfindungen und ließen den Mitgliedsstaatenpfeiler stärker zum Tragen bringen als den Gemeinschaftspfeiler der politischen Union.

Damit die identitätsstiftenden Elemente sich auch entfalten können, müssen die Bürger Europas zu europäischen Bürgern werden und ein Bewusstsein davon entwickeln. Die Einübung von Gemeinsamkeiten, das Verstehen anderer Kulturen und die Entwicklung eines Verständnisses für andere Kulturen ist auch und vor allem eine pädagogische Aufgabe. Die Geschichtsbücher sollten eine europäische Optik erhalten, erst das Erlernen von Sprachen ermöglicht den Zugang zu anderen Kulturen. Das europäische Deutschland, Frankreich, Italien etc. gilt es zu bauen, und nicht das deutsche, französische, italienische Europa.

Europa, so muss das Resümee lauten, lebt aus Spannung, Vielfalt und Veränderung. Die Spannungen und Gegensätze äußern sich in Dualismen wie Stadtstaaten versus Imperien, Rationalismus versus Irrationalismus, Kleinflächigkeit versus Großflächigkeit oder Verteidigung versus Aggression. Die europäische Vielfalt besteht aus dem Pluralismus unterschiedlicher Kulturen, unterschiedlicher Sprachen, der Pluralität der Nationen und politischer Regierungssysteme. Die europäischen Veränderungen sind in der Idee des Fortschritts und der Akzeleration von Ereignissen zu sehen. Mit anderen Worten: Gegensätze, Vielfalt und Veränderungen sind das Kennzeichen Europas. Zusammengeführt bzw. zusammengehalten wird das Ganze durch gemeinsame historische Erfahrungen und Erinnerungen, durch die Verpflichtung auf gemeinsame Werte, durch die Kongruenz von Interessen und kompatible Kulturen, durch gemeinsame Institutionen sowie durch Bedrohungen von außen.

6 Legitimität

Die Debatte um die Legitimation des EU-Politiksystems, verkürzt dargestellt als Demokratiedefizit, leidet darunter, dass das traditionelle nationalstaatliche Denken auch die EU nach diesen Denkmustern bewertet. Diese Muster sind nur von den Grundgedanken her gültig, aber auf ein transnationales europäisches Mehrebenensystem nicht eins-zu-eins übertragbar. Die Messlatte ‚kein *demos* → keine Öffentlichkeit → kein Staat → keine Demokratie' ist bei ko-nationalen Identitäts-, Lebens-, Produktions- und Verkehrsformen nicht anwendbar. Die Legitimitätsfrage muss nach anderen Maßstäben als den herkömmlichen nationalen Legitimitätsmustern beantwortet werden. Die Debatte um das so genannte Demokratiedefizit hat insbesondere in den neunziger Jahren des vergangenen Jahrhunderts eingesetzt, nachdem der ursprüngliche Elitenkonsens aufgeweicht wurde. Wie ist folglich Legitimation zu verstehen und welche Basis ist dafür im Europa der 27 oder mehr Mitgliedsstaaten vorhanden?

6.1 Legitimation nach liberal konstitutioneller Auffassung

Zur Beantwortung dieser Frage muss zunächst an die Grundlagen liberaler Verfassungssysteme erinnert werden. Der moderne Konstitutionalismus beruht auf zwei Pfeilern, nämlich der Sicherung von Grund- und Menschenrechten und der Kontrolle von Macht. In den europäischen Verträgen – wie neuerdings auch im Verfassungsvertrag – sind im Wertekatalog die Grundrechte festgeschrieben, vertikale und horizontale Machtkontrollen sind im EU-System eingebaut. Man kann somit sagen, dass Grundvoraussetzungen für die Legitimation nach liberal demokratischer Auffassung gegeben sind.

6.2 Legitimation als Symmetrie zwischen Verantwortung und Machtausstattung

Im Grundsatz gilt: in demokratischen Repräsentationssystemen hat Legitimation mit der Symmetrie von übertragener Verantwortung an die Herrschaftsbefugten und der Bindung an die Verantwortung Übertragenden zu tun. Je mehr Kompetenzen ein Repräsentationsorgan besitzt, umso größer wird der Legitimationsbedarf in Form von Zustimmung und Kontrolle. Entsprechend dem besonderen Charakter des Politiksystems (vgl. Abb. 7) gibt es unterschiedliche Legitimationsstränge: zum einen geht das Europäische Parlament aus Wahlen hervor; seine Befugnisse sind jedoch im legislativen Prozess eingeschränkt, da das zentrale legislative Organ der Ministerrat ist. Jedoch besitzt das Parlament Kompetenzen sowohl im legislativen Prozess (Mitentscheidungsverfahren, Haushalt) als auch insbesondere bei der Inthronisierung und Abberufbarkeit der Exekutive (Kommission). Die Parlamentarisierung ist somit weit fortgeschritten. In Analogie zur Gesetzgebung in nationalen Kontexten fehlt dem eigentlichen legislativen Organ (Ministerrat) die direkte Legitimation; der Ministerrat ist vielmehr indirekt über die nationalen Parlamente (Input-Legitimation) legitimiert, kann sich aber auch über seine Output-Leistungen legitimieren.

6.3 Formen der Legitimitätsbeschaffung

Es gibt im Prinzip drei verschiedene Arten der Legitimationsbeschaffung (vgl. Abb. 8):

1. Das Vertrauen der Bürger kann einmal über deren Zustimmung zur Politik der Regierung laufen (Input-Legitimation); die Unterstützung und der Zuspruch werden gewöhnlich über Wahlergebnisse und Einstellungsbefragun-

6 Legitimität

gen erkundet. Solche Übereinstimmungen können als *Kongruenzbedingung* bezeichnet werden.

2. Zum anderen kann die Zustimmung der Bürger zur Regierung aus Leistungserfolgen ihrer Politik hergeleitet werden (Output-Legitimation). Nach der Devise „Erfolg legitimiert" kann eine solche Zustimmung aus der Erfüllung von Erwartungen abgeleitet werden; man hat diese Art der Legitimation auch als *Reversibilitätsbedingung* bezeichnet, weil Entscheide in demokratisch organisierten Gemeinwesen grundsätzlich korrigierbar sind.

3. Neben diesen beiden vertikalen Legitimationssträngen gibt es schließlich horizontale Legitimationsstränge, die der sozialen Kohärenz und die der institutionellen checks and balances. Insbesondere bei heterogenen Gesellschaften ist der Zusammenhalt, das Gemeinschaftsgefühl zwischen unterschiedlichen gesellschaftlichen oder minoritären Gruppen ein wichtiges Element für die Stabilität und Akzeptanz der Regierenden. Diesen Sachverhalt kann man auch als *Gemeinsinnbedingung* bezeichnen.

Kongruenz, Reversibilität und Gemeinsinn sind somit konstitutive Elemente für die Legitimationsbeschaffung in einem Politiksystem.

Wie steht es damit im Kontext der Europäischen Union? Zur Beantwortung dieser Frage muss zunächst auf das unterschiedliche politische Ordnungsgefüge der Europäischen Union hingewiesen werden. Das politische System der EU ist durch drei markante Merkmale gekennzeichnet:

- es ist erstens ein Mehrebenensystem, das aus nationalen, subnationalen und supranationalen Elementen besteht,
- zweitens ist es sowohl von intergouvernementalen also auch von gemeinschaftsbezogenen Organen bestimmt und damit von zwei unterschiedlichen Willensbildungs- und Entscheidungsarenen;
- und drittens handelt es sich um ein transnationales demokratisches Politiksystem, man könnte auch sagen um ein System der ‚Völkersouveränität' (vgl. Teil II, 1.).

Abbildung 8: Drei Formen der Legitimität

Daraus ergeben sich Konsequenzen für die Bestimmung demokratischer Legitimation. Wie mehrfach betont, ist keinesfalls eine eins-zu-eins Übertragung plebiszitärer und/oder repräsentativer Politikformen aus nationalen Kontexten auf das europäische Politiksystem angezeigt. Anhand der Kriterien des liberalen Konstitutionalismus, der Symmetrie von Verantwortung und Macht sowie der drei Arten der Legitimationsbeschaffung lassen sich folgende Einschätzungen vornehmen:

- Nach den Minimalkriterien des liberalen Konstitutionalismus ist das europäische Politiksystem legitimiert, denn es basiert auf Grundrechtsnormen und Freiheitsrechten sowie auf eingebauten Machtbeschränkungen und gewaltenteilenden Elementen.
- Die Symmetriebeziehungen von Verantwortung und Machtausstattung sind in dem komplexen Unionssystem vielfältig gebrochen, die Legitimationsstränge sind differenziert angelegt.
- Hinsichtlich der Legitimationsformen ist zunächst darauf hinzuweisen, dass das europäische Politiksystem seit seiner Existenz eine Dynamik entwickelt hat, die sowohl das Zusammenwachsen, als auch die Erweiterung gefördert hat. Die demokratische Basis mit Partizipation wurde verbreitert, und überdies sind die Leistungen des Politiksystems in seiner Formierungsphase beträchtlich gewesen. Die Errungenschaften in der Friedenssicherung und Wohlstandsmehrung wurden vom europäischen Bürger zunächst auch allgemein anerkannt, bis ab den neunziger Jahren Akzeptanzkrisen sichtbar

6 Legitimität

wurden, die sich in Negativvoten (Dänemark, Irland, später Frankreich und in den Niederlanden) Ausdruck verschafften und positive Umfragewerte minderten.
- Die bei nationalen Referenden und Umfragedaten sichtbar gewordenen Defizite an Vertrauen in europäische Vorhaben haben sehr komplexe Ursachen und sind eher auf nationale als auf europäische Mängel zurückzuführen. Zwar sind auf dem vertikalen Legitimationsstrang Leistungsdefizite erkennbar, und auf der dritten Dimension der Legitimationsbeschaffung, der sozialen Kohäsion, besteht die Gefahr des Auseinandertriftens, die mit der stetigen Erweiterung verbunden ist und den Gemeinschaftsgeist minimiert. Bisher hat jedoch der Fundus an Solidarität zwischen den Mitgliedstaaten und regionalen Organisationen ausgereicht, um das Gemeinschaftsprojekt tragfähig zu gestalten.
- Hinsichtlich der horizontalen Machtkontrolle können sich Kommission und Rat in Schach halten, ebenso der Europäische Gerichtshof, der Rat und die Kommission. Auch das Europäische Parlament hat durch die Einheitliche Europäische Akte und den Maastrichter Vertrag Kontrollrechte hinzugewonnen. Nach dem Maßstab nationaler Legitimationsarten würde die Europäische Union – wie im Übrigen auch sämtliche Internationale Organisationen – nur mit einem reduzierten Demokratiebegriff erfasst werden.
- Der viel beschworene europäische demos kann nicht auf einem homogenen Gefüge aufbauen, sondern muss sich von nationalen Mustern abweichend entwickeln. Zum einen gibt es bei gemeinsam betreffenden Fragen (Sicherheit, Umwelt, Gesundheit) einen europäischen, d.h. transnationalen Diskurs. Zum andern findet der europäische Diskurs auch und vor allem innerhalb nationaler Kulturen statt. Vergleichbar mit der Nationalitätenvielfalt in der Schweiz; auch hier bildet sich der gesamtschweizerische Diskurs innerhalb der verschiedenen national geprägten Kantone. Schweizerische Politik findet also in den verschiedenen Sprach- und Kulturkreisen statt. Auch in der Europäischen Union wird europäische Politik vor allem (nicht aber exklusiv) in den verschiedenen Mitgliedstaaten diskutiert. Der europäische *demos* muss somit nicht vorstaatlich gegeben sein, sondern bildet sich in dem Maße, in dem Europa zusammenwächst und damit europäische Themen vermehrt innerhalb der Mitgliedstaaten diskutiert werden. Vielleicht vermag auch ein Verfassungspatriotismus dazu beitragen. Europäische Diskurse bilden sich sowohl im Kontext der Mitgliedstaaten, als auch transnational bei gemeinsam empfundenen Herausforderungen (vgl. auch Kantner 2006).

Zusammenfassend kann gesagt werden, dass die Demokratieproblematik der Europäischen Union differenziert beurteilt werden muss und nicht aus nationaler Warte gesehen werden darf; vielmehr sollte der Neuartigkeit des Politiksystems

Rechnung getragen und die Beurteilung von verschiedenen Legitimationssträngen her angegangen werden. Dabei spielen die genannten drei Legitimationsarten eine Rolle, an deren Verankerung allerdings weiter gearbeitet werden muss. Weiterentwicklungen sollten vor allem auf folgenden Gebieten vorgenommen werden:

- Die *Handlungsfähigkeit* der EU sollte vor allem nach außen verbessert werden und von dem Willen getragen sein, zu gemeinsamen Standpunkten und Aktionen zu gelangen und diese in Politik umzusetzen. Will Europa auch politisch (nicht nur handelspolitisch) ein *global player* sein, eine weltpolitische Rolle spielen und Verantwortung übernehmen, muss der Ministerrat bzw. der Europäische Rat von einem gemeinsamen Willen zur Politikgestaltung beitragen und damit die Outputlegitimation erhöhen. Die Felder der Außen- und Sicherheitspolitik sind vor allem davon betroffen. Die im Verfassungsvertrag vorgesehenen Institutionen des Präsidenten und Außenministers könnten die Voraussetzungen dafür abgeben. Umfragedaten belegen, dass der Wunsch nach gemeinsamem außenpolitischem Handeln auch bei der Bevölkerung besteht.
- Die *Erwartungen* der Europabürger richten sich auch und vor allem auf Leistungen in ökonomischen und sozialen Politikfeldern; da, wo der soziale Umbau in den Mitgliedsstaaten nicht durchgeführt wurde, wird die EU für Fehlentwicklungen verantwortlich gemacht, ohne dass allerdings die Kompetenzen primär bei der EU liegen würden. Die Lissabon-Strategie von Innovation und Wachstum hat bisher keine einsehbaren Erfolge gezeitigt.
- Im Sinne der *Parlamentarisierung* des EU-Systems könnten zur Erhöhung der Input-Legitimation Gesetzesinitiativen auch aus dem Parlament hervorgehen.
- Im Bereich der horizontal vermittelten sozialen Legitimation könnten die identitätsstiftenden Elemente stärker betont werden, wie die gemeinsamen Werte, Interessen, Verantwortlichkeiten, die Kenntnis jeweils anderer Kulturen etc. Die *Solidarität* wird auch durch die vielfältigen Redistributionsmechanismen (Kohäsionsfonds, Strukturfonds) und sonstige Leistungen (ökonomische Gewinne, politische Freiheiten, kulturelle Vorteile in Form von Mobilitätsprogrammen im Schul- und Hochschulbereich) erzeugt.
- Die Europäische Union sollte ihre durchaus vorhandenen Erfolge auch öffentlich vermittelbar und sichtbar machen. Die Lücke zwischen dem positiven Erscheinungsbild nach außen und der oft negativen Binneneinschätzung sollte durch eine *offensivere PR-Politik* vermindert werden.
- Schließlich sind die für die künftigen Generationen wichtigen Bildungsprogramme von Bedeutung, ebenso wie die Umschreibung der Geschichtsbücher, in denen die europäische Perspektive zum Tragen kommt. Eine *euro-*

6 Legitimität

päische Geschichts- und Kulturwissenschaft (,Europäistik', Vietta) ist angesagt, denn alle großen Epochen sind europäischen Zuschnitts.[20]

6.4 Fazit: Kultur, Politik, Identität

Die Beziehungen zwischen der Politik, der Kultur und der Identität lassen sich wie folgt darstellen:
Kultur und Politik: Kultur ist die „Seele" der Politik und Grundlage sowie Ausdruck des Wertesystems der politischen Gemeinschaft. Kultur gibt der Politik Inhalt, Verständigung und wahrgenommene Einheit. Kultur verstärkt die Zusammengehörigkeit, die Identität des politischen Körpers. Politik erhält durch identitätsbildende Kultur Legitimation (vgl. Abb. 9).

Abbildung 9: Politik, Kultur und Identität in Beziehung

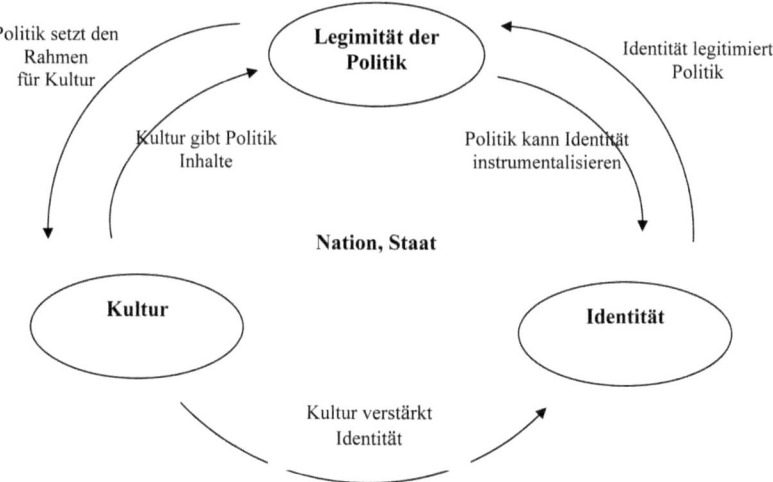

Politik und Identität: Identität, u.a. durch kulturelle Faktoren gespeist, ist eine wichtige Bedingung für den Zusammenhalt einer Gemeinschaft. Sie vermittelt ein Gefühl der Solidarität und des Zusammengehörens. Identität liefert den Fundus für Stabilität von Politik, kann aber auch für machtpolitische Zwecke instrumentalisiert werden.

---

[20] Vg. Silvio Vietta: Europäische Kulturgeschichte. München: Fink 2005

Kultur und Identität: Identität und Kultur sind eng miteinander verknüpft und ihre Beziehung ist vielfältig: Identität schöpft aus dem kulturellen Reservoir; eine gemeinsam empfundene Kultur bildet die Basis für Identität. Kulturelle Vielfalt kann allerdings zu unterschiedlichen Identitäten führen, die entweder inklusiv oder exklusiv sind. Die abweichenden oder widersprüchlichen Elemente der verschiedenen Identitäten dürfen jedoch nicht das Wir-Gefühl des politischen Körpers in Frage stellen.

Kultur, Identität und Politik: Diese drei Bereiche sind somit auf verschiedene Weise mit einander verknüpft und aufeinander bezogen: Kultur ist die Seele der Politik; sie ist das Herz, der Inhalt von Politik und bestimmt den Wertehaushalt der politischen Gemeinschaft. In gewisser Weise vereint das Konzept der politischen Kultur die beiden Dimensionen von Kultur und Politik. Politische Kultur bringt den kulturellen Aspekt von Politik zum Ausdruck. Es existiert eine Kultur des politischen Stils, eine Politik der Kultur, und es gibt eine Politik identitätsschaffender Legitimation.

Kultur ist ein wichtiges Element von Identität. Die Bildung von Identität geht über eine objektiv definierte Kultur hinaus. Es existieren verschiedene Kultur- und Identitätskonzepte. Nationale Kulturen sind das bedeutendste Element der Identitätsbildung. Unterschiedliche Prozesse können zu nationalen oder regionalen Identitäten führen: Assimilation, Toleranz, etc. Eine Föderalstruktur ist am besten für die Bewahrung der Vielfalt in Einheit geeignet. Grenzen sind da gegeben, wo die Vielfalt in parochialen Regionalismus oder chauvinistischen Nationalismus übergeht. Deshalb plädiere ich für ein Europa mit föderalen Strukturen, für ein multikulturelles Europa und eine europäische Zivilgesellschaft.

7 Föderalismus

Kulturelle Vielfalt nationaler Identitäten lassen sich nach außen am ehesten in einem multilateralen außenpolitischen Ambiente realisieren und nach innen in einem föderal organisierten Gemeinwesen (vgl. II.4.).

Festzustellen ist allerdings, dass in europäischen Arenen (Ministertreffen, Treffen der Staatschefs, akademischen Kongressen etc.) der Föderalismus wenig Anhänger besitzt. Unkenntnis, Missverständnisse und Befürchtungen sind auf gegnerischer Seite zu beobachten. Aufklärung tut also Not, es bedarf einer Kampagne zugunsten des Föderalismus in Europa. Welches sind die Prinzipien des Föderalismus?

Der Föderalismus kann in seiner positiven Wirkung, ganz allgemein formuliert, als Organisationsform bezeichnet werden, die die Vielfalt in der Einheit vereint. Die Vielfalt der national gewachsenen Kulturen in Europa (im Gegen-

7 Föderalismus

satz zum Föderalismus in den Vereinigten Staaten) soll in einem politischen Gebilde zusammengeführt werden und – wie schon die Klassiker der politischen Ideenlehre Montesquieu oder Rousseau konstatiert haben – die positiven Aspekte kleinerer Staaten (Überschaubarkeit, Freiheit, Selbstbestimmung) mit denen größerer Staaten (Verteidigung und Stärke nach außen) vereinen. *Föderalismus kann man definieren als ein Organisationsprinzip für ein territorial mehrstufig gegliedertes Gemeinwesen, in dem gleichberechtigte und relativ eigenständige Glieder zu einer übergreifenden Gesamtheit zusammengeschlossen werden.* Die Gliedstaaten sind in einer zweiten Kammer einer zentralstaatlichen Organisation vertreten. Die nach diesem Prinzip geformte staatliche Ordnung ist ein Bundesstaat, der sowohl horizontale (zwischen den Gliedstaaten) als auch vertikale (zwischen Gliedstaaten und politischer Zentrale) Kooperationsformen kennt. Die Zuständigkeit der jeweiligen Gebietskörperschaften, bindende Entscheidungen für ihren jeweiligen Bereich zu treffen, können nach Politikfeldern oder/und nach Kompetenzarten (Gesetzgebung bzw. Vollzug der Gesetze) vorgenommen werden.

Als **Kennzeichen des Föderalismus** lassen sich die folgenden nennen:

- Der Föderalismus beruht – im Gegensatz zu anderen Formen der Vereinigung durch Zwang oder Druck – auf **Freiwilligkeit.**
- Der Föderalismus ist **von den Gliedstaaten aus** zu sehen und nicht von der Zentrale. Die Wurzeln des föderalen Gedankens sind historisch in religiösen Gemeinschaften und Soziallehren (Katholisch: Quadrogesimo anno von 1931) zu sehen. Auch der liberale Individualismus der Aufklärungszeit hat ihn ausgebildet wie ihn Wilhelm von Humboldt in seiner Schrift „Ideen zu einem Versuch, die Grenzen der Wirksamkeit des Staates zu bestimmen" (1792) beschrieben hat. Das Prinzip formuliert den Schutz des Schwachen gegenüber dem Starken, des Kleinen gegenüber dem Großen, des Armen gegenüber dem Reichen. Was die Mitgliedstaaten bewältigen können, soll die Zentrale nicht an sich ziehen. Die Zentrale übernimmt im klassischen Föderalismus eine nach außen wirksame *Innovationsfunktion*, indem sie Politikfelder besetzt, in denen die Leistungsfähigkeit der einzelnen Mitglieder zu gering ist, wie beispielsweise bei technologischen Großprojekten.
- Der Föderalismus baut auf dem Prinzip der **Gleichbehandlung** der ihn bildenden Einheiten auf. Verschiedene institutionelle (Sitz und Stimme in Gremien) und finanzielle (Finanzausgleich) Mechanismen sorgen dafür, dass gravierende Unterschiede ausgeglichen und *Kompensationen* angeboten werden können.
- Der Föderalismus ist ein **gewaltenteiliges System** mit nach dem Subsidiaritätsprinzip auf verschiedene Gebietskörperschaften verteilten Kompetenzen.

- Hinsichtlich der Zuständigkeiten der politischen Zentrale sind in gewachsenen föderalen Systemen wie in den USA oder in Deutschland vor allem die *Kompetenzen* im Außenbereich von Bedeutung gewesen. Die Zentrale übernimmt eine nach außen wirksame *Repräsentationsfunktion*.
- Der Föderalismus kann auch **demokratietheoretisch** begründet werden, indem er bürgernäher ist als der Zentralstaat und daher die Beteiligung und Identifikation mit den kleineren Einheiten ermöglicht.
- Eine bundesstaatliche Ordnung ermöglicht die **Rekrutierung** des politischen Personals auf einer deutlich größeren Basis als dies bei zentralstaatlichen Gebilden der Fall ist.
- Föderalismus ist im eigentlichen Sinne **Kulturföderalismus**.

Naturgemäß gibt es auch Nachteile föderaler Ordnungen. Genannt werden die Schwerfälligkeit und Langatmigkeit der Willensbildungs- und Entscheidungsprozesse, die durch die Beteiligung Vieler zustande kommt. Auch gegenseitige Blockaden können Entscheidungen behindern oder lahm legen. Die Harmonisierungsbestrebungen durch Ausgleichsmechanismen können den Wettbewerb einschränken und Leistungsanreize mindern. Kurz: es steht das Prinzip der Partizipation gegen das Prinzip der Effizienz.

7.1 Die Europäische Union als ein Föderalismus besonderer Art

Auf die Europäische Union bezogen, lassen sich die oben genannten drei Motive der Repräsentation, der Kompensation und der Innovation in Ansätzen wieder finden:

- Zur *Repräsentationsfunktion*: Die Europäische Union ist nach innen mit ihren Mitgliedstaaten, Regionen, sozialen Gruppen und ihrer Bevölkerung repräsentiert, und nach außen stellt sie sich als Gemeinschaftswerk, z.B. als diplomatische Vertretung, auf Buchmessen, gemeinsamer Währung und in Gestalt zahlreicher Symbole wie Flagge, Hymne, Autokennzeichen etc., dar. Die personelle Repräsentation soll im Verfassungsvertrag durch einen Präsidenten und einen Außenminister wahrgenommen werden, was öffentlich sichtbarer ist als die Troika-Konstellation.
- Zur *Kompensationsfunktion*: Die Europäische Union versucht, den Unterschied zwischen reich und arm, entwickelt und unterentwickelt durch distributive Politik zu kompensieren. Der Strukturfonds, der Kohäsionsfonds, der Europäische Sozialfonds, der Europäische Ausrichtungs- und Garantiefonds, der Europäische Fonds für regionale Entwicklung, sie alle dienen dazu, zu krasse Unterschiede auszugleichen und die Gleichheit der Lebens-

chancen zu erhöhen. Auch das PHARE-Programm zur Unterstützung der Staaten Mittel- und Osteuropas und der Stabilitätspakt für den Balkan sind Projekte zur Heranführung potentieller Mitgliedstaaten.
- Zur *Innovationsfunktion*: Es gibt vor allem im Hochtechnologiebereich mit der Europäischen Weltraumbehörde ESA ein innovatives europäisches Projekt (das allerdings nicht auf EU-Mitgliedstaaten beschränkt ist), es gibt die Projekte im Verkehrsbereich, die den Kontinent Europa neu erschließen sollen, sowie die zahlreichen Europaprogramme im Bereich der Kultur und Ausbildung.

Ein Vergleich mit existierenden föderalen Gebilden wie der Bundesrepublik, der Schweiz, Kanada oder den USA führt Dusan Sidjanski (2001) zu dem Ergebnis, dass die verschiedenen Beispiele für Föderalismus jedes für sich nicht als alleiniges Modell für Europa genommen werden könne; jedoch lassen sich den historischen Beispielen Elemente für einen europäischen Föderalismus entnehmen.

Die Merkmale des *schweizerischen Föderalismus* mit seinen multinationalen, vielsprachigen und multireligiösen Gegebenheiten treffen auch auf die EU zu. Auch ist die Regierung wie die Kommission kollegial organisiert, und die Gemeinschaftsmethode wird praktiziert. Auch die Zahl der 23 Kantone ist mit der Mitgliederzahl der erweiterten Union vergleichbar. Das Parlament besteht aus zwei Kammern, dem Nationalrat, der aus 200 entsprechend der Bevölkerungsgröße zusammengesetzten und direkt gewählten Abgeordneten besteht und dem Staatenrat mit 46 Mitgliedern (je 2 pro Kanton). Dieses Senatsmodell, das auch in den USA zu finden ist, dürfte für die EU auf Grund gewachsener nationaler Eigenständigkeit nicht als Vorbild gelten. Im Unterschied zur gegenwärtigen und zukünftigen europäischen Kommission besteht allerdings die Bundesregierung in der Schweiz (Bundesrat) nur aus 7 Mitgliedern, die auf Vertrauen aufbauen können, was in der Union nicht unbedingt gegeben ist.

Aus dem *bundesdeutschen Föderalismus* könnte der Bundesrat Modell für eine europäische Staatenkammer bilden. In seiner Zusammensetzung spiegelt sich die Bevölkerungsgröße der Gliedkörperschaften. Im Unterschied zur EU sind die Mitgliedsstaaten in der Bundesrepublik allerdings nicht durch Sprache, Religion oder Nationalität voneinander unterschieden.

Ins Auge fallen allerdings auch die Unterschiede zwischen der Union und den historisch gewachsenen föderalen Gebilden. Nicht nur sind im Gegensatz zu den amerikanischen „states" die europäischen Nationalstaaten gewachsene Einheiten von historischem Gewicht und in Abgrenzung voneinander entstanden. Sowohl im amerikanischen als auch im deutschen Föderalismus gehörten von Anfang an die Politikfelder Außen- und Sicherheitspolitik, internationale Vertragspolitik, die Geldpolitik und die makro-ökonomische Steuerungspolitik zu den exklusiven Kompetenzen der politischen Zentrale. Im Europa der EU behalten sich die Nationalstaaten die Zuständigkeit in diesen Bereichen weitgehend vor. Dennoch besitzt die EU in ihrer heutigen Gestalt zahlreiche Kennzeichen eines föderalistischen Gebildes, denn:

- Sie besteht wie alle Bundesstaaten aus mehreren Ebenen, den supranationalen Organen, den Nationalstaaten, den Regionen und den Gemeinden.
- Die Union besitzt Gemeinschaftsinstitutionen (Kommission, Parlament, Gerichtshof, Zentralbank).
- Sie kennt nach Politikfeldern zugewiesene Kompetenzen an ihre Organe, die historisch gewachsen und im Verfassungsvertrag ähnlich dem Grundgesetz normiert sind. Die allmähliche Kompetenzausweitung in Bezug auf den Binnenmarkt erfolgte über den „Ermächtigungsartikel" 308 des EG-Vertrags.
- Zuständigkeiten wurden der Union übertragen in Bezug auf den europäischen Binnenmarkt oder der Geld- und Währungspolitik. Außen- und Sicherheitspolitik sowie die Innenpolitik bleiben abweichend von traditionellen Föderationen weiterhin Domäne der Mitgliedstaaten.
- Die Union kennt vertikal verlaufende Ausgleichmechanismen (Fonds: Sozialfonds, Agrarfonds, Regionalfonds, Kohäsionsfonds) zur Minderung ökonomischer oder sozialer Ungleichheiten.
- Sie hat mit Hymne, Flagge, Autokennzeichen, der Staatsbürgerschaft oder mit dem Euro gemeinsame Symbole.
- Sie kann aus einem reichen Repertoire mitgliedstaatlicher politischer Arenen ihr politisches Personal rekrutieren.
- Sie hat, wenn auch eingeschränkt, eigene Finanzhoheit (Zölle, Steuern, Beiträge).
- Sie besitzt ein in Art. 5 des EGVs vertraglich festgeschriebenes Subsidiaritätsprinzip.
- Sie besitzt mit der Menschenrechtscharta einen gemeinsamen Wertekatalog; auch die europäische Sozialcharta kann als Beginn eines gemeinsamen Sozialverständnisses aufgefasst werde.
- Selbst in einem Bereich, der traditionellerweise den Gliedstaaten vorbehalten bleibt, nämlich dem Bildungs- und Ausbildungsbereich, existiert mit den verschiedenen Programmen Erasmus, Sokrates, den Jean Monnet Lehrstühlen etc. ein unionsweites Projekt, das zur Ausbildung des Europagedankens beitragen kann.
- Auch im Zivilbereich bestehen zahlreiche subnationale Projekte und Netzwerke, die den Kern der Ausbildung eines zivilgesellschaftlichen europäischen Modells bilden können, wie z.B. das deutsch-französische Medienprojekt ARTE.

7 Föderalismus

- Schließlich besitzt die EU mit den gemeinsamen Werten, mit ihrer Geschichte, mit ihren Überzeugungen hinsichtlich der Bedeutung von Individualität und sich komplementär ergänzenden Kulturen Gemeinsamkeiten, die das Projekt Europa inhaltlich ausfüllen.

Im Unterschied zu historischen Vorbildern wird der europäische Föderalismus *ein Föderalismus eigener Art* sein und dieser ist noch in der Entwicklung begriffen. Seine Merkmale sind:

- Die Zuständigkeiten der einzelnen Organe haben noch nicht definitive Gestalt angenommen; ihre Kompetenzen sind 2004 im Verfassungsvertrag bestimmt worden; der Binnenmarkt befindet sich weitgehend in der Zuständigkeit der Gemeinschaft, wichtige Politikbereiche bleiben den Einzelstaaten vorbehalten. Zur Abgrenzung der Kompetenzen zwischen den verschiedenen Mitgliedsstaaten und der Union driften europäische Politiker auseinander: Der frühere französische Premier Leonid Jospin spricht sich in seiner Rede vom 28. Mai 2001 dafür aus, dass die Politikfelder allgemeine Bildung und Kultur vorwiegend bei den Mitgliedsstaaten bleiben, aber auch Gegenstand gemeinsamer Politiken oder gemeinschaftlicher Programme werden sollten. Der Bayerische Ministerpräsident Edmund Stoiber plädierte in seiner Rede vor der EVP-Fraktion vom 10. Mai 2000 für mehr Zuständigkeiten der Union in der Außen- und Sicherheitspolitik, der Bekämpfung organisierter Kriminalität, im grenzüberschreitenden Umweltschutz, bei transeuropäischen Verkehrs- und Energienetzen, sowie der Förderung europäischer Spitzentechnologie. Der britische Premier Tony Blair spricht sich für das Subsidiaritätsprinzip aus, wenn er fordert: „Integration wo nötig, Dezentralisierung wo möglich. Europa solle das Große besser tun und sich aus dem Kleinen weitgehend zurückziehen." Solche Vorstellungen schließen sich nicht notwendigerweise gegenseitig aus.
- Die Union besitzt mit der Kommission und dem Rat eine doppelte Exekutive;
- die EU hat mit dem Ministerrat und dem Parlament zwei gesetzgebende Organe;
- sie hat keinen voll ausgebildeten Parlamentarismus; die Exekutivorgane sind den parlamentarischen Gremien nicht voll verantwortlich; die Kommission hat das Monopol der Gesetzesinitiative;
- sie besitzt kein Zweikammersystem;
- die Mitgliedsstaaten haben bisher ihre Kompetenzen auf dem Gebiet der Außen- und Sicherheitspolitik sowie der Justiz und des Inneren nicht abgegeben;
- die Kompetenz, Steuern zu erheben, ist nur schwach ausgebildet.

- Das Weisbuch der Europäischen Kommission „Europäisches Regieren" vom Juli 2001 fordert schließlich mehr Offenheit, Partizipation, Zurechnungsfähigkeit, Effektivität, sowie Kohärenz für das europäische Politiksystem.

Trotz unterschiedlicher Rhetorik und verschiedenem Verständnis von Föderalismus erscheint dieses Politikmodell als das am besten geeignete, um die europäische Vielfalt und Vielgestaltigkeit unter einem gemeinsamen Dach zu einen.

Hinsichtlich der Ausgestaltung des Politiksystems gibt es zwei gegensätzliche Auffassungen. Einige Staatsrechtler – allen voran einige deutsche Staatsrechtler (z.B. Grimm 1991, 2003) – meinen, die EU könne niemals ein föderales staatliches Gebilde abgeben, weil es den europäischen Bürger nicht gebe, ein Staat kann nicht ohne *demos* auskommen, d.h. dass die europäische Staatsbildung quasi unmöglich sei, weil das notwenige Minimum an Identität fehle. Es existiere weder eine ausreichend informierte europäische Öffentlichkeit, noch seien europäische Themen in ausreichendem Maße diskutiert. Außerdem müsse ein Verfassungskonsens bestehen, d.h. die Übereinstimmung in Basisnormen und die Akzeptanz der Regeln, die den politischen Prozess steuern. Diese Auffassung geht von einem Staatsbegriff aus, der vom Nationalstaat auf das neuartige politische System der EU übertragen wird.

Demgegenüber bemerkt Jürgen Habermas (Die Zeit v. 28. Juni 2001), dass es geschichtliche Beispiele gebe, die zeigen, dass sich Nationenbildungsprozesse auch ohne eine vorpolitische Schicksalsgemeinschaft vollzogen haben, dass also die Volksnation nicht Voraussetzung einer Staatsbürgernation sei. Die relative Beliebigkeit der Staatenbildung, z.B. durch Eroberung, Heirat, fürstlichen Dezisionismus usw., hat nicht verhindert, dass in den zum Staatsverband zusammengeschlossenen Gebilden sich Loyalitäts-, ja Identitätsbeziehungen herausgebildet haben. Die zum Teil beliebige Zusammenlegung einiger deutscher Bundesländer durch die Besatzungsmächte in der Nachkriegszeit ist ein weiteres Beispiel dafür, dass sich nach einiger Zeit ein Gemeinschaftsgefühl in verschiedenen Landesteilen herausbilden konnte. Somit kann also eine europäische Bürgergesellschaft entstehen, auch ohne ein vorgelagertes homogenes Staatsvolk. Habermas nennt drei empirische Voraussetzungen für die Ausbildung einer über die nationalen Grenzen hinausreichende Identitätsformation: die Ausbildung einer europäischen Bürgergesellschaft, die Konstruktion einer europaweiten politischen Öffentlichkeit und die Schaffung einer politischen Kultur, die von allen EU-Bürgern akzeptiert werden kann. Auch wenn diese Bedingungen zur Ausbildung einer europäischen Bürger- oder Zivilgesellschaft allzu idealistisch und in die Zukunft projiziert sind, sollten sie Orientierung für praktische Politik abgeben. Der Unterschied zwischen beiden Positionen besteht darin, dass für einige die Existenz eines mehr oder weniger einheitlichen Staatsvolkes Vorbedingung für die Konstruktion eines europäischen Staates ist, während andere das europäische Staatsvolk erst als Resultat eines Integrationsprozesses entstehen sehen.

8 Effizienz oder die Regierbarkeit der Europäischen Union

Die Effizienz eines politischen Systems steht in einem Spannungsverhältnis zur Partizipation. Systeme mit einer geringen Zahl von Beteiligten an Willensbildungs- und Entscheidungsverfahren sind ‚effizienter' als Systeme mit vielen Akteuren, indem sie ‚schneller' zu Entscheidungen finden und zeitökonomischer arbeiten. Allerdings kann dies eine nur kurzsichtige Betrachtung sein, denn die Haltbarkeit solcher Elitenentscheidungen kann begrenzt sein. Entscheidungsprozesse mit breiter Beteiligung – wie in demokratischen Systemen üblich – tendieren zu mehr dauerhaften Lösungen. Diese Erkenntnisse ergeben sich aus der Gruppensoziologie bzw. Gruppenpsychologie (siehe weiter unten).

Das Weißbuch[21] der Europäischen Kommission „Europäisches Regieren" aus dem Jahre 2001 nimmt diese Problematik auf und macht den Begriff der Regierungsfähigkeit oder Regierbarkeit (Governance) an fünf Kriterien fest: Offenheit, Partizipation, Verantwortlichkeit, Effektivität und Kohärenz.

Dabei versteht die Kommission unter *Offenheit* die Transparenz von Entscheidungen, die sprachliche Verständlichkeit und Erklärungen, wie die EU Organe arbeiten.

Partizipation meint die Einbeziehung von Akteuren in den Politikgestaltungsprozess und zwar von der Konzipierung bis zur Durchführung; verstärkte Teilhabe erhöhe das Vertrauen in die Institutionen und in die Ergebnisse von Entscheidungen.

Verantwortlichkeit bezieht sich auf die Rollenverteilung bei Gesetzgebung und Durchführung. Jede Institution der EU müsse dem Bürger klar machen, was sie tue und wofür sie die Verantwortung trage.

Effektivität müsse wirksam sein, zur richtigen Zeit erfolgen und auf der Grundlage von klaren Zielen, Folgeabschätzungen und gegebenenfalls mit Erfahrungswerten arbeiten. Effektivität betrifft das Ziel-Mittel-Verhältnis, das in einem angemessenen Verhältnis stehen müsse.

Schließlich meint die *Kohärenz* einen „schlüssigen Politikansatz", der das komplexer werdende System zu einem Gesamten zusammenführt und verschiedene Politikbereiche miteinander verzahnt.

---

[21] Europäische Kommission: Europäisches Regieren – Weißbuch. Luxemburg: Amt für amtliche Veröffentlichungen der Europäischen Gemeinschaften 2001. Kommentare unter e-mail: sg-governance @cec.eu.int

Zwei übergeordnete Grundsätze würden durch die Beachtung dieser fünf Prinzipien verstärkt, nämlich die *Verhältnismäßigkeit* und das Prinzip der *Subsidiarität*. Beide Grundsätze werden von folgenden Fragestellungen bestimmt: ist erstens öffentliches oder eher privates Handeln tatsächlich geboten, ist zweitens für bestimmte politische Vorhaben die europäische Ebene am besten geeignet oder eher die nationale oder regionale und sind drittens die gewählten Maßnahmen den Zielen angemessen? Das Politiksystem sei weder linear noch hierarchisch angelegt, sondern bestehe aus Netzwerken mit Beteiligung verschiedener staatlicher und privater Akteure, der Entscheidungsprozess müsse die Rückkoppelung der verschiedenen Ebenen ermöglichen. Soweit das Weißbuch der Europäischen Kommission.

Beurteilt man nach diesen Gesichtspunkten die Beschlüsse von Nizza, so wurde zwar die Union formal erweiterungsbereit gemacht, jedoch in der gegenwärtigen Form nicht effizienter. Neben den institutionellen Arrangements zur Erweiterung wurden folgende Defizite sichtbar:

- Die Einigung auf die Zahl der Kommissare nach dem Grundsatz, ein Kommissar pro Land, bis die Zahl 27 erreicht ist, wird die Effizienz der Union erheblich einschränken.
Die Gewichtung der Stimmen im Ministerrat hat den Repräsentationsgedanken hinter sich gelassen. Die gemessen an der Einwohnerzahl sehr unterschiedliche Gewichtung der Stimmen bei qualifizierter Mehrheit hat das demokratische Prinzip der proportionalen Vertretung nicht zum Tragen gebracht.
- Ferner kommt hinzu, dass sehr wichtige Politikbereiche wie die Einwanderungspolitik, die Steuerpolitik, die Asylpolitik, die Visum-Politik, die Sozialpolitik oder die Außenhandelspolitik weiterhin dem Einstimmigkeitsverfahren unterworfen sind.
Das Parlament hat keine zusätzlichen Kompetenzen erhalten und wird als Verlierer der Nizza-Verhandlungen bezeichnet.

In Nizza hat der Intergouvernementalismus dominiert. Im Ministerrat als seinem Organ haben sich die nationalen Kräfte durchgesetzt. Der Gemeinschaftsgeist der frühen Jahre war nicht mehr sichtbar und wird in Zukunft mit der Erweiterung auf um mehr als 27 Staaten weiter Schaden nehmen. Die neu eingeführte Flexibilitätsklausel, wonach einige Länder die Integration vorantreiben können, wird nicht die einzige Lösung für das Problem abnehmender Effizienz sein.

Die offene Methode der Koordination
Im März 2000 hat der Europäische Rat die so genannte Lissabon-Strategie verabschiedet. Diese meint neben den Innovations- und Wachstumszielen eine neue

8 Effizienz oder die Regierbarkeit der Europäischen Union

Form des Regierens in einem Politiksystem, das durch die gewachsene Mitgliederzahl zu Entscheidungsblockaden getrieben werden kann. Eine „soft policy coordination" soll die Steuerung durch supranationale förmliche Beschlüsse bzw. durch intergouvernementale Koordination ergänzen und somit Beschlüsse in selektiv ausgewählten Politikbereichen ermöglichen. Sie ist somit zwischen zentraler Steuerung und dezentraler Koordination angesiedelt und soll flexibel und effizient Beschlüsse ermöglichen. Dies ist eine Variante der Willensbildungs- und Entscheidungsfindung in Netzwerken bzw. der in der Flexibilitätsklausel anvisierten selektiven Bearbeitung von Politikmaterien. Angewandt wurde die offene Methode bisher in Politikfeldern, in denen der EG-Vertrag keine (wie z.B. in der Jugendpolitik) oder nur eine schwache Kompetenz vorsieht (wie in der Beschäftigungspolitik, der Alterssicherung oder der sozialen Ausgrenzung). Bei der Migrationspolitik kam es nur im Bereich der Visa-, der Asyl- und der Flüchtlingspolitik zur Koordination, nicht aber bei der Integrationspolitik und beim Staatsangehörigkeitsrecht.

8.1 Die Effizienz beeinflussende Faktoren

Erweiterung und Vertiefung stehen in einem Spannungsverhältnis, das zwei politische Pole in Einklang zu bringen versucht: *Effektivität* und *Partizipation*. Während Partizipation auf das demokratische Prinzip der Teilhabe abhebt, meint Effektivität die Handlungsfähigkeit der Regierenden. Beide Prinzipien können sich widersprechen, und dieser Widerspruch ist, so die These, durch die Erweiterung verstärkt worden.

Effektivität der Willensbildung und Entscheidungsfindung

Die Organisationssoziologie hat empirisch gesättigte Erkenntnisse hervorgebracht, die auch für die Europäische Union in ihrer heutigen Struktur von großer Bedeutung sind. Diese betreffen vor allem die Größe und die Zusammensetzung von entscheidungsbefugten Gremien wie der Kommission, des Europäischen Rats oder des Ministerrats.

Optimale Zahl der Gremienmitglieder
Ein Grundsatz aus der Organisationssoziologie lautet: „Eine zunehmende Zahl von Mitgliedern in einer Gruppe kann bewirken, dass diese so heterogen wird, dass eine von zwei Möglichkeiten eintritt: entweder bricht die Fähigkeit zur Konsensbildung zusammen oder eine neue Struktur der Konsensbildung entsteht" (Etzioni 1962: 927). Auf die EG bezogen waren solche Konsequenzen

schon 1966 sichtbar geworden, als die vorgesehenen Konsensbildungsmechanismen (Übergang zur Mehrheitsentscheidung) von Frankreich in Frage gestellt wurden. Als neue Formel der Konsensbildung wurde der so genannte Luxemburg-Kompromiss entwickelt, der bei vitalen Fragen eine Fortsetzung der Verhandlungen bis zur Einstimmigkeit erfordert.

Es gibt eine optimale Größe für die Arbeitsfähigkeit von Gremien; beim Überschreiten dieser Größe kommt es zu einer Aufteilung in kleinere Organisationseinheiten. Je größer das Gremium, um so eher kommt es zu organisatorischen Differenzierungen (Koalitionen, Ausschüsse, Unterausschüsse). Die optimale Größe wird bestimmt durch Überschaubarkeit, Kommunizierbarkeit, Effizienz, Vertrautheit der Mitglieder usw. Thomas und Fink (1963) haben herausgefunden, dass die optimale Größe für die Lösung komplexer Entscheidungsaufgaben bei 10 bis 15 Gruppenmitgliedern liegt. Experimente haben auch ergeben, dass große Gruppen wie z. B. Seminare mit über 20 Teilnehmern sich unabhängig von der Größe auf ca. 8 aktive Mitglieder reduzieren lassen (Olson 1968: 52ff.). Die Mitgliederzahl in der Kommission oder im Rat wird von diesen Gesetzmäßigkeiten tangiert. Rat und Kommission waren nach diesen Vorgaben in der EU15 noch arbeitsfähige Gremien; die EU25 stößt da schon an die Grenze effektiver Arbeitsfähigkeit. Zu erwarten ist, dass es, zumal bei 27 oder mehr Mitgliedsstaaten, zu Differenzierungen nach unterschiedlichen Kriterien (große Staaten – kleine Staaten, liberale Staaten – sozialdemokratischen Staaten, Kernstaaten – Peripheriestaaten etc.) in Form von Koalitionen kommt. Die Strategie des Europas der verschiedenen Geschwindigkeiten, der konzentrischen Kreise oder die Flexibilisierung sind heute schon Ausdruck dieser Gesetzmäßigkeit.

Interne Kosten – externe Risiken
Alle kollektiven Entscheidungen haben interne Entscheidungskosten, alle kollektivierten Entscheidungen bedingen externe Risiken auf der Seite derer, die Objekte oder Adressaten von Entscheidungen sind (Sartori 1984: 85). Für den internen Entscheidungsprozeß wird Zeit benötigt, die mit der Größe des Gremiums zunimmt. Die zeitaufwendigen Agrarverhandlungen im Rat geben Zeugnis dieses Sachverhalts. Der Zeitaufwand steigt bei unterschiedlichen Interessen proportional mit der Ausdehnung des Kreises der Beteiligten. In eine Gesamtbilanz müssen auch Folgekosten einbezogen werden, die geringer werden, je mehr Personen an der Entscheidung beteiligt waren. Solche Kosten fallen nach und außerhalb von Gruppenentscheidungen an und werden von Buchanan und Tullock im Rahmen des Konzeptes der gesellschaftlichen Interdependenz-Kosten als externe Kosten bezeichnet (Buchanan/Tullock 1962: 45). Sartori bezeichnet sie als „externe Risiken". Externe Kosten entstehen, wenn durch kollektive Entscheidungen die Interessen einzelner Individuen beeinträchtigt werden, d.h. wenn durch „Handlungen anderer oder durch die Nichtausnutzung möglicher

positiver Effekte kollektiver Handlungen" (Faber/Breyer 1980: 216) sich Nachteile für den einzelnen ergeben. Sartori definiert die externen Risiken als „Risiken für die Entscheidungsbetroffenen, die die Entscheidungen als etwas ihnen Äußerliches entgegennehmen" (Sartori 1984: 85). Im Gegensatz zu Buchanan und Tullock bezieht Sartori die externen Kosten nur auf die betroffenen Dritten, die nicht am Entscheidungsprozeß teilgenommen haben, während Buchanan und Tullock auch die Kosten rechnen, die bei den an der Entscheidung Beteiligten als Folgekosten anfallen. Unter Folgekosten müssten auch diejenigen Kosten verstanden werden, die anfallen, wenn nach einer bestimmten Zeit Ergänzungen, Änderungen, Revisionen bei bereits getroffenen Entscheidungen notwendig werden (z. B. Gesetzesänderungen). Zusammenfassend kann formuliert werden: Je größer der Kreis der beteiligten Akteure, umso höher liegen die Kosten der Konsensfindung (interne Kosten) und umso geringer sind die Nachteile, die die Betroffenen zu tragen haben (externe Risiken).

Der Erfolgswert in Gruppen
Je kleiner das Gremium, umso größer wird bei gleich bleibendem Zählwert der Erfolgswert jeder einzelnen Stimme. Diese These formuliert zunächst nur ein rechnerisches Kalkül: der Anteil am Gesamten nimmt mit der Zahl unabhängiger, gleichwertiger und gleichberechtigter Mitglieder ab. In einem Gremium von 2 Personen beträgt der Erfolgswert jeder Stimme die Hälfte; in einem Gremium mit 10 Personen nur den 10. Teil. Schon in der griechischen Antike war bekannt, „dass, je kleiner eine Regierungseinheit ist, desto größer ist der Einfluss, den jeder seiner Bürger erwarten kann, auszuüben. Folglich gilt, dass je kleiner eine Einheit ist, desto besser werden politische Maßnahmen die Präferenzen der Bürger berücksichtigen" (nach Tullock 1969: 21). In einem „Gremium mit einer Person" ist der Erfolgswert 100%, in einem Gremium mit zwei Personen und divergierenden Meinungen nur 50 %, d. h., je größer das Gremium und entsprechend größer das Meinungsspektrum, umso geringer ist der Erfolgswert einer Stimmabgabe. Je größer die Zahl unterschiedlicher Meinungsclusters, umso geringer der Erfolgswert einer Stimme, je homogener der Wahlkörper, um so größer der Erfolgswert einer Stimme. Die europäischen Gremien haben sich damit geholfen, dass Gewichtungen eingeführt worden sind: in der Kommission der EU15 besaßen die großen Länder zwei Kommissare, im Rat wurde die qualifizierte Mehrheitsformel durch einen Gewichtungsfaktor balanciert.

Partizipation und Repräsentativitä

Sozialpsychologisch kann ein Entscheidungsvorgang dann für die Beteiligten wie Betroffenen als befriedigend angesehen werden, wenn ihre Präferenzen sich im Wahl- oder Abstimmungsergebnis wieder finden oder sie zumindest das Gefühl der Beteiligung hatten. Die Hypothese geht von der Überlegung aus, dass bei proportionaler (nicht identitärer) Übereinstimmung von Entscheidungsträgern und Entscheidungsbetroffenen eine Vielzahl von Positionen berücksichtigt werden kann, so dass eine nachträgliche Revision von Entscheidungen aus Gründen der Nichtbeteiligung nicht erforderlich wird. Eine proportionale Beteiligung hat den Vorteil, dass es bei repräsentativen Gremien eher zu stabilen Entscheidungen kommen kann. Bei einem kleinen Gremium kommt es darauf an, dass das Gremium möglichst alle wichtigen Gruppen repräsentiert und ohne Druck von außen, nach innen frei, die verschiedenen Handlungsalternativen diskutieren kann. Solche Gremien sind dann umso legitimer, als sie mit der Zustimmung der Vertretenen rechnen können (Marin 1982: 205). In den europäischen Gremien wurde auf angemessene Beteiligung der verschiedenen Staaten geachtet. Nach dem Nizza-Modell können alle 25 Staaten je einen Kommissar stellen, ebenso im europäischen Gerichtshof; die Zahl der Sitze im europäischen Parlament orientiert sich in etwa an der Bevölkerungszahl der Mitgliedstaaten.

Mehrheit – Minderheit
Bei in sich strukturierten, d. h. organisierten Mitgliedergruppen sinkt der Einfluss der Minderheit, wenn die großen Gruppen koalieren bzw. wenn eine Mehrheitsgruppe absolut dominiert. Er steigt, wenn etwa gleich große und divergierende Gruppierungen sich Mehrheiten mit Hilfe kleinerer Parteien suchen müssen.

Beim Zusammengehen von Mehrheitsgruppen (z. B. Große Koalitionen) bleibt der Minderheit kaum Einflussmöglichkeit. Der Einfluss der kleineren Partei wächst, wenn eine Gruppierung mit nur relativer Mehrheit zur Mehrheitsbeschaffung auf mindestens eine kleinere Partei angewiesen ist, will sie nicht eine große Koalition eingehen. Durch Zusammengehen zweier Großgruppen zu verabredeten Tauschgeschäften verlieren die kleineren Parteien ihre Zünglein-an-der-Waage-Position. Im europäischen Kontext sind die Mehrheits-Minderheitskonstellationen mehrfach aufgetreten: das Tandem Frankreich-Deutschland, auch als Motor oder Lokomotive des europäischen Integrationsprozesses bezeichnet, stellt zwar arithmetisch nicht unbedingt eine solche Mehrheitsposition dar, kann aber aufgrund seines politischen Gewichts diese Rolle spielen. Die Geschichte des europäischen Integrationsprozesses zeigt allerdings, dass das politische Gewicht dieser beiden großen Staaten nie als ‚Diktatur der Mehrheit' benutzt worden ist, sondern dass die meisten Entscheidungen im Konsens mit den anderen Mitgliedstaaten getroffen worden sind.

Repräsentativität und Effektivität stehen somit in einem Spannungsverhältnis: je mehr Teilnehmer, umso schwieriger wird die Entscheidungsfindung, oder – um in einem Bild zu bleiben – was auf vielen Füßen steht, steht zwar fester, aber die Beweglichkeit wird schwerfälliger. Das erweiterte und noch wenig konsolidierte Europa muss diesen Gesetzmäßigkeiten Rechnung tragen, will es nicht in Stagnation und gegenseitige Lähmung verfallen. Die Aufnahme neuer Mitglieder muss unter diesem Gesichtspunkt gesehen werden.

Teil III: Die Europäische Union in den Außenbeziehungen

Die Außenbeziehungen der Europäischen Union sind einerseits nach den bekannten klassischen Mustern einzelstaatlicher Außenpolitik angelegt; sie kennen andererseits aber europaspezifische neue Muster, die im Folgenden behandelt werden.

1 Die Außenpolitik der EG/EU – Europa als internationaler Akteur

Die Sicherung des Friedens und die Sicherheit Europas lässt sich als die Gründungsidee der europäischen Integration bezeichnen und kann nach dem 2. Weltkrieg als Wandel von der Organisation der „Sicherheit voreinander" zur „Sicherheit miteinander" beschrieben werden (vgl. Varwick 2004: 227).

Mit der Gründung der EGKS (1951) war der Wunsch verbunden, die rüstungsrelevanten Bereiche Kohle und Stahl zu vergemeinschaften, damit durch wirtschaftliche Kooperation gemeinsame Kontrolle über Rüstungsgüter und somit „Sicherheit voreinander" möglich sei. Nach dem Scheitern der Europäischen Verteidigungsgemeinschaft (EVG) durch das negative Votum der französischen Assemblée Nationale 1954 verlagerte sich die Bearbeitung europäischer kollektiver Verteidigung in die Gremien von Westeuropäischer Union (WEU) und NATO, wobei die WEU schnell in ein Schattendasein gedrängt wurde.

Die Frage der außenpolitischen Handlungsfähigkeit hat sowohl eine nach innen als auch eine nach außen gerichtete Bedeutung. Nach innen wird die Außenpolitik als Bestimmungselement der europäischen Identität gesehen, während nach außen unterschiedliche Aktionsmuster existieren: ein Mitgliedstaat kann zunächst nach eigenem Gutdünken bilaterale oder multilaterale Außenpolitik betreiben. Ein Einzelstaat kann aber auch mit Unterstützung einiger oder aller Unionsmitglieder handeln. Schließlich gibt es die Möglichkeit gemeinsamer, koordinierter oder harmonisierter Außenpolitik durch dafür vorgesehene Unionsorgane (Vgl. Pfetsch 1994). Wenden wir uns zunächst den nach innen gerichteten Aspekten zu.

1.1 Außenpolitik als Innenpolitik

Außenpolitik als Innenpolitik kann zweierlei bedeuten: zum einen kann die Inanspruchnahme der Außenpolitik für innenpolitische Zwecke gemeint sein, um Konsens im Innern zu erreichen und die Einheit nach außen zu demonstrieren. Zum anderen kann Außenpolitik als Ablenkung innerer Probleme nach außen verstanden werden. In beiden Varianten wurde die Außenpolitik der Mitgliedsstaaten gegenüber der EU und der EU gegenüber Drittstaaten praktiziert. So wurde z.b. die Europapolitik zur Lösung der deutschen Teilung eingesetzt. Die deutsche Vereinigung, so hieß es von Adenauer bis Kohl, und die europäische Einigung seien zwei Seiten derselben Medaille. Der Weg zur deutschen Einheit führe über Europa. Oder: die Ankündigung und Durchführung von Referenda zu europäischen Fragen dienten nationalen Regierungschefs als Entlastung innenpolitischer Verantwortlichkeit.

Die Außenpolitik der Gemeinschaft wurde von Europapolitikern als identitätsstiftend gesehen. Wie schon erwähnt, wurde die Frage der europäischen Identität im Vertrag über die Europäische Union und im Amsterdamer Vertrag in zwei unterschiedlichen Versionen thematisiert. Der EU-Vertrag sieht die Gemeinsame Außen- und Sicherheitspolitik als identitätsstiftend nach innen und nach außen an. Sie sei Handlungseinheit der Gemeinschaft als „eigenständiges Ganzes" innerhalb Europas und gegenüber vielen Ländern in unterschiedlichen Weltregionen. Herausgehoben werden u.a. die Vereinigten Staaten von Amerika, mit denen die „engen Bande" durch „die einem gemeinsamen Erbe entspringenden Werte und Ziele" begründet sind.

1.2 Außenpolitik als Außenpolitik

Die Entwicklung der Außenpolitik der EU kennt verschiedene Etappen, die mit der „Europäischen Politischen Zusammenarbeit (EPZ)" beginnt, weitergeführt wird mit der „Europäischen Außen- und Sicherheitspolitik (GASP)" und schließlich in die „Neue außen- und sicherheitspolitische Strategie" der „Europäischen Sicherheits- und Verteidigungspolitik (ESVP)" einmündet.

Die Europäische Politische Zusammenarbeit

Mit der „Europäischen Politischen Zusammenarbeit" (EPZ) beginnt eine bewusst konzipierte koordinierte europäische Außenpolitik die in den Gründungsverträgen zur EWG nicht vorgesehen war. Anlass hierzu war die Anfang der 70er Jahre anstehende Erweiterung um vier nordische Staaten sowie die europäisch-transatlantische Konferenz zum Abbau der Spannungen zwischen Ost und West. (Vgl. Pfetsch in Knipping 2004). Erste konkrete Schritte, die politisch auch umgesetzt wurden, beinhaltet jedoch erst der Bericht des belgischen Diplomaten Etienne Davignon von 1970 (auch Luxemburgbericht genannt), der im Auftrag des Haager Gipfels von 1969 Vorschläge zu einer verbesserten politischen Zusammenarbeit unterbreitete.

Nach dem Auftrag der Staats- und Regierungschefs enthielt er Vorschläge darüber, „wie in der Perspektive der Erweiterung der Europäischen Gemeinschaft am besten Fortschritte auf dem Gebiet der politischen Einigung erzielt werden können" (vgl. Europa-Archiv 11-1970: 9).

Der Davignon-Bericht
In erster Linie strebte der Bericht Konsultationsmechanismen in Fragen der gemeinsamen Außenpolitik an. So sollten künftig auf Initiative des jeweils amtierenden Präsidenten die Außenminister mindestens alle sechs Monate zusammenkommen. „Im Falle einer ernsten Krise oder besonderer Dringlichkeit" konnten außerordentliche Konsultationen zwischen den Regierungen, in dringenden Fällen auch Konferenzen der Staats- und Regierungschefs einberufen werden. Weiterhin wurde ein *Politisches Komitee*, das sich aus den Leitern der Politischen Abteilungen der damals sechs Außenministerien zusammensetzte, gebildet. Zur Vorbereitung der Außenministertreffen sollten mindestens viermal jährlich Treffen des Politischen Komitees stattfinden. Die Einsetzung des Komitees wurde anstelle eines gemeinsamen Sekretariats vorgenommen. Ein solches war vorher in den Fouchet-Plänen schon einmal vorgesehen gewesen, wirkte aber den auf nationale Souveränität bedachten Nationalstaaten zu gemeinschaftlich. Das im Luxemburger Bericht erwähnte Sekretariat diente lediglich der materiellen Durchführung der Ratstagungen, übernahm aber keine politischen Aufgaben. Ein ständiges Sekretariat für die EPZ wurde erst 1986 mit der Einheitlichen Europäischen Akte ins Leben gerufen.

Die Ziele waren im Luxemburger Bericht vorsichtig formuliert. Die Regierungschefs einigten sich darauf, „durch regelmäßige Unterrichtung und Konsultationen eine bessere gegenseitige Verständigung über die großen Probleme der internationalen Politik zu gewährleisten" und „die Harmonisierung der Standpunkte und, wo dies wünschenswert und möglich erscheint, ein gemeinsames Vorgehen zu begünstigen und dadurch die Solidarität zu festigen."

Einige Detailbestimmungen des Luxemburger Berichts bilden die Wurzel bis heute bestehender Regelungen. Dies betrifft besonders das nach wie vor zwischenstaatliche Organisationsprinzip der gemeinsamen Außenpolitik. Mit dem Politischen Komitee wurde ein eher intergouvernementales als integratives Gremium geschaffen, das bis heute existiert. Es bestand aus einer Beamtengruppe, die vier Mal im Jahr tagte und als Motor der EPZ bezeichnet werden konnte. Die gebildeten gemeinsamen Arbeitsgruppen widmeten sich eher thematischen als organisatorischen Gesichtspunkten der Außenpolitik. Als eine weitere Neuerung des Davignon-Berichtes hatte jedes Außenministerium einen festen „Gesprächspartner" zu benennen, der für die Belange der gemeinsamen Außenpolitik als Anlauf diente. Diese Kontaktbeamten wurden – obwohl der Bericht diesen Begriff nicht ausdrücklich vorsah – ab 1973 als „*Korrespondentengruppe*" bezeichnet.

Der Kommission und der Europäischen Parlamentarischen Versammlung wurden keine echten Teilnahmerechte gewährt. Das Parlament wurde mit der Einrichtung halbjährlicher Kolloquien der Außenminister und der Mitglieder des Politischen Ausschusses des Europäischen Parlaments an der EPZ beteiligt. Die Kommission wurde nach dem Bericht zur Stellungnahme aufgefordert, „sofern die Arbeiten der Minister Auswirkungen auf die Tätigkeit der Europäischen Gemeinschaft haben."

EPZ und KSZE
Bereits drei Wochen nach Annahme des Luxemburger Berichts fand am 19.11. 1970 das erste Treffen der Außenminister in München statt. Neben dem Thema 'Naher Osten' standen die Pläne für eine europäische Ost-West-Konferenz im Vordergrund, später als „Konferenz für Sicherheit und Zusammenarbeit in Europa" (KSZE) bezeichnet. Die damals sechs EG-Staaten waren gehalten, auf dieser Konferenz vor allem gegenüber den USA und der Sowjetunion eine gemeinsame Plattform zu finden. Die KSZE war im Zeichen west-östlicher Konfrontation entstanden mit dem Ziel des Abbaus der Spannungen zwischen dem westlichen und dem östlichen Lager. Hauptinitiator für die damals 36 europäische und amerikanische Staaten umfassende KSZE – die sich heute (2007) zur OSZE mit 56 Mitgliedsstaaten gewandelt hat – war die Sowjetunion bzw. seit dem Budapester (1955) und Warschauer (1966) Treffen der von ihr dominierte Warschauer Pakt. Es ging diesem damaligen militärischen Bündnis vor allem um die internationale Festschreibung der Nachkriegssituation in Osteuropa, während von westlicher Seite vor allem die Menschenrechte und kulturellen Freiheiten eingefordert wurden. Von westdeutscher Seite waren die Ost-West Gespräche Teil, ja Junktim, der deutschen Ostverträge, vor allem des Moskauer Vertrags von 1970, in dem als wichtige Prinzipien der Gewaltverzicht, die Anerkennung der territorialen Gegebenheiten sowie in die Zukunft gerichtete konstruktive Zusammenarbeit festgeschrieben wurden. Die Konsultationstreffen von 1972/1973, für die die EPZ eine gemeinsame Position hat erarbeiten können, haben die Anliegen beider Seiten in die so genannten drei Körbe (Sicherheit, wirtschaftliche Zusammenarbeit, Menschenrechte) aufgenommen, die auf dem Gipfeltreffen in Helsinki 1975 verabschiedet wurden. Seither sind diese und einige weitere Politikbereiche (demokratische Institutionen, Konfliktmanagement, Minoritäten, Umwelt, Abrüstung) in den Folgekonferenzen von Belgrad (1977/78), Madrid (1980/83), Wien (1986/89), Paris (1990) und Helsinki (1992) diskutiert worden. Vor allem der

1 Die Außenpolitik der EG/EU – Europa als internationaler Akteur

Pariser Gipfel von 1990 hat nach den sich anbahnenden Umwälzungen in Osteuropa in der Charta von Paris die Festlegung auf Demokratie, Marktwirtschaft und Grundrechte erbracht.

Bei allem Gerangel im Inneren der EPZ wurde die EG im Laufe der Zeit von außen zunehmend als einheitlicher Akteur mit vielen diplomatischen Vertretungen in Brüssel sowie Vertretungen im Ausland gesehen. Bei einigen Internationalen Organisationen wie der UNO oder der OSZE verfügt die EG/EU über Beobachterposten, in der OECD, dem GATT bzw. der WTO über einen Sonderstatus. EU-Vertretungen befinden sich, wenn auch meist in das Botschaftsgebäude eines Mitgliedstaates integriert, in vielen Staaten. Auch nach innen unterhält die Kommission Vertretungen in den EG-Mitgliedstaaten, in der Bundesrepublik in Berlin, Bonn und München. Die EG ist im Lichte dieser Gegebenheiten immer mehr als einheitlicher diplomatischer Akteur zu begreifen. Allerdings handelt es sich trotz vielfältiger Regelungen um Zusammenarbeit in Drittstaaten bislang noch um eine Diplomatie ohne eigene Botschaften und daher auch immer noch, wie ein Diktum Henry Kissingers aus dem Jahre 1979 besagt, um eine Außenpolitik „ohne Telefonnummer". Der Hohe Repräsentant der EU hat inzwischen eine Telefonnummer erhalten.

Die Gemeinsame Außen- und Sicherheitspolitik
Der EU-Vertrag von 1992 verwandelt die EPZ in die – so von nun an die offizielle Bezeichnung – „Gemeinsame Außen- und Sicherheitspolitik" (GASP). Inhaltlich ist die GASP eine Fortentwicklung des Prozesses vom Davignon-Bericht bis zur EEA. Der Schritt von den außenpolitischen Passagen der EEA zur GASP ist allerdings nicht nur als innerer Entwicklungsschub der Europäischen Gemeinschaft zur Europäischen Union zu verstehen, sondern auch im internationalen Kontext zu sehen. Die Charta von Helsinki aus dem Jahre 1975 hatte die „drei Körbe" Demokratie, Menschenrechte und Gewaltverzicht enthalten. Die Charta von Paris vom 21.11.1990 fügte allen KSZE-Mitgliedern mit der Marktwirtschaft einen vierten „Korb" hinzu. Diese Verbindung einer wirtschaftspolitischen Ordnung mit den Grundlagen der internationalen Beziehungen strahlte auch auf den europäischen Einigungsprozess aus. In Anbetracht der zunehmenden Globalisierung wirkte eine außenpolitisch wenig handlungsfähige Wirtschaftsmacht nicht zeitgemäß. So sind nicht nur die gemeinschaftsinternen Neuerungen durch die Gemeinsame Außen- und Sicherheitspolitik, sondern vor allem die Tatsache der formalen Aufnahme dieser Politikbereiche in die Verträge der Union als Fortschritt für Europa zu sehen. Eine weitere grundsätzliche Änderung durch die Maastrichter Verträge verbirgt sich im Titel der GASP. Die „Sicherheitspolitik" zählte bis dahin zur prinzipiell uneingeschränkten Verfügung gerade der großen Nationalstaaten.

Trotz dieser tief greifenden Änderungen verfolgt die Gemeinschaft mit der GASP ähnliche Ziele wie vorher mit der EPZ. Durch die Einbettung in den Unionsvertrag wirken die Formulierungen allerdings grundsätzlicher als in den EPZ-Berichten und der EEA. Laut EU-Vertragstext werden der GASP folgende Ziele und Kompetenzen zugeschrieben:

(1) Die Union erarbeitet und verwirklicht eine Gemeinsame Außen- und Sicherheitspolitik, die sich auf alle Bereiche der Außen- und Sicherheitspolitik erstreckt und folgendes zum Ziel hat:
- die Wahrung der gemeinsamen Werte, der grundlegenden Interessen, der Unabhängigkeit und Unversehrtheit der Union im Einklang mit den Grundsätzen der Charta der Vereinten Nationen;
- die Stärkung der Sicherheit der Union in allen ihren Formen;
- die Wahrung des Friedens und die Stärkung der internationalen Sicherheit entsprechend den Grundsätzen der Charta der Vereinten Nationen sowie den Prinzipien der Schlussakte von Helsinki und den Zielen der Charta von Paris, einschließlich derjenigen, welche die Außengrenzen betreffen;
- die Förderung der internationalen Zusammenarbeit;
- die Entwicklung und Stärkung von Demokratie und Rechtsstaatlichkeit sowie die Achtung der Menschenrechte und Grundfreiheiten (Art.11,1).

(2) Die Mitgliedstaaten unterstützen die Außen- und Sicherheitspolitik der Union aktiv und vorbehaltlos im Geist der Loyalität und gegenseitigen Solidarität.

Die Mitgliedstaaten arbeiten zusammen, um ihre gegenseitige politische Solidarität zu stärken und weiterzuentwickeln. Sie enthalten sich jeder Handlung, die den Interessen der Union zuwiderläuft oder ihrer Wirksamkeit als kohärente Kraft in den internationalen Beziehungen schaden könnte.

Der Rat trägt für die Einhaltung dieser Grundsätze Sorge (Art.11,1).

Zum Erreichen der außen- und sicherheitspolitischen Ziele gibt es die GASP-Instrumente der Abstimmung zwischen den Mitgliedstaaten, der Formulierung von gemeinsamen Standpunkten, gemeinsame Aktionen und die Zusammenarbeit der diplomatischen und konsularischen Vertretungen. In internationalen Organisationen und auf internationalen Konferenzen koordinieren die Mitgliedstaaten ihr Handeln. Bei Gemeinsamen Aktionen mit Ausnahme verteidigungspolitischer Bezüge gelten die Entscheidungsregeln der qualifizierten Mehrheit, wobei Beschlüsse mit einer Mindeststimmenzahl von 62 Stimmen und der Zustimmung von mindestens zehn Mitgliedern gefasst werden. Verschärfend wirkt die Bestimmung, die gemeinsamen Aktionen seien „für die Mitgliedstaaten bei ihren Stellungnahmen und ihrem Vorgehen bindend" (Art.14,3).

(3) Die Gemeinsame Außen- und Sicherheitspolitik umfasst sämtliche Fragen, welche die Sicherheit der Europäischen Union betreffen, wozu auf längere Sicht auch die Festlegung einer gemeinsamen Verteidigungspolitik gehört, die zu einer gemeinsamen Verteidigung führen könnte, falls der Europäische Rat dies beschließt. In der Verteidigungspolitik wird die WEU „integraler Bestandteil der Entwicklung der Union" (Art. 17,1), orientiert sich allerdings noch an der NATO.

Die Präsidentschaft des jeweils Vorsitz führenden EG-Mitgliedstaates vertritt die Union nach außen und wird vom Generalsekretär des Rates unter Beteiligung der Kommission und gegebenenfalls von dem Staat, der den nachfolgenden Vorsitz führt (Art. 18), unterstützt (früher galt nach Art. J.5 die „Troika"-Regelung).

An wichtigen Aspekten und zu den „grundlegenden Weichenstellungen" der GASP wird das Europäische Parlament durch Anhörungen und Unterrichtung beteiligt. Mitentscheiden darf es allerdings nur in wenigen Fällen, wie z.B. bei der Aufnahme neuer Mitglieder in die EU und beim Abschluss internationaler Verträge. Die Kommission wird, wie bis dato in der EPZ, „in vollem Umfang an den Arbeiten im Bereich der GASP beteiligt". Der Rat „bestimmt die Grundsätze und die allgemeinen Leitlinien der GASP". Aufwendungen zur GASP gehen entweder zu Lasten des EG-Haushalts oder zu Lasten der Mitgliedstaaten.

Die neue außen- und sicherheitspolitische Strategie
Der Europäische Rat hat auf seinem Treffen in Thessaloniki am 20. Juni 2003 die Grundpfeiler seiner außenpolitischen Strategie festgelegt. Es heißt in diesem von dem Hohen Repräsentanten für die Gemeinsame Außen- und Sicherheitspolitik, Javier Solana, vorgelegten Strategiepapier, dass die Union mit ihren 25 Staaten mit über 450 Einwohnern und einem Viertel des Weltbruttosozialprodukts zu einem globalen Akteur geworden sei und diese Rolle als verantwortlich für die globale Sicherheit auch wahrnehmen müsse. Als globale Herausforderungen erwähnt das Dokument regionale Konflikte, Armut und Krankheiten, schlechtes Regieren vor allem in schwachen Staaten (failed states), Umwelt und Energie, sowie vor allem die neuen Herausforderungen durch den internationalen Terrorismus, durch die organisierte Kriminalität und durch die Weiterverbreitung von Massenvernichtungswaffen. Diese zuletzt genannten Gefahren werden auch von der Bevölkerung als wichtig wahrgenommen. Umfragen aus dem Jahre 2002 nennen diese drei neuen Gefahren auch an erster Stelle. Diesen Herausforderungen müsste mit drei strategischen Maßnahmen beggenet werden: Unterstützung der Regierungsfähigkeit und der Stabilität von Staaten in der Nachbarschaft; zweitens müsse die internationale Ordnung auf einem „effektiven Multilateralismus" ruhen mit den Vereinten Nationen als Rahmengerüst; und drittens müsse mit einem Instrumenten-Mix aus militärischen und nicht-militärischen Mitteln den neuen Herausforderungen beggenet werden. Die EU-Politik müsse allerdings

aktiver (frühzeitig, schnell und fähig zu „robuster Intervention"), kohärenter (Abstimmung der verschiedenen Instrumente) und effektiver (mehr Verteidigungsressourcen, diplomatische und zivile Mittel, Bedrohungserkennung durch abgestimmte Geheimdiensterkenntnisse) gestaltet werden. Schließlich müsse der Ausbau strategischer Partnerschaften mit den USA, Russland, Japan, China, Kanada und Indien vorangetrieben werden.

Begleitend und ergänzend zur Außen- und Sicherheitspolitik wurden strategische Ziele der Entwicklungspolitik formuliert, die sich nach außen auf Armutsbekämpfung, demokratische Strukturen, Menschenrechte, good governance, Handel, regionale Integration und Krisenprävention erstrecken, sowie intern auf Koordinierung, Komplementarität, Kohärenz, Effizienz etc.

Diese außenpolitische Strategie bedarf zur Umsetzung eines gemeinsamen Handlungswillens. An diesem mangelt es, wie der Irakkrieg gezeigt hat.

1.3 Verträge und Abkommen

Nach dem EG-Vertrag kann die Gemeinschaft verschiedene Arten von Abkommen mit Drittstaaten schließen und so mit einer Stimme im Bereich der Internationalen Beziehungen tätig werden. Unterscheidbar sind Handelsverträge nach Art. 133 EGV, die Assoziierungsverträge mit überseeischen Gebieten nach Art. 182-188 EGV, allgemeine Assoziierungsverträge nach Art. 310 EGV, Beitrittsabkommen nach Art. 49 des EU-Vertrages, sowie die vertraglich nicht fixierten Europaabkommen. Die internationalen Abkommen, die die Gemeinschaft abgeschlossen hat, können nach Handels- und Kooperationsabkommen sowie Assoziierungsabkommen klassifiziert werden. Im Jahre 2004 war die Union an über 1200 Abkommen beteiligt. Es gibt zahlreiche bilaterale Abkommen, so mit den USA die *Neue Transatlantische Agenda* und den *USA-EU Aktionsplan* mit mehr als hundert gemeinsamen Aktionen, die vom gemeinsamen Wiederaufbau Bosniens über die Koordination der Auslandshilfe, die Liberalisierung von Handel und Investitionen, vom Kampf gegen Kriminalität und Drogenhandel bis zu einem transatlantischen Kultur- und Studentenaustausch reichen. Die Ost- und Mitteleuropäischen Staaten unterstützt die Union über das PHARE-Programm, Russland und die anderen GUS-Staaten werden über das technische Hilfsprogramm TACIS (Technical Assistance to the Commonwealth of Independent States) gefördert und die südosteuropäischen Länder über das CARDS-Programm (Community Assistance for Reconstruction, Democracy and Stabilization).

Die europäischen Verträge kennen mit den gemeinsamen Strategien, den gemeinsamen Standpunkten und den gemeinsamen Aktionen drei Arten, die gemeinschaftliche Außen- und Sicherheitspolitik zu exekutieren. Die gemeinsamen Strategien werden vom Europäischen Rat der Regierungschefs, die gemeinsamen

Standpunkte (Art. 15 EUV) und die gemeinsamen Aktionen (Art. 14) vom Ministerrat festgelegt bzw. beschlossen. Die bisher im Rahmen der GASP angenommenen Standpunkte beziehen sich vor allem auf das ehemalige Jugoslawien, auf Afrika, auf den Nahen und Mittleren Osten, sowie Zentralasien und Haiti. Die Gemeinsamen Aktionen bezogen sich vor allem auf Bosnien-Herzegowina, den Balkan, den Nahen Osten, Russland, sowie Afrika (Kongo, Ruanda, Südafrika).

2 Die interregionale Außenpolitik der EG/EU

Auf Grund des eigenen Erfolgskurses der regionalen Integration versucht die EU aktiv an der regionalen Gestaltung des internationalen Umfeldes mitzuwirken. Insbesondere hat die Europäische Union eine Außenpolitik entwickelt, die sich von der Außenpolitik der Staaten unterscheidet: die interregionale Außenpolitik. Schon nach den Gründerjahren in den fünfziger Jahren werden mit einer Gruppe ehemaliger Kolonien regionale Abkommen abgeschlossen. In den siebziger Jahren begann der euro-arabische Dialog. Dieser Dialog mündet in den so genannten Barcelona-Prozess ein mit der 1995 begründeten Europa-Mittelmeer-Partnerschaft zwischen der Europäischen Union und zehn Partnerstaaten (plus Israel und Syrien) aus dem östlichen und südlichen Mittelmeer. Diese „Euromed-Initiative" ist ein Programm für politische, ökonomische und kulturelle Kooperation, für die Finanzhilfen von 5,35 Mrd. Euro (2000-2006) vorgesehen waren; hinzukommen zinsgünstige Kredite im Umfang von 11,2 Mrd. Euro. Näher ins Auge gefasst sind die Bereiche Entwicklungshilfe, Liberalisierung und ökonomische Reformen. Die Initiative leidet allerdings unter dem alles überlagernden Nah-Ost-Konflikt. Nach den Abkommen in der Nördlichen Dimension (Ostsee-Anrainerstaaten) wurde der Stabilisierungs- und Assoziationsprozess in Südosteuropa mit 4,65 Mrd. Euro (2000-2006) eingeleitet, um die instabile Balkanregion zu befrieden und die regionale Zusammenarbeit zu fördern. Begonnen 1978, wurde 1992 ein interregionales Kooperationsabkommen mit der Gruppe Südostasiatischer Staaten ASEAN abgeschlossen, 1995 wurde mit dem südamerikanischen MERCOSUR ein *Framework Cooperation Agreement* ausgehandelt. Mit Zentralamerika gibt es den so genannten „San-José Dialog", mit den Andenstaaten den ministeriellen „Civil Society Dialog"; mit Ost- und Südostasiatischen Ländern werden seit 1996 im Zweijahreswechsel die Asien-Europa-Gipfeltreffen ASEM abwechselnd in Ostasien und Europa abgehalten (vgl. Abb. 10: EU-Abkommen weltweit). Mit den zwölf GUS-Staaten wurden Ende der neunziger Jahre Partnerschafts- und Kooperationsabkommen zur Unterstützung der politischen und wirtschaftlichen Transformationsprozesse geschlossen.

Die mit den ehemaligen Kolonien in Afrika, der Karibik und im Pazifik (2005: 78 Staaten) abgeschlossenen Assoziationsabkommen (EU-AKP) wurden in mehreren Verhandlungsrunden in Jaunde, Lomé und Cotonou abgeschlossen und hatten entwicklungspolitische Ziele, die durch regionale Kooperation und Integration erreicht werden sollten. Für die Periode 2000-2005 sind aus dem 9. Europäischen Entwicklungsfonds Zuschüsse in Höhe von 13,5 Mrd. Euro sowie Darlehen von 1,7 Mrd. Euro vorgesehen. Auch wenn es sich in der Mehrzahl um wirtschaftliche Kooperationen handelt, hat das europäische Integrationsmodell explizit oder implizit Modell gestanden. Mit diesen außenwirtschaftlichen und politischen Programmen qualifiziert sich die EU als ziviler Handels- und Industriestaat, der auch in nicht unbeträchtlichem Umfang Scheckbuchdiplomatie betreibt.[22]

Kulturell hat die Europäische Gemeinschaft mit der Errichtung europäischer Lehrstühle, sowohl innerhalb Europas als auch außerhalb, internationale Kulturpolitik betrieben. Innerhalb der Europäischen Union mit 25 Mitgliedsstaaten wurden knapp 600 solcher Lehrstühle eingerichtet; enthalten sind über 70 Lehrstühle in dem um 10 Staaten erweiterten Europa; hinzugerechnet waren auch die Kandidatenländer Türkei (4), Rumänien (4), und Bulgarien (2); außerhalb Europas gibt es knapp 30 auf Europa zentrierte Lehreinrichtungen (vgl. Tab. 4).

Europa wurde als ‚ziviler Handelsstaat' (Rosecrance 1986) bzw. als ‚Zivilmacht' (François Duchêne 1973) bezeichnet. Was ist unter ‚zivil' und was unter ‚Handelsmacht' zu verstehen und trifft diese Bezeichnung auf die EU zu?

Als in der Welt größter Exporteur kann die Europäische Union durchaus als Handelsmacht bezeichnet werden, mit dem Zusatz allerdings, dass nicht nur Handel (militärische Güter eingeschlossen), sondern auch industrielle Produktion das Bild prägt. Die 25 EU Mitglieder zusammengenommen bestreiten 38% des regulären Budgets der Vereinten Nationen und 50% des Budgets ihrer Spezialorganisationen. In der Entwicklungspolitik entfallen auf die EU 55% des VN Budgets und mit 40% des Gesamtbudgets auch zahlungskräftigster Unterstützer der VN Peacekeeping Missionen.[23] Mit jährlich 26 Mrd. Euro leistete die EU25 mehr als die Hälfte der gesamten ODA (Official Development Assistance) weltweit. Diese meist zivilen Beiträge qualifizieren die EU durchaus als ‚Zivilmacht'. Doch was wird darunter verstanden?

---

[22] Weitere regionale Abkommen wurden mit der SADC, der OAU/AU, ECOWAS, IGAD, SAARC, OSCE, EFTA, Council of Europe, der RIO-Gruppe, dem Golf Kooperationsrat abgeschlossen (vgl. de Flers/Regelsberger in Hill/Smith 2005: 317 ff.)
[23] Gareis, Sven Bernhard 2004: Europa in den Vereinten Nationen. In: Varwick, J. u. W. Knelangen (Hg.): Neues Europa – Alte EU?. Opladen: Leske & Budrich

2 Die interregionale Außenpolitik der EG/EU

Tabelle 4: Jean-Monnet Lehrstühle in Europa

Belgien	10	**Niederlande**	**28**
Bulgarien	2	Österreich	9
Dänemark	18	Polen	20
Deutschland	**61**	Portugal	20
Estland	1	Rumänien	4
Finnland	7	Schweden	7
Frankreich	**70**	Slowakei	1
Griechenland	**27**	Slowenien	1
Großbritannien	**102**	**Spanien**	**70**
Irland	20	Tschechische Republik	6
Italien	**51**	Türkei	4
Lettland	0	Ungarn	15
Litauen	4	Zypern	1
Luxemburg	0		
Malta	1		

Legende: EU-15: Abfrage über: http://europa.eu.int/comm/dg10/university/ajm/dbajmonn.html
Beitrittskandidaten: http://europa.eu.int/comm/education/programmes/ajm/ajm/directory_fr.html
Die fett gedruckten Zahlen geben die Jean-Monnet Stühle mit mehr als 25 an.

Unter ‚Zivilmacht' soll nach Maull eine Macht verstanden werden, die die Zivilisierung der internationalen Beziehungen verfolgt, d.h. über die Fähigkeit zur Umsetzung selbst gesteckter Ziele verfügt, die auf kooperative Sicherheit setzt, militärische Gewalt nicht als wichtigstes Mittel der Auseinandersetzung sieht, Konflikte in geregelte rechtliche Bahnen zu lenken versucht und sich an demokratischen Werten und nachhaltiger Entwicklung orientiert. Als Zivilmacht setzte sich die Europäische Union für Internationale Organisationen, vor allem die UNO, und internationale Regimes ein. Eine solche Zivilmacht sei nicht pazifistisch, sondern setzte militärische Mittel unter ganz bestimmten Bedingungen ein: zur Selbstverteidigung, sowie legitimiert durch den Sicherheitsrat der Vereinten Nationen oder durch ein System kollektiver Sicherheit wie der NATO. Ferner sollten Aktionen auf die eigene Region und ihre unmittelbare Nachbarschaft begrenzt bleiben. Ein Krisenmanagement außerhalb Europas gehöre nicht zu den prioritären Aufgaben der Union. Gemessen an diesen Kriterien für eine zivile Handelsmacht bzw. Zivilmacht kann die EU außenpolitisch und unter Berücksichtigung der formulierten Ziele und Strategien durchaus diesem Konzept zugerechnet werden. Der Kosovo-Einsatz im Rahmen der NATO wäre ebenso abgedeckt wie die außerhalb der Region Europa in Afghanistan stattfindenden Stabilisierungsbemühungen mit militärischem Personal. Die Verselbständigungsversuche im Rahmen einer eigenen Europäischen Sicherheits- und Verteidigungspolitik ESVP unabhängig von UNO und NATO würden von diesem Konzept nur bedingt erfasst werden.

2.1 Zusammenfassung der Entwicklung zur Gemeinsamen Außen-, Sicherheits- und Verteidigungsgemeinschaft

Die Entwicklung von der Europäischen Politischen Zusammenarbeit (EPZ) zur Gemeinsamen Außen- und Sicherheitspolitik (GASP) bzw. zur Europäischen Sicherheits- und Verteidigungspolitik (ESVP) lässt folgende Grundzüge erkennen:

1. Die Europäische Politische Zusammenarbeit begann als lockerer Zusammenschluss zur Kooperation im Außenbereich der EG. Im weiteren Verlauf wurde die EPZ immer stärker institutionalisiert und ist heute mit einem Sekretariat und einem dem Rat zugeordneten Hohen Repräsentanten (Generalsekretär) ausgestattet. Der anfängliche Erfolg der EPZ ist u.a. auch auf den flexiblen Charakter zurückzuführen.
2. Die Initiative hierzu ging von den neu an die Macht gekommenen Politikern in Deutschland und Frankreich aus. Außenpolitisch bestand die Notwendigkeit zur Koordination im Hinblick auf die anstehende Nord-Erweiterung sowie auf den anstehenden Helsinki-Prozess. Für die deutsche Politik unter der Brandt-Scheel-Regierung bildete der KSZE-Prozess den Rahmen für die Zusammenführung von West- und Ostpolitik. Das Klima der Entspannung, die 1975 mit der Unterzeichnung der Akte von Helsinki ihren Höhepunkt erreichte, war Voraussetzung für die Ostpolitik. Die Koordination mit der französischen Politik kam dem französischen Bestreben entgegen, die Vertiefung der EG vor der Erweiterung vorzunehmen.
3. Vorerst blieb die EPZ außerhalb des institutionellen Gefüges der EG parallel zu den vertraglich festgelegten Regeln. Im weiteren Verlauf wurden EPZ und EG immer stärker miteinander verzahnt; die Außenhandelspolitik, die nach dem EWG-Vertrag zur Kompetenz der Gemeinschaft gehört, bildet das Verbindungsglied zwischen beiden Zuständigkeitsbereichen. Mit dem Maastrichter Vertrag ist die EPZ in Gestalt der zweiten Säule integraler Bestandteil der Europäischen Union geworden. Die Fusion von EPZ und EU hat stattgefunden.

2 Die interregionale Außenpolitik der EG/EU

4. Die Entwicklung der EPZ zur GASP zeigt das Muster des europäischen Integrationsprozesses in aller Deutlichkeit auf: Sowohl die institutionelle als auch die materielle Entwicklung der europäischen Außenpolitik lassen den intergouvernementalen als auch ansatzweise den vergemeinschafteten oder supranationalen Ansatz erkennen.
5. In der ersten Phase der EPZ zeigt sich auch das spezifische Muster der EU-Außenpolitik: sie ist auch regionale multilaterale Politik, die zunächst im Rahmen der KSZE, dann im europäisch-arabischen Dialog geführt wurde und bis heute auf andere Regionen der Erde (Asien: EG- ASEAN (ASEM); Südamerika: EU- Mercosur; Afrika: EU-SADC) ausgeweitet wurde. Regionale Integration nach dem Muster der europäischen Integration ist das Ziel dieser außenpolitischen Aktivitäten der EU.
6. Die von Solana ausgerufene und gegenwärtig vorherrschende Strategie mit ihren drei Zielen der Unterstützung der Regierungsfähigkeit und der Stabilität von Staaten, des „effektiven Multilateralismus" und des Instrumenten-Mix aus militärischen und nicht-militärischen Mitteln kann erst dann den neuen Herausforderungen begegnen, wenn der gemeinsame Wille, diese umzusetzen, gegeben ist. Daran leiden aber die EU-Außen und -Sicherheitspolitiken. Als Zivilmacht bleibt die EU in Kriegsfällen auf die NATO bzw. die USA angewiesen; das Verhältnis ESVP-NATO bzw. EU-USA kann als Komplementarität der Mittel bezeichnet werden.
7. Auf die Frage nach der nach außen gerichteten Kennzeichnung des EU-Politiksystems reichen die Vorschläge von ‚zivilem Handelsstaat' (Rittberger) oder der ‚Zivilmacht' (Maull) bis zu ‚Weltmacht anderen Typs' (Verheugen), ‚kosmopolitischem Empire' (Beck) oder ‚sanfter Weltmacht'. Sie alle bringen zum Ausdruck, dass die EU sich nicht primär als militärischer Machtstaat versteht, sondern dem Wandel in den Internationalen Beziehungen nach dem Zweiten Weltkrieg folgend sich als integrierte Regionalmacht sieht, die die Erfolge ihres eigenen Zusammenschlusses zum Modell auch für andere Regionen machen will. Diese regional bestimmte Außenwirkung sieht in einem mulipolaren System die besten Chancen Frieden, Freiheit und Wohlstand zu erzeugen. Die Bedeutung als internationaler Handelspartner und die Unterstützung internationaler (Vereinte Nationen) und regionaler Organisationen in ihren friedenssichernden und auf Entwicklung gerichteten Aktivitäten qualifiziert die EU durchaus als ‚Weltmacht anderen Typs'.

2.2 Offene Fragen

Die Frage stellt sich, ob die Europäische Union den Herausforderungen gewachsen ist, die auf sie zukommen. In der Meinung der europäischen Bürger stehen als Herausforderungen an die Außen- und Sicherheitspolitik im Vordergrund: die Bekämpfung des Internationalen Terrorismus und der organisierten Kriminalität, der Umgang mit Massenvernichtungswaffen, Nuklearkatastrophen, ethnischen Konflikten in Europa, versehentlichem Abschuss von Nukleargeschossen, Weltkrieg, Krankheiten, etc.[24] Hierzu bedarf es eines gemeinsamen Willens und eines Instrumentariums, das die EU handlungsfähig macht. Während das Instrumentarium im Bereich der *soft politics* (Diplomatie) ausreichend vorhanden sein dürfte, sind die Instrumente der *hard politics* nur ansatzweise gegeben. Insbesondere ist der Wille zur Gemeinsamkeit in den intergouvernementalen Politikfeldern der Außen- und Sicherheitspolitik bzw. der Europäischen Sicherheits- und Verteidigungspolitik bisher wenig ausgebildet, wie der Fall des Irakkrieges 2003 gezeigt hat. Hier haben sich die Mitgliedstaaten teilweise dem amerikanischen Kriegseinsatz angeschlossen, so Großbritannien, Spanien, Italien und Polen, teilweise eine Beteiligung abgelehnt, wie Deutschland, Frankreich oder Belgien. Von einer gemeinsamen Außen- und Sicherheitspolitik ist Europa noch weit entfernt.

---

[24] Eurobarometer, Sondage no. 58, 1.Okt./Nov.2002

2 Die interregionale Außenpolitik der EG/EU   151

Abbildung 10: EU-Abkommen weltweit

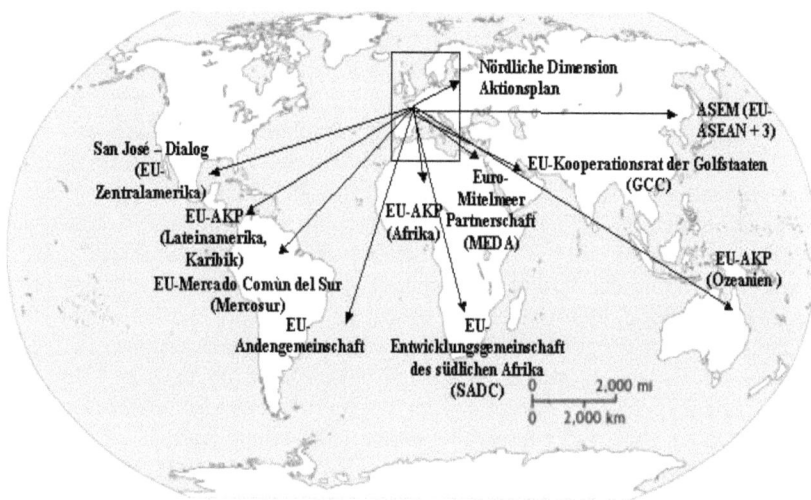

Abbildung 11: Jean-Monnet Lehrstühle außerhalb Europas

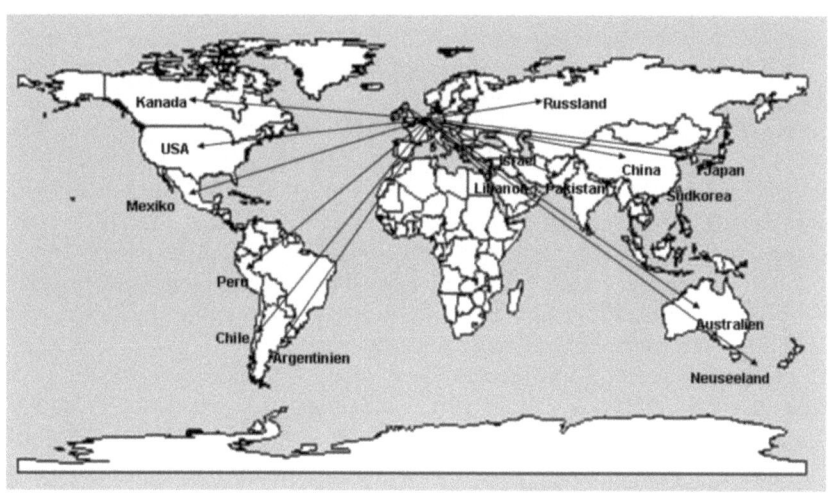

Quelle: http://europa.eu.int/comm/education/programmes/ajm/ajm/directory_fr.html (20.04.04)

3 Erweiterung

Nach der ersten Erweiterung in den siebziger Jahren (Großbritannien, Dänemark, Irland), der zweiten in den achtziger Jahren (Griechenland, Portugal, Spanien) und der dritten Erweiterung in den neunziger Jahren (Schweden, Finnland, Österreich) sind am 1. Mai 2004 in der vierten Erweiterungsrunde zehn neue Staaten aus Osteuropa und dem Mittelmeer aufgenommen worden. Malta und Zypern hatten bereits 1990 Beitrittsanträge gestellt, Polen und Ungarn sind 1994 nachgefolgt, danach Estland, Lettland, Litauen, Slowakei, Rumänien und Bulgarien 1995, Slowenien und die Tschechische Republik schließlich 1996. Europa-Abkommen wurden mit allen Kandidatenländern ab 1994 abgeschlossen, außer mit Malta, Zypern und der Türkei, mit denen Assoziationsabkommen in den sechziger und siebziger Jahren unterzeichnet wurden. Die Zahl der Unionsmitglieder ist damit 2004 auf 25 gestiegen. Im April 2003 waren die Beitrittsverhandlungen der EU mit Estland, Lettland, Litauen, Malta, Polen, Tschechien, Slowenien, Ungarn und Zypern mit Unterzeichnung der Verträge abgeschlossen. Potentielle Beitrittsstaaten sind die Türkei, die schon 1987 einen Antrag auf Aufnahme gestellt hat; die Aufnahme von Beitrittsverhandlungen wurde Ende 2004 beschlossen; mit Bulgarien und Rumänien ist die Europäische Union 2007 auf 27 Staaten angewachsen. Die nächsten Kandidaten sind neben Kroatien die westlichen Balkanländer Makedonien, Serbien und Albanien, so dass die Union auf über 30 Mitgliedländer wachsen würde. Die neuen Grenzländer nach Osten sind Russland, die Ukraine, Weißrussland und Moldawien. Mit ihnen müssten Sonderabkommen abgeschlossen werden, wie dies mit Russland bereits der Fall ist.

Mit diesen Erweiterungen und künftigen Erweiterungsplänen stößt das europäische Projekt an seine Grenzen. Der Erweiterungsschub 2004/7 ist nach Quantität und Qualität verschieden von allen Vorgängererweiterungen. Während bei den drei Erweiterungen zuvor jeweils drei neue Staaten hinzugekommen sind, wurden bei der vierten Erweiterung insgesamt zwölf neue Länder aufgenommen. Das einschneidende politische Ereignis des Endes des Ost-Westkonfliktes hat die Aufhebung der europäischen Spaltung möglich gemacht.

In Nizza wurden lediglich die Weichen für die Erweiterung gestellt. Handlungsfähiger wurde die Union durch die Beschlüsse von Nizza nicht. Die Union befindet sich nach fünfzig Jahren am Scheideweg ihrer Geschichte. Welche Folge hat die Erweiterung auf die Vertiefung? Schließt die Erweiterung die Vertiefung aus? Wie steht es um die Bürgernähe (building up), wie um die Transparenz und regionale Anbindung (building down), wie schließlich um die transnationalen Transaktionen (building across)? Kann die Parallelität von Erweiterung und Vertiefung, die die europäische Entwicklung bisher gekennzeichnet hat, aufrechterhalten werden oder wird aus widening weakening? Diese Fragen führen

3 Erweiterung

zunächst zur übergeordneten Frage nach den Kräften, die den Einigungsprozess kennzeichnen.

3.1 Welche Kräfte führen zu Integration?

Nach dem Ende des Zweiten Weltkriegs haben vor allem drei Kräfte den Integrationsprozess getragen: die Friedenssehnsucht, der Verlust der Weltstellung europäischer Staaten und das Streben nach Wiedererlangung einer bedeutenden Rolle in den internationalen Beziehungen, sowie die ökonomischen Notwendigkeiten größerer Märkte.

Bei einzelnen Staaten und Regionen haben zusätzlich noch weitere Motive eine Rolle gespielt: so bei den baltischen und anderen früheren Ostblockstaaten die Sicherung vor erneuter russischer Aggression, bei Irland die größere Unabhängigkeit von Großbritannien, bei den nordeuropäischen Staaten ihre historische Gemeinsamkeit, bei den ehemals diktatorischen südeuropäischen Staaten die Sicherung der Demokratie; nachbarschaftliche Affinitäten bzw. Aversionen und historische Erfahrungen mit diesen spielen damit auch eine nicht geringe Rolle. Darüber hinaus besitzen einige subnationalen Regionen noch eigene Motive für die Befürwortung des europäischen Integrationsprozesses: die Regionen Katalonien oder das Baskenland z.B. sehen in Brüssel ein neues Zentrum als Gegengewicht zur Madrider Zentrale.

Die in der Nachkriegszeit vorherrschenden Motive haben in der heutigen Zeit an Wirkung verloren: Für die in den Frieden Hineingeborenen ist Krieg kein existentielles Erlebnis und der Wunsch nach Frieden nicht mehr in dem Maße ausgeprägt wie in der Nachkriegszeit. Der Verlust der Weltstellung europäischer Staaten hat dazu geführt, dass einzelstaatliche Ambitionen an Gewicht verloren haben und die EU durchaus als *global player* wahrgenommen wird. Ökonomische Großmärkte sind sowohl durch die Erweiterung als auch durch Prozesse der Globalisierung entstanden und stellen keine Zwänge dar, die den europäischen Integrationsprozess beflügeln könnten. Heute wirksam sind jedoch die beiden letzteren Motive: das der politischen Geltung im globalen Maßstab und das wirtschaftliche Motiv des Zusammenschlusses ausgelöst durch regionalen Konkurrenzdruck (wirtschaftspolitischer Multilateralismus, Trilateralismus).

Einige generelle Thesen lassen sich hinsichtlich der Befürwortung bzw. Ablehnung tiefgreifenderer Integration formulieren:

- Der europäische Integrationsprozess ist in allen Ländern der Union vor allem von industriellen Verbänden unterstützt worden, und dies nicht nur in Ländern, die mehrheitlich positiv zur europäischen Integration eingestellt

waren, sondern auch in Ländern in denen dies nicht der Fall war, wie in Großbritannien oder Schweden.
- Die politische Klasse ist in den meisten Staaten verhaltener gegenüber einer vergemeinschafteten europäischen Außenpolitik, weil damit ein Verlust eigener Handlungskompetenz verbunden sein könnte; aus diesem Grund sind die Politikfelder Außen-, Sicherheits- und Verteidigungspolitik sowie die Justiz und der Innenpolitik (zunächst) intergouvernemental geblieben.
- Im Allgemeinen sind die Vorbehalte gegenüber vertiefter Integration umso stärker
  - je später Staaten der Gemeinschaft beigetreten sind;
  - je ausschlaggebender rein wirtschaftliche Motive für den Beitritt gesprochen haben;
  - und je stärker die nationale Kultur betont wird.
- Die Befürwortung ist im Allgemeinen umso ausgeprägter
  - je kleiner das Land ist und je stärker folglich der Wille der politischen Klasse, um mehr Gewicht in der Außenwelt zu erhalten;
  - je geringer das nationale Prestigedenken und je größer die Offenheit gegenüber Souveränitätstransfers;
  - und schließlich je föderaler das eigene nationale Politiksystem und daher die Vertrautheit mit Mehrebenensystemen ist.

Integrationsprozesse werden durch äußeren Druck und durch interne Zwänge begünstigt. Die internationalen Rahmenbedingungen waren nach dem Zweiten Weltkrieg durch den Ost-West-Konflikt, die regionalen und nationalen durch ökonomische Notwendigkeiten determiniert. Heute ist der Außendruck des Kalten Kriegs ersetzt worden durch Gefahren, die aus der Peripherie Europas stammen (Migration, islamischer Fundamentalismus) und die mit dem internationalen Terrorismus verbunden sind. Die Liberalisierungsprozesse haben Handelsvorteile erzeugt, die jedem einzelnen europäischen Staat mehr Aktionsspielraum bieten. Zunehmende regionale Handelskonkurrenz mit der Nordamerikanische Freihandelszone NAFTA (USA) und der Assoziation Südost Asiatischer Nationen ASEAN plus drei (Japan, China, Südkorea) und Südamerika mit dem Mercado Común del Sur (MERCOSUR) hat militärische Rivalitäten weitgehend abgelöst. Rivalisierende Machtpolitik ist durch konkurrierende Wirtschaftspolitik abgelöst worden. Im Gegensatz zu nationalem und subnationalem Regionalismus kann der internationale Regionalismus verstanden werden als ein Prozess, von „a limited number of states link[ed] by geographical relationship and by a degree of mutual interdependence" (Nye 1973: vii). Ein daraus resultierendes gemeinschaftliches Auftreten der EU-Mitglieder kann in internationalen Foren schon seit geraumer Zeit beobachtet werden.[25]

Solche regionale Handelskonkurrenz – die mit großer Sicherheit nicht gewaltsam ausgetragen werden wird – könnte als Vereinigungsvehikel des europäischen Zusammenschlusses nach außen dienen und zur Identifikation beitragen, wie dies schon die erste Erklärung zur europäischen Identität in den 70er Jahren zum Ausdruck brachte. In dieser 1973 von den Außenministern der damaligen EG verabschiedeten Kopenhagener Erklärung heißt es:

„In den Außenbeziehungen werden die Neun vor allem bemüht sein, ihre Identität im Verhältnis zu den anderen politischen Einheiten schrittweise zu bestimmen. Damit stärken sie bewusst ihren inneren Zusammenhalt und tragen zur Formulierung einer wirklichen europäischen Politik bei. Eine nähere Bestimmung der europäischen Identität macht es erforderlich, das gemeinsame Erbe, die eigenen Interessen, die besonderen Verpflichtungen ... zu erfassen."

Solche Gemeinschaftsinteressen sind erstmals im Rahmen des KSZE-Prozesses mit der Europäischen Politischen Zusammenarbeit EPZ zum Tragen gekommen, sowie im Rahmen von UN-Weltkonferenzen und bei Verhandlungen innerhalb des GATT/WTO.

Die Bundesregierung sieht in ihren „Zehn guten Gründen für die Erweiterung der EU am 1. Mai 2004" u.a. folgende Vorteile in der EU-Mitgliedschaft: der Binnenmarkt wächst, die kulturelle und geistige Vielfalt wird größer, die Sicherheit nimmt durch grenzüberschreitende Zusammenarbeit innerhalb des EU-Raums zu, Arbeitsplätze werden durch Steigerung der Exporte gesichert, das Reisen wird erleichtert, der Umweltschutz wird durch Übernahme der europäischen Standards verbessert, die stabile Währung gewinnt an Gewicht, und der Friede wird sicherer.

3.2 Integration und Integrationstheorien

Warum – ganz allgemein gefragt – schließen sich Gemeinschaften zusammen, welche Gründe sprechen für Vereinigung, welche für Trennung? Warum finden politische Entitäten zu unterschiedlichen Kooperationsformen wie zentralstaat-

---

[25] Eine viel losere Form der Integration bilden die „African Economic Community" (AEC), die „Asia Pacific Economic Cooperation" (APEC), der „Central American Common Market" (CACM), der „Caribbean Common Market" (CARICOM), der „Common Market for Eastern and Southern Africa" (COMESA), die „East African Cooperation" (EAC), die „Union Economique et Monétaire de l'Afrique de l'Ouest" (UEMOA), die „Southern African Development Community" (SADC) oder die „Organization of African Unity" (OAU).

lich, föderalistisch, supranational, als Allianz oder Union etc. zusammen oder trennen sich? Was sagt die Integrationstheorie aus über die Prozesse der Zusammenführung politischer Gesellschaften?

Der Überblick über die verschiedenen Erklärungs- und Verstehensversuche zur europäischen Integration zeigt ein Mosaik vielfältiger Ansätze, die komplexe Realität einzufangen und auf den Begriff zu bringen.[26] Dabei schließen sich die verschiedenen Ansätze keinesfalls aus; vielmehr beleuchten sie unterschiedliche Aspekte und Perspektiven, die sich bei all ihrer Widersprüchlichkeit ergänzen können und in verschiedenen historisch-politischen Perioden des Einigungsprozesses unterschiedliches Gewicht erhalten. Auch muss betont werden, dass nicht alle Theorieansätze Theorien im Sinne von Theorien mittlerer Reichweite sind, sondern sich nach dem Grad der Abstraktion und Intention unterscheiden. Expost-Erklärungen stehen neben ex-ante-Strategien, analytische Ansätze neben deskriptiven, erklärende neben verstehenden.

Die bekannteste und zu Varianten erweiterte *Funktionalismus- bzw. Neofunktionalismustheorie* (Mitrany, Haas, Ney) ist in der Lage, einige Prozesse zu erklären, die sich in der Realität vollziehen. Mitranys credo „form follows function", sein Konzept „from bottom to top" und die zunächst als automatisch erwarteten, dann in der neofunktionalistischen Variante modifizierten Übergreifeffekte (spill over) von wirtschaftlichen und technischen Gemeinschaftsaufgaben auf Politikbereiche wie Außenpolitik, Sicherheitspolitik, etc., halten dem Test mit den empirisch sich vollziehenden Vorgängen der „abgestuften Integration" stand. Ein solcher spill-over- Effekt von der wirtschaftlichen zur politischen Dimension der europäischen Integration hat sich bei der Entwicklung von der Kohle- und Stahlgemeinschaft zur Europäischen Gemeinschaft gezeigt sowie bei der Etappe von der Lösung der Finanzprobleme zur Einheitlichen Europäischen Akte Mitte der achtziger Jahre zur Europäischen Union. Die europäische Integrationsbewegung ist eine Erfolgsgeschichte auch der funktionalistischen Schule. ‚Welche Organisationsform ist am ehesten geeignet, bestimmte Aufgaben zu erfüllen?' lautet die Frage dieser Schule. Der Automatismus des spill over, d.h. des Überspringens von Prozessen technisch-ökonomischer Zusammenarbeit zur politischen Vereinigung wurde ersetzt durch bestimmte Bedingungen, die erfüllt sein müssen, damit aus einer Wirtschaftsgemeinschaft eine politische werden kann.

Mit historischem Bezug zur Bundesrepublik kann man sagen, dass das Erhardsche liberale Weltwirtschaftsmodell und das Adenauersche westeuropäische Politikmodell im funktionalistischen Ansatz konvergieren.

Der *Kommunikations- oder Transaktionsansatz* von Karl W. Deutsch fragt nach den Austauschbeziehungen zwischen verschiedenen Einheiten und schließt

---

[26] Vgl. Einen Überblick mit anderer Perspektive bieten H.-J. Bieling u. M. Lerch (Hrsg.) 2005

3 Erweiterung

aus der Dichte der Beziehungen auf das Integrationspotential. Es war jedoch nicht die Absicht des Autors, diesen Integrationsansatz auf solche Messgrößen zu reduzieren; sie dienen nur dazu, die Bedingungen „Relevanz der Teile zueinander", „Vereinbarkeit der Werte", „gegenseitige Ansprechbarkeit" und „gemeinsame Loyalität" operational zu bestimmen. Als Aufgaben einer Integration formuliert Deutsch die Erhaltung des Friedens, die Erlangung größerer Mehrzweckpotentiale, die Fähigkeit zur Lösung spezifischer Aufgaben und die Gewinnung eines neuen Selbstverständnisses und einer neuen Identität.

Nach Deutschs Messgrößen ist das Europa der EG zusammengewachsen. Die meisten Mitgliedsländer wickeln z.B. über 80 % ihres Handels untereinander ab. Die Messgrößen sind jedoch untauglich, um bei bewusster Ausgrenzungs- und Isolierungspolitik wie im Falle der beiden deutschen Staaten während des Ost-West-Konflikts das Vereinigungspotential abzuschätzen.

Der *Konstitutionalismusansatz* sieht in einem Verfassungssystem den Weg zu einer politischen Union. Der Wille zu einer einheitlichen Verfassung ist Grund für den Vereinigungsprozess, wie andererseits deren Regeln und Normen die Vereinigung befördern können. Dieser Wille ist aber eher das Ergebnis als der Grund eines solchen. Die Konstitutionalisten erwarten allerdings von einer Verfassung einen Vereinigungssog. Integration durch Verfassung kann als Motto dieses Ansatzes gelten. Ein europäischer *demos* könne Ergebnis als auch Voraussetzung zur Schaffung eines Europabürgers sein.

Diesem Ansatz war in der Frühzeit der europäischen Einigung u.a. auch der erste EWG-Präsident Walter Hallstein zugetan. In der Folge sind zahlreiche Verfassungen für einen europäischen Bundesstaat bzw. für eine Europäische Union vorgeschlagen worden, so am 14.2.1984 vom Europäischen Parlament, die aber eher Zielprojektion als Realitätserfahrung geblieben sind. Erst der Verfassungskonvent der EU hat 2003 einen Verfassungsvorschlag erarbeitet, der vom Europäischen Rat angenommen wurde.

Der *Föderalismusansatz* sieht in einer abgestuften Kompetenzverteilung und Aufgabenerledigung den geeigneten Weg für einen politischen Zusammenschluss. Die Übertragung von Souveränität von kleineren Einheiten auf größere und umgekehrt erfolgt nach dem Prinzip der Subsidiarität, wonach die jeweils übergeordnete Einheit Funktionen übernimmt, die die jeweils kleineren Einheiten nicht erfüllen können.

In Ansätzen liegt dieser theoretischen Integrationsvariante auch der Zusammenschluss zur EWG bzw. EG zugrunde (Regionalfonds, Sozialfonds etc) und wurde als Prinzip sowohl im EU- als auch im Verfassungsvertrag festgeschrieben (vgl. Teil II., 7. Föderalismus).

Die *Nationalismusliteratur* sieht in den Gemeinsamkeiten verschiedener Teile (Regionen, Provinzen, Staaten) das Vehikel für die Vereinigung. Je mehr historische, kulturelle, sprachliche, ethnische, religiöse etc. *Gemeinsamkeiten* vorhanden sind, umso reifer sind solche Teile für eine Vereinigung. Zwar gibt es auch Beispiele, die scheinbar quer zu solchen Bestimmungsgründen zu liegen scheinen, wie z.b. die Schweiz;[27] solche Strukturindikatoren müssen jedoch zusammen mit entsprechenden *Willensäußerungen* gesehen werden. Struktur- und Verhaltensvariable müssen eine Einheit bilden, damit der Prozess der Vereinigung ausgelöst werden kann. Nationalismus und Patriotismus im Sinne des „Gefühls der nationalen Zusammengehörigkeit", der gemeinsamen Geschichte als einer Erinnerung an „kollektive Gefühle des Stolzes und der Scham, der Freude und des Leides" (John Stuart Mill) haben sich als außerordentlich tragfähig erwiesen und wurden in den funktionalistischen Ansätzen unterbewertet.

Schließlich können *rational choice* und *konstruktivistische Ansätze* in Kombination das Erweiterungshandeln plausibel machen. Der durchaus in West und Ost vorhandene europäische Gemeinschaftsgeist hat die Osterweiterung beflügelt und fiel mit nationalen Interessen zusammen. Die reziproke Interaktion von der Idee Europa und den Nationalinteressen hat die Erweiterung möglich gemacht (vgl. Schimmelfennig 2001, Krell 2003).

Die genannten theoretischen Ansätze unterscheiden sich hinsichtlich ihrer theoretischen Reichweite und historischen Konkretisierbarkeit. Sechs weitere Gründe für staatliche Zusammenschlüsse lassen sich nennen:

1. Ein wichtiger Grund für den Zusammenschluss von Gemeinschaften oder Staaten liegt in der tatsächlichen oder angenommenen *Bedrohung* von außen. Gefahr eint, heißt die Kurzformel dafür. Der westeuropäische Integrationsprozess nach 1948 ist Resultat einer solchen Perzeption, ebenso wie die Zusammenschlüsse in Osteuropa (Kalter Krieg). Kurz, es ist der Zwang durch Außendruck, sich zusammenzuschließen.
2. Ein weiterer Vereinigungsgrund ist die *Erwartung ökonomischer Vorteile.* Der Deutsche Zollverein kennt dieses Motiv ebenso wie die EWG oder die EFTA. Art. 2 des EWG-Vertrags formuliert als Ziel „eine beständige und ausgeglichene Wirtschaftsausweitung, eine erhöhte Stabilität, eine beschleunigte Hebung der Lebenshaltung und engere Beziehungen zwischen den Staaten". Wohlstand und Friede sind somit seit Adam Smith's und David Ricardos Zeiten internationaler Freihandelslehre die angenommenen Werte ökonomischer Liberalisierung. Die enger gewordene wirtschaftliche Verflechtung der EG-Staaten gibt diesen Erwartungen Ausdruck.
3. *Die politische Schwäche* gegenüber anderen (Staaten) ist ein weiteres Motiv für einen Zusammenschluss. „Europa [kann] durch gemeinsames Handeln weitaus mehr erreichen, als es seine Mitglieder getrennt vermögen" sagte

---

[27] Bei allem Trennenden in Sprache, Kultur etc. ist der Schweizer Gesamtstaat aber in den regionalen/kantonalen Diskursen präsent.

der britische Außenminister Carrington 1980 in einer Rede in Hamburg. Das Gewicht der USA und der SU hat im Europa der Nachkriegszeit das Gefühl der Ohnmacht gegenüber den aufkommenden Supermächten hervorgebracht, das durch einen Zusammenschluss ausgeglichen werden könne. Es ist der Zwang, Schwäche durch Zusammenschluss auszugleichen.
4. Zusammenschlüsse funktionieren, wenn Gemeinsamkeiten vorhanden sind, die es *gegenüber anderen abzugrenzen und zu verteidigen* gelte. Das „Abendland" als ein kultureller Wertbegriff war eine Vision der europäischen Gründungsväter Adenauer, Schuman und DeGasperi, die im übrigen aus Grenzregionen ihrer jeweiligen Länder stammten (Rheinland, Lothringen und Südtirol). Deutsch war gemeinsame Verständigungssprache. Als Wertegemeinschaft von Demokratie, Menschenrechten und liberaler wirtschaftlicher Vernunft sah man sich dem Gegner Kommunismus gegenüber, der durch die Politik Stalins nach Westen expandierte. Die Gemeinsamkeit in Geschichte, Sprache, Brauchtum, Religion, Ethnien etc. sind u.a. Faktoren für nationale Zusammenschlüsse. Im internationalen Bereich sind die Bezugs- bzw. Vergleichspunkte größere Einheiten wie „zivilisiert" und „barbarisch" oder „entwickelt" und „unterentwickelt".
5. Ein klassisches Motiv von Vereinigungen war das der mehr oder weniger erzwungenen *Beherrschung und Domination.* Die europäische Geschichte der Neuzeit ist bestimmt von diesem Motiv. Frankreich, Österreich (Habsburg) oder Schweden versuchten, Europa zu beherrschen ebenso wie Napoleon, Hitler oder Stalin. Demgegenüber ist das Europa der EU intern nicht hegemonial organisiert.
6. Historisch wirksam geworden ist ein nicht per se wissenschaftliches, sondern vielmehr politisch-strategisches Konzept der Vereinigung in Gestalt der *Magnettheorie,* die, so scheint es, zuerst von dem amerikanischen Publizisten Alsop als „magnetische Anziehungskraft des Westens" beschrieben und von George Kennan als Containment praktiziert wurde. Am 31. Mai 1947 sagte Schumacher vor den Spitzengremien seiner Partei: „Man muss soziale und ökonomische Tatsachen schaffen, die das Übergewicht der drei Westzonen über die Ostzone deklarieren. Die Prosperität der Westzonen, die sich auf der Grundlage der Konzentrierung der bizonalen Wirtschaftspolitik erreichen lässt, kann den Westen zum ökonomischen Magneten machen. Es ist realpolitisch vom deutschen Gesichtspunkt aus kein anderer Weg zur Erringung der deutschen Einheit möglich als diese ökonomische Magnetisierung des Westens, die ihre Anziehungskraft auf den Osten so stark ausüben muss, dass auf die Dauer die bloße Innehabung des Machtapparates dagegen kein sicheres Mittel ist," (nach Abelshauser 1979: 666). Konrad Adenauer hat diese Strategie als Politik der Stärke eingesetzt. Erst aus einer Position der Stärke heraus könne mit den Sowjets verhandelt wer-

den, nur ein integrierter Westen könne Druck auf die Sowjetunion ausüben und somit Konzessionen in der Frage der Wiedervereinigung erlangen. Die Sowjetunion, so Adenauer damals, habe sich innenpolitisch wie weltpolitisch übernommen und könne bei vorhandener Stärke zur Aufgabe der DDR bereit sein (Adenauer 1966: 87f). Aus heutiger Sicht kann man sagen, dass diese strategische Theorie die Umbrüche in Osteuropa noch am ehesten prognostiziert hat, auch wenn man davon ausgehen kann, dass keiner der Autoren an einen Zusammenbruch der sozialistischen Regimes von innen heraus gedacht hatte. Die Schwäche der damaligen Sowjetunion kann auch im Sinne der von Paul Kennedy konstatierten Überdehnung interpretiert werden (vgl. Kennedy 1987).

3.3 Hemmnisse, durch Erweiterung bedingt

Neben den in Teil II., 8. (Effizienz) genannten organisationssoziologischen und -politischen entscheidungshemmenden Faktoren, die durch die schiere Gruppengröße hervorgerufen werden, ergeben sich weitere durch die Erweiterung bedingte Hemmnisse der Vereinigung zu einer politischen Union. Dabei spielt die Gleichwertigkeit der sich vereinigenden Teile eine Rolle, ebenso wie die unterschiedlichen historischen Erfahrungen und die damit zusammenhängende Identitätsfindung.

3.4 Nyes Theorie der Symmetrie oder wirtschaftlichen Gleichwertigkeit

Ein Grundsatz bei Integrationsprozessen lautet, dass sich vergleichbare Größen der sich vereinigenden Teile positiv auswirken auf das Gedeihen einer Gemeinschaft; die „Symmetrie oder wirtschaftliche Ebenbürtigkeit der Einheiten", für die Joseph S. Nye eine Obergrenze von 5:1 im Verhältnis der Pro-Kopf-Einkommen des Reichsten und des Ärmsten Staates ansetzt, gilt neben anderen Faktoren als notwendige Voraussetzung für das Gelingen einer Integration. (Nye 1973: 204). Nye wies nach, dass nur diejenigen Entwicklungsländer einen Integrationsgrad von 20 % ihres Handelsvolumens erreichten, bei denen die Differenz zwischen dem größten und dem kleinsten Staat ausgedrückt in BIP weniger als 2.5:1 betrug (Nye 1973: 77-79).

Für die osteuropäischen Länder kann davon ausgegangen werden, dass die Differenz der Einkommen innerhalb der angenommenen Marge von 5:1 liegt. Ausgehend von diesen Beobachtungen weist das „alte" Europa der 15 ein Verhältnis von 81:1 zwischen dem größten (Deutschland) und dem kleinsten (Luxemburg) Land gemessen in absoluten Ziffern des Bruttoinlandsprodukts aus

3 Erweiterung 161

(2005). Gemessen mit dem Pro-Kopf-Einkommen verhält sich das reichste (Luxemburg) und das ärmste (Portugal) nur wie 3:1. Das „Neue" Europa mit 27 Mitgliedsstaaten zeigt 2007 jedoch ein anderes Bild. Nach absoluten Größen des Bruttosozialprodukts ist das Verhältnis zwischen dem größten (Deutschland) und dem kleinsten (Malta) etwa 300:1. Mit den Zahlen für das Pro-Kopf-Einkommen wird das Verhältnis 8:1.Beide Zählgrößen ergeben somit eine doppelte Diskrepanz zwischen dem größten (reichsten) und dem kleinsten (ärmsten). Mit dem Wohlstandsindikator Pro-Kopf-Einkommen erreicht die Erweiterung das obere Limit dessen, was zu einer erfolgreichen Vereinigung notwenig wäre, ganz zu schweigen von der Mitgliedschaft Rumäniens, Bulgariens oder der Türkei. Die Vorgaben für wirtschaftliche Gleichwertigkeit verschlechtern sich erheblich über das Maß dessen hinaus, was nach Nyes Berechnungen zulässig wäre.

Hinzurechnen müsste man die Größenverhältnisse der Teilgebiete. So war der Föderalismus z.B. in der Weimarer Republik von Preußen dominiert, und dies wurde von den kleineren Ländern nicht immer positiv aufgenommen; die Länder der Bundesrepublik sind schon gleichgewichtiger. Ganz ausgeglichen in ihrer größenmäßigen Zusammensetzung waren und sind die wenigsten föderierten oder assoziierten Zusammenschlüsse. Die OAS hat die Führungsmacht USA und ist in einem labilen Gleichgewicht; die zahlreichen Unionsbildungen in der arabischen Welt der 50er und 60er Jahre sind u.a. am nicht akzeptierten Übergewicht eines der Staaten (meist Ägypten) gescheitert; die Arabische Liga oder die OAU/AU sind ohne vorherrschendes Zentrum und in sich stark zerstritten; Vereinigungen mit gleichgewichtigen Partnern sind nicht unbedingt stabiler; entscheidend ist, wie sich eine Zentralmacht verhält und welche Rechte die Mitglieder haben.

3.5 Unterschiedliche historische Erfahrungen

Der westliche und der östliche Teil Europas haben unterschiedliche historische Erfahrungen im Übergang von autoritären/totalitären Systemen zur Demokratie gemacht. Die Regimewechsel von 1945 können nur bedingt mit denen nach 1989 verglichen werden. Während nach dem zweiten Weltkrieg der Nationalismus in Westeuropa weitgehend obsolet geworden war und die Staaten sich transnationaler Orientierung öffneten, bildete der Nationalismus in postkommunistischen Systemen eine neue Identifikation, nachdem der proletarische Internationalismus unter sowjetischer Vorherrschaft nach 1989 obsolet geworden war. Der frühere Sicherheitsberater der USA Zbigniew Brzezinski spricht im Hinblick auf Osteuropa von einem „postkommunistischen Nationalismus".

Der Westen öffnete sich transnational weg vom aggressiven Nationalismus, der Osten ging den umgekehrten Weg, weg vom sozialistischen Internationalismus hin zum nationalen Patriotismus. Das europäische Haus mit offenen Türen und Fenstern ist auf dieser Basis nicht zu errichten. Die für die Integration erforderliche Öffnung nationaler Gemäuer ist für die europäische Integration unabdingbar. Bisher haben sich jedoch diese unterschiedlichen historischen Erfahrungen in West- und Osteuropa nicht negativ auf den Integrationsprozess ausgewirkt.

3.6 Verlust der Identität

Sollte sich die Gemeinschaft in dem vorgesehenen Umfang um mehr als 30 Staaten erweitern, würde sich deren Charakter qualitativ verändern. Die zuvor genannten Gesetzmäßigkeiten würden dann eintreffen. Den Befürchtungen gegenüber Stillstand oder gar Rückentwicklung steht allerdings entgegen, dass bei jedem Aufnahmeland die Gewähr des *acquis communautaire*, also des Grundbestandes des bisher Erreichten, gegeben sein muss. Aus den europäischen Verträgen und Beschlüssen des Rates gehen die Aufnahmeverpflichtungen hervor. Die Normen hierfür sind vor allem in den Kopenhagener Kriterien aufgelistet. Das Demokratiegebot und die Achtung der Menschenrechte und Grundfreiheiten, sowie die Festlegung auf die politische Union sind als politische Forderungen genannt; daneben beziehen sich die ökonomischen Forderungen auf die Marktwirtschaft und auf die Wirtschafts- und Währungsunion. Die Evaluierungen der Kommission haben auf die Einhaltung dieser Prinzipien geachtet.

Die europäische Identität wurde von einigen Politikern zu definieren versucht. So betonte der frühere französische Premier Lionel Jospin in seiner Rede vom 28. Mai 2001 unser „savoir vivre" und meinte damit auch „eine eigene Art und Weise zu handeln, die Freiheit zu verteidigen, Ungleichheit und Diskriminierung zu bekämpfen, die Arbeitsbeziehungen zu organisieren, Zugang zu Bildungseinrichtungen und medizinischer Behandlung zu garantieren und mit der Zeit umzugehen." Europa sei mehr als ein Markt und Europa stehe für ein Gesellschaftsmodell mit eigener Geschichte. „Europa", so Jospin weiter, „ist eine Zivilisation, die eine bestimmte geographische Bedeutung hat, eine gemeinsame Geschichte, eine integrierte Ökonomie, eine menschliche Gemeinschaft und verschiedenen Kulturen, die zugleich eine gemeinsame Zivilisation bilden." In diesem Sinne bestimmt die „Charta der Europäischen Identität" Europa als eine Schicksalsgemeinschaft, eine Wertegemeinschaft, eine Lebensgemeinschaft, eine Wirtschafts- und Sozialgemeinschaft, sowie eine Verantwortungsgemeinschaft.[28]. Václav Havel charakterisierte die Europäische Union folgendermaßen:

---

[28] Europa-Union Deutschland: Charta der Europäischen Identität, 28. Oktober, 1995 http://www.europa-web.de/europa/02wwswww/203chart/chart_gb.htm:

3 Erweiterung

„Die Europäische Union beruht auf einem großen Ensemble zivilisatorischer Werte, deren Wurzeln zweifellos auf die Antike und das Christentum zurückgehen und die sich durch zwei Jahrtausende hindurch zu der Gestalt entwickelt haben, die wir heute als Grundlage der modernen Demokratie, des Rechtsstaats und der Bürgergesellschaft begreifen."[29] Hinsichtlich der Entwicklung einer kulturellen Identitätsfindung können die fünf Elemente angegeben werden, die ich oben beschrieben habe.[30] In einem längeren Prozess von Bildung und Ausbildung können diese Elemente belebt werden.

Jede Erweiterung kann eine Aufweichung des Status quo bedeuten (widening means weakening). Ein Interesse an der Erweiterung haben daher zum einen solche Länder, deren Grundüberzeugung eher zu einer Freihandelszone tendiert. Staaten, die wie Großbritannien oder Dänemark dem Aufbau einer politischen Union reserviert gegenüberstehen, können die Erweiterung zur Abwehr allzu nachhaltiger Integrationsschritte instrumentalisieren. Die politische Union wird von solchen Staaten befürwortet, die sich davon mehr Sicherheit und erweiterten Wirkungskreis nach innen und außen versprechen.

3.7 Was bedeutet die Erweiterung? Fakten und Folgen

1. Die Erweiterung um zehn Staaten hat am 1.5.2004 stattgefunden. Dies ist die vierte Welle der Erweiterung, die sich von den Vorgängererweiterungen dadurch abhebt, dass es sich um bedeutend mehr unterschiedliche Staaten handelt und erstmals West- und Osteuropa zusammenführt. Damit ist die Nachkriegsspaltung des Kontinents überwunden und der Forderung des spiritus rector, Robert Schuman, Rechnung getragen, der sagte: »Nous devons faire l'Europe non seulement dans l'intérêt des peuples libres, mais pour pouvoir y recueillir les peuples de l'Est qui, délivrés des sujétions qu'ils ont subies jusqu'à présent, nous demanderaient leur adhésion et notre appui moral.«
2. Die Erweiterung wurde durch zwei historische Ereignisse möglich gemacht, nämlich durch die friedliche Revolution von 1989 und durch die Auflösung des kommunistischen Sowjetreiches und die Beendigung des Kalten Kriegs.
3. Die 12 Länder, die der Union beigetreten sind, verfügen über ein Pro-Kopf-Einkommen, das weit unter dem der 15 EU-Staaten liegt (siehe Tabelle 5). Die Differenz zwischen dem reichsten und dem ärmsten Land der EU-15 beträgt 1 (Portugal) zu 3 (Luxemburg); in der EU-27 liegt die Differenz bei

---

[29] Ebenda und Havel 1995
[30] Vgl. auch F.Pfetsch: 2000, August, Nr.8. 55.Jahrg. 45-52. Frank R. Pfetsch: 2001, 113-132

1 (Bulgarien) zu 8 (Luxemburg). Die Schere erweitert sich, wenn die Türkei beitreten sollte auf 1:9.

4. Die Erweiterung bedeutet, dass das Territorium um 25,6%, die Bevölkerung um 21,5% und das Bruttosozialprodukt um 11,3% gewachsen ist, (siehe Tabelle 5); die Osterweiterung bringt für die EU mehr Diversität; die offiziell zugelassenen Sprachen sind von 11 auf 23 angewachsen[31]. Die erweiterte Gemeinschaft besteht aus sechs großen Mitgliedsstaaten (Deutschland, Frankreich, Großbritannien, Spanien, Polen, Italien), 16 kleineren und drei Kleinststaaten (Luxemburg, Malta, Zypern). Für Europa bringt die Osterweiterung mehr Sicherheit und Stabilität; die Zone des Friedens wird um ein beträchtliches Territorium erweitert. Das Gravitationszentrum der EU wurde weiter nach Osten verlagert.

5. Die Union erbt einige Grenzkonflikte (wie die zwischen Ungarn und der Slowakei), einige Minoritätenkonflikte (russische Minderheiten in den Baltischen Staaten), sowie die Teilung Zyperns in einen griechischen und einen türkischen Teil. Die EU hat es bisher nicht vermocht, die Teilung der Insel vor Aufnahme von Verhandlungen mit der Türkei zu überwinden.

6. In Prozessen des „building down" (Regierungshandeln), des „building up" (demokratische Öffnung) and des „building accross" (Erweiterung) hat sich das europäische Projekt ausgebildet. Drei Strategien lassen sich bei den Mitgliedstatten erkennen: Erweiterung vor Vertiefung, Vertiefung vor Erweiterung sowie Erweiterung und Vertiefung zur gleichen Zeit. Diese Prozesse sind miteinander verbunden. Die historische Erfahrung lehrt, dass bisher jede Erweiterung auch mit einer Vertiefung verbunden war.

7. Der europäische Integrationsprozess kennt unterschiedliche Geschwindigkeiten: die Union blickt auf 30 Jahre Erweiterung zurück, zur Bildung der Wirtschafts- und Währungsunion bedurfte es 30 Jahre von der Idee, die mit dem Werner-Plan von 1969 begann bis zur Realisierung in den 90er Jahren. Der erste Entwurf zu einer europäischen Verfassung wurde schon in den 50er Jahre konzipiert und erst nach 50 Jahren, zumindest vorläufig, durch Beschluss des Rats und des Parlaments realisiert.

8. Die Vision der ‚Vereinigten Staaten von Europa' wurde schon Jahrhunderte zuvor ausgesprochen und stand bei den Europapolitikern der ersten Stunde Pate. Die Umsetzung dieser Vision wurde allerdings eher von pragmatischen Realisten unter gänzlich anderen historischen Gegebenheiten vorgenommen. „Visionen", so ein Pragmatiker wie Jacques Delors, „entstehen

---

[31] 23 Amtssprachen: Litauisch, Ungarisch, Maltesisch, Polnisch, Slowenisch, Slowakisch, Dänisch, Deutsch, Griechisch, Spanisch, Französisch, Italienisch, Niederländisch, Portugiesisch, Finnisch, Schwedisch, Englisch, Tschechisch, Estnisch, Lettisch, Rumänisch, Bulgarisch und Gälisch.

3 Erweiterung

nicht im luftleeren Raum ... [und] sind keine Utopien, sondern sie sind mit feinen Bleistiften weiter gezeichnete Gegenwart."[32]

9. Eine Kritik der Euroskeptiker macht sich an dem vermeintlichen Brüsseler Wasserkopf fest. Fest steht, dass zu den 34800 (2003) Planstellen in den EU-Behörden in den nächsten vier Jahren 6300 hinzukommen, wobei der größte Teil in den Sprachendienst (23 statt bisher 11 Sprachen) fließen wird. Die Verwaltungsausgaben beliefen sich 2003 auf knapp 4,6 Milliarden Euro oder 4,5 Prozent des EU-Haushalts und sollen um 800 Millionen Euro erhöht werden. Damit belaufen sich die Verwaltungskosten der EU auf eine Höhe wie die einer Großstadt.

10. Das oft zu hörende Argument, dass die Erweiterung den „alten" EU-Ländern hohe Kosten aufbürden wird, muss in Relation zu anderen Größen gesehen werden. Die Kommission hat für die Jahre 2004-2006 insgesamt rund 40 Mrd. Euro erweiterungsbedingte Verpflichtungen angesetzt. Pro Jahr sind dies ca. 13 Mrd. Der EU-Haushalt betrug im Jahre 2003 rund 100 Mrd. Euro, d.h. der EU-Haushalt wird mit ca. 13% belastet. Gemessen daran und vor allem in Relation zu den 1250 Mrd. Euro, die die Bundesrepublik seit der Vereinigung in die fünf neuen Bundesländer transferiert hat, sind die 40 Milliarden keine allzu hohe Belastung, ganz zu schweigen von dem Effekt, der mit solch geringen Zahlungen erzeugt werden kann. Im Übrigen sind in den Beitrittsverträgen die Übernahme des gemeinschaftlichen Besitzstandes und zeitlich befristete Übergangsbestimmungen z.B. in den Bereichen Agrarpolitik, Arbeitnehmerfreizügigkeit, Kapitalverkehr und Umwelt festgeschrieben.

11. In der Vergangenheit hat sich das europäische Institutionensystem mit seiner Mischung aus supranationalen und intergouvernementalen Elementen in Krisenzeiten als sehr robust erwiesen. Die Gemeinschaftsorgane Kommission, Parlament und Gerichtshof waren Motoren der Integration und Garanten der Stabilität des EG/EU-Systems. Sie machen den Einigungsprozess unumkehrbar.

12. Ökonomisch dominiert von Beginn an die liberale oder neo-liberale Freihandelsdoktrin. Zusammen mit Prozessen der Globalisierung hat, in die gleiche Richtung wirkend, die Europäisierung den Wettbewerb gesteigert und wirtschaftlichen Wohlstand erzeugt. Gleichzeitig ist – und damit verbunden, ja sogar ausgelöst – die soziale Frage wieder akut geworden. Zwar gibt es eine europäische Wirtschaftspolitik, aber keine europäische Sozialpolitik. Das deutsche Konzept der „sozialen Marktwirtschaft" verlangt die Parallelität von Wirtschafts- und Sozialpolitik. Die sozialen Auswirkungen der Liberalisierung bleiben bei den Einzelstaaten hängen.

---

[32] Jacques Delors: Geleitwort. In: Die Europäische Union hrsg. von D. Herz. Frankfurt/Main: Fischer 1999, S.13

Tabelle 5: Topographische, demographische und ökonomische Indikatoren

Land	Fläche in qkm 2003	Bevölkerung in Mio. 2005	Erwerbslosenquote in % 2005	Inflationsrate in % Vorjahr 2005	BIP pro Kopf, PPS 2005	BIP, PPS, in Mrd. 2005
Belgien	30.518	10,446	8,4	2,5	27600	298,1
Dänemark	43.094	5,411	4,8	1,7	29100	157,9
Deutschland	357.030	**82,501**	9,5	1,9	25600	**2115,0**
Griechenland	131.626	11,083	**9,8**	3,5	19200	213,2
Spanien	504.790	43,038	9,2	3,4	23100	1003,8
Frankreich	**543.965**	62,519	9,7	1,9	25500	1600,2
Irland	70.273	4,109	**4,3**	2,2	32299	133,8
Italien	301.333	58,462	7,7	2,2	24100	1409,0
Luxemburg	**2.586**	**0,455**	4,5	**3,8**	58100	**26,6**
Niederlande	33.873	16,306	4,7	1,5	29100	475,3
Österreich	83.859	8,207	5,2	2,1	28700	236,4
Portugal	91.906	10,529	7,6	2,1	**16700**	176,5
Finnland	304.529	5,237	8,4	**0,8**	26600	139,5
Schweden	410.934	9,011	7,8	**0,8**	26900	242,6
UK	243.820	60,06	4,7	2,1	27300	1645,2
EU 15	Total 3.154.136	Total 387,370	Durchschnitt 7,1	Durchschnitt 2,2	Durchschnitt 27993,3	Total 9873,1
Tschechien	78.860	10,221	7,9	**1,6**	17300	177,1
Estland	45.228	1,348	7,9	**4,1**	14100	19
Zypern	9.251	0,749	**5,3**	2	**19500**	14,8
Lettland	64.589	2,306	8,9	6,9	**11100**	25,5
Litauen	65.300	3,425	8,3	2,7	12200	41,7
Ungarn	93.029	10,098	7,2	3,5	14400	145,3
Malta	**316**	**0,403**	7,3	2,5	16300	**6,6**
Polen	**312.685**	**38,174**	17,7	2,2	11700	**445,5**
Slowenien	20.273	1,998	6,5	2,5	18900	37,8
Slowakei	49.035	5,385	16,3	**2,8**	12900	69,5
Die neuen Zehn	Total 738.566	Total 74,110	Durchschnitt 9,33	Durchschnitt 3,08	Durchschnitt 14840	Total 982,8

3 Erweiterung

Zuwachs von 15 auf 25	23,42%	19,13%				9,95%
EU 25	Total	Total	Durchschnitt	Durchschnitt	Durchschnitt	Total
	3.892.702	461,481	8,0	2,5	22732	10.855,9
Bulgarien	238.391	7,761	10,1	5,0	7500	58,2
Rumänien	110.993	21,659	7,7	9,1	8100	176,0
EU 27	Total	Total	Durchschnitt	Durchschnitt	Durchschnitt	Total
	4.242.086	490,901	8,1	2,9	21626	11.090,2
Zuwachs von 25 auf 27	8,98%	6,38%				2,16%

Quelle: http://ec.europa.eu/dgs/education_culture/allprogrammes/index_en.html

13. An den bis heute geltenden Beschlüssen von Nizza zur Erweiterung sind aus der Sicht der Integrationisten zahlreiche Defizite festzustellen (vgl. Neunreither 2000):
    - Die Festlegung der Zahl der Kommissare bis 27 Mitgliedsstaaten nach der Formel je einen Kommissar pro Land macht die Union entscheidungsschwerfällig. Statt der Vertragsvorgabe, dass die Kommissare nicht nationalen Interessen, sondern europäischen verbunden sein sollen, hat sich in Nizza eher nationaler Egoismus durchgesetzt.
    - Die Gewichtung der Stimmen im Rat ist nicht nach dem Repräsentationsprinzip vorgenommen worden. Proportionale Repräsentation, entsprechend der zu vertretenden Bürger in den einzelnen Ländern geht nicht in die Berechnung der Formel für die qualifizierte Mehrheit ein. In der ursprünglichen Europäischen Gemeinschaft war die Stimmengewichtung zwischen den großen Drei und den kleineren Staaten ausbalanciert worden – Deutschland, Frankreich und Italien mit jeweils vier Stimmen, die kleineren Staaten hatten insgesamt fünf Stimmen, wobei sie lediglich 25 Millionen Menschen repräsentierten. Während die großen Gründerstaaten, Deutschland und Frankreich zusammengenommen 47% der Stimmen auf sich vereinigten, ist ihr Anteil auf lediglich 16.8% im Europa der 27 gesunken. Hinzukommt, dass der dreistufige Prozess (Mehrheit der Stimmen, Mehrheit der Staaten, Mehrheit der Bevölkerung) qualifizierter Mehrheitsabstimmung viel zu kompliziert und schwerfällig ist, um zu effizienten Entscheidungen zu kommen.
    - Wichtige Politikfelder wie Migration, Steuern, Asyl, Visa, Sozialpolitik, Außenhandel verlangen Einstimmigkeit. Nach EG-Vertrag gehört die Außenhandelspolitik zur Gemeinschaftspolitik; dennoch wurden wichti-

ge Bereiche wie die Dienstleistungen und das intellektuelle Eigentum intergouvernemental geregelt, können also von einem Land blockiert werden. Der Übergang zum Mehrheitsbeschluss wurde z.b. beim Kohäsionsfond auf Januar 2007 vertagt. Jedes Land mit Nettobezügen hält damit eine Vetoposition und wird diese schwerlich aufgeben wollen.
- Das Parlament der EU hat in Nizza keine zusätzlichen Kompetenzen erhalten. Als Kompensation für weniger Stimmen im Rat bei qualifizierter Mehrheit erhielt Deutschland im Parlament mehr Sitze. Die Politiker sahen die Stimmengewichtung im Rat damit als wichtiger an als Sitze im Parlament.

In Nizza dominierte über weite Strecken der Intergouvernementalismus. Die institutionellen Reformen zur Erweiterung wurden auf Kosten der Vertiefung vorgenommen. Der Gemeinschaftsgeist der früheren Jahre war nicht sichtbar, und die Gefahr besteht, dass mit der erfolgten Erweiterung die Solidarität unter den Mitgliedsländern schwindet.

3.8 Lösungsmöglichkeiten

Um die Kritik an dem bestehenden EU-System aufzunehmen – Demokratiedefizit, Bürokratismus, Schwerfälligkeit der Entscheidungsfindung, fehlende Transparenz, mangelnde Identifikation der Bürger mit Europa, fehlende personale und institutionelle Zurechnungsmöglichkeit von Entscheidungen, mangelnde außenpolitische Präsenz und Wirkungsmöglichkeit etc. – könnte, neben den im Verfassungsvertrag vorgenommenen Verbesserungen der Handlungsfähigkeit (Präsident, Außenminister, Mehrheitsentscheid, Kommission) durch die Bildung eines neuen Föderalismus sowie durch neue Strategien in der Innen- und auswärtigen Politik behoben werden.

Föderalismus (siehe Ausführungen)
Mit den seit den achtziger Jahren vorgenommenen Reformen ist die EG/EU bereits auf dem Weg in eine neue Art von Föderalismus (Vgl. Teil II., 7. Föderalismus). Mit dem Prinzip der Subsidiarität wird garantiert, dass die Vielfalt Europas auch durch institutionelle Vorkehrungen gesichert wird. Vor allem im kulturellen (Sprache, Religion), aber auch im politischen Bereich ist dafür Sorge getragen, dass kleinere Länder und Minderheiten in den Ländern geschützt werden. Mit der Erweiterung – so der tschechische Schriftsteller Bohuslav Vanek – nähmen endlich die Kleinen und die Großen am gleichen Tisch Platz.

3 Erweiterung

3.9 Interne Flexibilisierung und externe differenzierte Erweiterung

Die *Konzepte der 'verstärkten Zusammenarbeit'* (auch ‚Flexibilisierung' genannt) und der 'differenzierten Erweiterung' sind Antworten auf die Regierbarkeit der größer gewordene Union und entsprechen den erwähnten Erkenntnissen der Gruppensoziologie. Schon der Amsterdamer Vertrag sieht die Möglichkeit zur verstärkten Zusammenarbeit vor, mit der Absicht, Mitgliedstaaten in die Lage zu versetzen, in bestimmten Politikbereichen schneller voran zu schreiten als andere. Verstärkte Zusammenarbeit muss nach vorne gerichtet sein, darf nicht den acquis aushöhlen und den Wettbewerb im gemeinsamen Markt nicht beeinträchtigen; die Ziele der Union und das einheitliche institutionelle Gerüst dürfen nicht in Frage gestellt werden. Auch die Praxis der Mehrheitsentscheide kann dem Ziele verstärkter Zusammenarbeit dienen. Flexibilisierung genannt). Das Vetorecht individueller Staaten müsse durch echte Mehrheitsentscheide korrigiert werden. Die intergouvernementale Konferenz solle untersuchen, ob flexible Lösungen auch im Bereich der Außen- und Sicherheitspolitik gefunden werden können. Die Idee der verstärkten Zusammenarbeit wurde in Art. 43 (1) des Verfassungsvertrags aufgenommen, wo es heißt: „Die Mitglieder, die untereinander eine verstärkte Zusammenarbeit im Rahmen der nicht ausschließlichen Zuständigkeit der Union begründen wollen", können dies im Rahmen der Verfassungsbestimmungen tun. Art. 17 formuliert darüber hinaus: „Erscheint ein Tätigwerden der Union ... erforderlich, um eines der Ziele der Verfassung zu verwirklichen, ... so erlässt der Ministerrat ... die geeigneten Maßnahmen."

Das Konzept der differenzierten Erweiterung ist mit der Erweiterung um neue Staaten aktuell geworden. Schon in den neunziger Jahren wurde die Frage nach den Aufnahmebedingungen und der Art der Einbindung aufgeworfen. Da der Begriff ‚Europa' und damit die Frage nach den Grenzen nach Osten und Südosten auch historisch unbestimmt geblieben ist, mussten Standards der Aufnahme erarbeitet werden. Es gibt weder historisch, noch topographisch, noch geopolitisch, noch kulturell, religiös oder ideologisch klare Vorgaben dafür, wo die Grenze zum asiatischen Kontinent zu ziehen ist. Zwar dokumentieren z.B. architektonische Stile die Reichweite ‚europäischen' Einflusses; diese sind jedoch nach Stilarten sehr verschieden. Um das sensible Thema religiöser Grenzziehung („christliches Abendland") und ökonomischer Abschottung („Bollwerk Europa") zu umgehen, könnten die Metaphern ‚Leuchtturm' oder ‚Epizentrum' weiterhelfen. Um zu Europa zu gehören, ist es nicht notwendig, in das Institutionensystem integriert zu werden; es gibt eine große Bandbreite differenzierter Anbindungen an das EU-System in Form von Assoziationen, Kooperationen, Abkommen etc., die Ausstrahlung ermöglichen, ohne Ausschließung zu bedeuten. Für die Weiterentwicklung stehen verschiedene Konzepte und Strategien zur Verfügung wie „Kerneuropa", „Europa der unterschiedlichen Geschwindigkeiten", „Europa der abgestuften Integration", „Europa à la carte", „Europa der konzentrischen Kreise", „Europa à géometrie variable", „Europa als Schiff, als Geleitzug, als Regatta" oder die Flexibilisierung etc. zur Verfügung.

Solche differenzierten Muster gibt es bereits innerhalb der Union, wie auch außerhalb. Die Wirtschafts- und Währungsunion mit heute (2007) 13 Mitgliedsstaaten, das Schengener Abkommen von 1985 mit 13 Staaten oder die Sozialcharta mit ursprünglich (1989) 14 Mitgliedstaaten entspricht dem Prinzip der verstärkten Zusammenarbeit (Art. 43 des Verfassungsentwurfs), weil nicht alle Mitgliedstaaten diesen Vereinigungsabkommen beigetreten sind. Andererseits gibt es Bereiche, in denen die EU gemeinsame Netzwerke hat aufbauen können, wie auf dem Gebiet der Kultur und universitären Ausbildung. Die Jean-Monnet Lehrstühle innerhalb Europas, sowie außerhalb in allen Kontinenten, können als Beispiele für grenzüberschreitende Aktivitäten gelten. Außerhalb der Union existieren vielfältige Formen der Kooperation mit Staaten und Gruppen von Staaten in allen Kontinenten der Welt (siehe Teil III. 1. Die Außenpolitik der EG/EU).

3.10 Die „türkische Frage"

Die Diskussion um die Aufnahme der Türkei in die Europäische Union hat die Frage nach der europäischen Identität ebenso aufgeworfen wie die der Türkei. Auf beiden Seiten ist ein ganzes Bündel vielfältiger, zum Teil miteinander verwobener Aspekte tangiert, die eine einfache Antwort erschweren. Viele Gesichtspunkte sind auf beiden Seiten zu berücksichtigen: die geographische Lage, geschichtliche, kulturelle, demographische, religiöse, ökonomische, soziale, ethnische, rechtliche und politische (ordnungspolitische und geostrategische) Gesichtspunkte. Die Sonderstellung der Türkei im Vergleich zu den anderen Ländern, die der EU beigetreten sind, beruht vor allem auf vier Merkmalen: die Türkei ist flächen- und bevölkerungsmäßig ein großes Land (und würde voraussichtlich das größte Land der Union werden), nur ein kleiner Teil seiner Landfläche liegt in Europa, es ist ein vergleichbar armes Land und es ist moslemisch geprägt. Diese Besonderheiten haben in allen Ländern der EU die Meinungen gespalten und auch in der Türkei gibt es Befürworter und Gegner.

Historische Daten zum Verhältnis Europa und Türkei lassen nach dem Zweiten Weltkrieg eine etappenweise Heranführung der Türkei an Europa bzw. an den Westen erkennen: Man müsste beginnen mit der Umgestaltung der Türkei nach dem Ersten Weltkrieg durch Kemal Atatürk, der der Türkei einen westlich-laizistischen Kurs verordnete. Nach dem Zweiten Weltkrieg wird die Türkei 1949 Mitglied des Europarats, 1951 Mitglieder der Nato, 1959 bewarb sich Ankara um die Mitgliedschaft in der EWG. 1963 wurde das Assoziationsabkommen

3 Erweiterung

geschlossen. Der erste Präsident der Europäischen Kommission, Walter Hallstein, wünschte sich: „Und eines Tages soll der letzte Schritt vollzogen werden – die Türkei soll vollberechtigtes Mitglied der Gemeinschaft sein." Diesen Wunsch machten sich türkische Politiker immer wieder zu eigen, auch wenn damals die EWG vornehmlich noch eine Wirtschaftsgemeinschaft war. 1970 wurde in einem Zusatzprotokoll zum Assoziationsabkommen eine 22-jährige Übergangszeit für die Vollendung der Zollunion festgelegt. 1987 beantragten die Türkei und Marokko die Mitgliedschaft in der Europäischen Gemeinschaft. Der Antrag von Marokko wurde erst gar nicht angenommen, weil er von einem nichteuropäischen Land kam. Derjenige der Türkei wurde zwei Jahre später zurückgewiesen mit der Begründung, die Türkei sei weder politisch noch wirtschaftlich reif für eine Vollmitgliedschaft. 1995 wurde mit der Türkei ein Zollunionsabkommen unterzeichnet und 1999 verabschiedet. Im gleichen Jahr erhielt die Türkei Kandidatenstatus und in Kopenhagen 2002 das Versprechen, Ende 2004 mit den Beitrittsverhandlungen zu beginnen. Schließlich empfahl die Kommission im Oktober die Aufnahme von Verhandlungen, einer Empfehlung, der der Europäische Rat im Dezember des gleichen Jahres nachkam. Diese lange und zögerliche Behandlung des Aufnahmebegehrens spiegelt die besondere Problematik der „türkischen Frage". Im europäischen Diskurs lassen sich drei unterschiedliche Positionen identifizieren:

Die Contra-Position
Es gibt auf der einen Seite die Position, die Türkei sei kulturell so verschieden, dass sie nicht zum Selbstverständnis Europas gehöre. Das ohnehin schwach entwickelte europäische Identitätsbewusstsein stehe auf dem Spiel und würde die politische Union untergraben, die auf ein solches angewiesen sein muss. Zum zweiten Mal habe in der Türkei eine islamistische Partei, die gegen den säkularisierenden Kemalismus und die laizistische Republik eingestellt war, Wahlen gewonnen und durch geschickte Personalpolitik den Einfluss der Religion in der Politik verstärkt. Die Türkei wäre mit mehr als 800 000 Quadratkilometern das flächenmäßig größte EU-Land, wobei nur ein kleiner Teil von 3% des türkischen Territoriums auf dem geographisch definierten europäischen Kontinent liege; die Türkei sei somit ein kleinasiatischer, nichteuropäischer Staat, religiös-kulturell gehöre die Türkei zum islamisch geprägten Kulturkreis, historisch habe sich „Europa" in mehr als fünf Jahrhunderten gegen die islamische Welt verteidigt (gegen die Mauren im 15. Jahrhundert, gegen die Türken und die Expansion des Ottomanischen Reichs, Wien 1683 etc.).

Unabhängig von diesen historisch kulturellen Argumenten werde die Türkei mit ihrem hohen Bevölkerungswachstum von 2% im Jahr des vorgesehenen Beitritts 2012/14 etwa 90 Millionen (bei einer angenommenen Wachstumsrate von 2,5%) das bevölkerungsreichste Land der Union werden und würde somit die meisten Abgeordneten im Europäischen Parlament stellen. Mit 2300 Euro oder nach Kaufkraftstandard 5.500 Euro pro Kopf (2003) wäre die Türkei das ärmste EU-Land; der Lebensstandard liegt bei nur einem Fünftel des EU-15 Durchschnitts. Daraus könnte, so der der frühere Bundeskanzler Helmut Schmidt eine „Wanderbewegung von Millionen Türken nach Europa und Deutschland" entstehen. Die angrenzenden Staaten des Nahen und Mittleren Ostens seien instabil und es bestehe die Gefahr, dass die EU damit über ihre Möglichkeiten hinaus belastet wird. Unabhängig von der instabilen Region im Osten der Türkei bestehen Konflikte (vornehmlich mit Griechenland) über Zypern und Inseln in der Ägäis.

Solche Argumente wurden u.a. vom Präsidenten des Verfassungskonvents, Giscard d'Estaing, vorgetragen. Der frühere französische Staatspräsident erklärte, dass die Aufnahme der Türkei „das Ende der Europäischen Union" darstelle und das Land am Bosporus kein europäisches Land sei. Auch von Teilen der konservativen Parteien in Deutschland und Frankreich werden solche Argumente vorgetragen. Hier spielen auch politische Argumente eine Rolle. Europa brauche, so der Vorsitzende der französischen Präsidentenpartei, Juppé, eine Grenze, wenn es sich nicht selbst entfremden und eine politische Rolle jenseits einer Freihandelszone spielen wolle. Nach der Aufnahme von 10 neuen Staaten 2004 sind die europäischen Ressourcen stark belastet worden und würden bei einer Aufnahme der Türkei lebensgefährlich überdehnt werden. Ökonomisch erreiche nämlich die türkische Wirtschaftskraft nur etwa 20 Prozent des durchschnittlichen europäischen Sozialprodukts. Die Armut in weiten Teilen Anatoliens würde die Migration fördern. Eine Mitgliedschaft zu gegenwärtigen Bedingungen würde den EU-Agrarhaushalt ca. 20 Mrd. Euro kosten. Solche Überforderungen würden die EU in eine „Beitrittsfalle" (Guérot/Witt 2004) locken. Als von europäischen Politikern stets wiederholtes Argument für die Nichtaufnahme wird auf die Nichteinhaltung der Menschrechte hingewiesen, sowie auf das Tabuisieren des türkischen (osmanischen) Genozids an den Armeniern 1915. International orientiert sich die türkische Politik nach dem Ende des Ost-West-Konflikts auf eine „enhanced partnership" mit den USA und auf ein De-facto-Bündnis mit Israel. Die trilaterale Partnerschaft Ankara-Washington-Jerusalem hat zwar eine „westliche" Ausrichtung, jedoch keine spezifisch europäische. Auch die Orientierung auf die Turkvölker in Zentralasien führe von Europa weg.

Die Pro-Position
Auf der anderen Seite stehen die Verteidiger der Aufnahme der Türkei. Europa, so die Argumentation, müsse offen bleiben für jeden, der die Kopenhagener Beitrittskriterien (Demokratie, Menschenrechte, Marktwirtschaft, aquis communeautaire) erfülle. Die Türkei habe diesbezüglich große Fortschritte und an die kurdische Minorität große Zugeständnisse gemacht, sowie die Todesstrafe abge-

schafft. In zwei großen Verfassungsänderungen und sieben Harmonisierungspaketen mit insgesamt 148 Gesetzesänderungen wurden die rechtlichen Grundlagen für eine türkische Demokratie geschaffen. Die Türkei habe schon vor Jahrzehnten (1963) den Antrag auf Aufnahme gestellt und 1999 in Helsinki den Kandidatenstatus und in Kopenhagen 2002 das Versprechen zur Aufnahme von Verhandlungen erhalten, Ende 2004 wurde mit den Beitrittsverhandlungen begonnen. Hinter diese Beschlüsse könne die Union nicht mehr zurücktreten ohne die Türkei vor den Kopf zu stoßen und an Glaubwürdigkeit zu verlieren. Gewichtiger noch sind aber die geostrategischen Argumente: Die Türkei bilde die Brücke zwischen Europa und dem asiatischen Kontinent. Sie grenze an die instabilen Regionen des Nahen und Mittleren Ostens, des Schwarzmeerraums sowie an den Balkan an; sie sei also aus eigenen europäischen Sicherheitsbedürfnissen ein wichtiges Land, denn es könne zur Stabilität in diesen Regionen beitragen. Als Mitglied der NATO stehe die Aufnahme auch im Interesse der USA. Die Türkei halte auch einen der Schlüssel zur Lösung der Zypernfrage in den Händen.

Diese strategische Position wurde u.a. von dem ehemaligen deutschen Außenminister Joschka Fischer gehalten, der auch auf die demokratisierende Wirkung im Innern der Türkei hinwies. Der Grünenpolitiker mag auch die Umfrageergebnisse ins Kalkül gezogen haben, wonach 80% der 2,5 bis 3 Millionen in Deutschland lebenden Türken Rot-Grün wählen würden. Aus solchen innen- wie außenpolitischen Gründen haben auch Bundeskanzler Schröder und Staatspräsident Chirac den Beitritt der Türkei befürwortet.

Die Zwischenposition
Eine dritte Position will der Türkei eine „privilegierte Partnerschaft" anbieten. Gemeint ist eine Anbindung der Türkei an die Union, ohne Einbindung in das europäische Institutionensystem. Die EU habe bereits vielfältige, flexible Stufen der Kooperation entwickelt, die Modelle für eine Sonderrolle der Türkei abgeben könnten. Diese Position wird von der CDU-Parteivorsitzenden und Kanzlerin der Bundesrepublik Angela Merkel, gehalten, und auch der stellvertretende Fraktionsvorsitzende der CDU/CSU, Wolfgang Schäuble, warnte davor, die Erweiterung gegen die Vertiefung auszutauschen. Die privilegierte Partnerschaft würde die Türkei „enger als alle andere Nachbarn der EU" anbinden. Sie solle reichen von einer „verstärkten Zusammenarbeit in der Außen- und Verteidigungspolitik bis zur engeren Kooperation in Wirtschaft, Forschung und Bildung" mit institutionalisierten Rahmenvereinbarungen. Der ehemalige Präsident der Europäischen Kommission, Romano Prodi, hat ebenfalls die Idee lanciert, es gebe verschieden abgestufte Anbindungsmöglichkeiten von Ländern an die Union jenseits der Einbeziehung in das Institutionensystem. Die Union habe in der Tat sehr unterschiedliche Formen von Kooperationen und Assoziationen gefunden, wie den

Dialog, die Assoziationsabkommen, Konferenzen etc. Die Türkei wurde bereits 1995 mit der Unterzeichnung des Zollunionsabkommens eng an die EU herangeführt, besitze also die wirtschaftlichen Vorteile, die mit dem Binnenmarkt verbunden sind. Eine strategische Partnerschaft würde die sensible Frage der Religion vermeiden und die der europäischen Identität ausklammern; gleichzeitig könne mit einer Sonderstellung der Türkei die gesuchte Anbindung an Europa erreicht werden. Die vielen demokratischen Reformen der letzten Jahre seien auch ohne Mitgliedschaft erreicht worden; schon die Perspektive habe die Umgestaltung ermöglicht.

Die Auseinandersetzung um diese verschiedenen Positionen hat u.a. den Wahlkampf zum europäischen Parlament bestimmt, ohne allerdings zu klaren Frontstellungen geführt zu haben. Meinungsbefragungen und Äußerungen von Politikern und öffentlichkeitswirksamen Persönlichkeiten in EU-Ländern ergeben ein zwiespältiges Bild: Zwar verlaufen die Linien quer durch Regierungs- und Oppositionsparteien, tendenziell sind aber Linksparteien eher für die Aufnahme und konservative Parteien eher dagegen.

Zusammenfassend verteilen sich die Argumente des Für und des Wider auf jeweils unterschiedliche Sichtweisen: Diejenigen, die für die Aufnahme plädieren, stellen vor allem die außen- und sicherheitspolitischen, die geopolitischen, energiepolitischen und rechtlichen Gesichtspunkte in den Vordergrund; vermischt sind solche Argumente mit europapolitischen: Die Erweiterung wird als nach innen gerichtetes Argument benutzt und dieses führe die Union von föderalistischen Strukturen weg und stärke die intergouvernementalen Ordnungsmuster. Diejenigen, die gegen die Aufnahme sind, tun dies vor allem aus Gründen der Geschichte, mit europa-politischen, kulturellen und sozio-ökonomischen Argumenten. Es steht das politische Europa der Gemeinschaft gegen das ökonomische der Wirtschaftsgesellschaft, es steht das nach außen gerichtete geostrategische Europa gegen das nach innen gerichtete redistributive Europa. Je nach Einstellung zu diesen Finalitätsfragen lassen sich die EU-Länder sortieren: Z.B. ist Großbritannien für den Beitritt, weil dadurch die EU heterogener und damit eine loserer Verband wird, was dem nationalen Interesse der Briten entgegenkommt.

3.11 Die Europäische Union: Zwischen Politischer Union, Freihandelszone und Sicherheitsstrategie

Europa steht somit am Scheideweg: Wie soll und kann die Finalität Europas aussehen? Kann die um zehn, später um zwölf oder mehr Staaten erweiterte Union überhaupt politisch funktionieren? Die Antwort fällt zwiespältig aus:

3 Erweiterung

einerseits hat sich die Union mit den Entscheidungen von Nizza auf die Erweiterung eingestellt; jedoch zeigte das lange Zögern der Politiker, dass das so geschaffene politische System kaum handlungsfähig sein wird und Modifikationen erforderlich waren. Andererseits hat der Verfassungsvertrag diesen Notwendigkeiten weitgehend Rechnung getragen, wenn auch nicht in dem Maße, in dem es die Integrationisten erhofft hatten. Die EU wird sich entscheidend verändern in ihren Strukturen, in ihrem „esprit communeautaire", in ihrer Identität. Mit der Erweiterung wird die Union ein loseres Gebilde mit weniger Zusammenhalt und weniger Effizienz werden. Heterogenität wird zunehmen; die europäische Identität wird insbesondere durch die Aufnahme der Türkei geschwächt werden. Ich habe zu zeigen versucht, wie die Union ihre Gemeinsamkeit demonstrieren kann, durch Föderalisierung, durch differenziertes Voranschreiten, oder durch Stärkung gemeinschaftsbildender Merkmale etc. Es gibt jedoch Hoffnung, dass der Gemeinschaftsgeist am Leben erhalten werden kann: Auf der einen Seite kann gezeigt werden, dass Erweiterung und Vertiefung sich nicht notwendigerweise ausschließen. Im Gegenteil hat bisher fast jeder Schritt zur Erweiterung zu mehr Integration geführt. Das Europaprojekt hat wiederholt Rückschläge erlebt: Zu Beginn ist der Plan, den Europarat als umfassende europäische Organisation auszubauen, gescheitert; stattdessen wurden die EGKS, die EWG und Euratom gegründet; es folgen mit gleichem Ergebnis die Europäische Verteidigungsgemeinschaft und die Fouchet-Pläne; stattdessen kam es zur Zusammenlegung der drei Organisationen zur Europäischen Gemeinschaft und zur ersten Erweiterung. Etwa zeitgleich mit der ersten Erweiterung sollte der Werner-Plan am Ende der 70er Dekade realisiert werden; dies wurde jedoch durch die internationalen ökonomischen Krisen verhindert. Die zweite Erweiterung in den 80er Jahren wurde begleitet von der Einheitlichen Europäischen Akte sowie dem Maastrichter Vertrag, und die dritte Erweiterung liegt in der Phase der Realisierung dieses Vertrags. Ähnlich fällt die vierte Erweiterung in die Zeit der Erarbeitung/Verabschiedung des Verfassungsvertrags. Nach dem Scheitern der ersten Anläufe zu einer Verfassung in Gestalt einer Satzung und des Spinelli-Entwurfs kann der erfolgreiche Abschluss der Konventsarbeit und die Annahme des leicht modifizierten Entwurfs durch die Regierungschefs schon als Erfolg verbucht werden. Die Konventsarbeit hat u.a. zu einem Europäischen Präsidenten und zu einem europäischen Außenminister geführt, verbunden mit einigen Verbesserungen hinsichtlich der Effizienz der Entscheidungsverfahren sowie der Kompetenzabgrenzungen; all dies kann Hoffnung geben, dass die Parallelität von Erweiterung und Vertiefung weitergeführt wird und die Unionsentwicklung in der ersten Dekade des neuen Jahrtausends bestimmt.

Ebenso sind allerdings auch Befürchtungen geltend zu machen. Die Erweiterungseuphorie des neuen Jahrzehnts im 21. Jahrhundert mit zwölf neu aufgenommenen Staaten und potentiellen Kandidaten (Türkei, Kroatien) stellt die EU vor erhebliche Probleme der Regierbarkeit. Gruppensoziologische Erkenntnisse, die Symmetrieforderung wirtschaftlicher Gleichwertigkeit, identitätstheoretische Einsichten sowie historische Erfahrungen sprechen gegen eine solche übersteigerte, ja übereilte Erweiterung. Die Gefahr besteht, – trotz aller verfassungsmäßigen Verbesserungen – dass die Europäische Union sich zu einem losen Staatenbund ähnlich dem „Heiligen Römischen Reich Deutscher Nation", oder dem „Deutschen Bund" mit 37 souveränen Fürsten und vier freien Städten entwickelt, was der Idee einer politisch integrierten europäischen Gemeinschaft widerspricht. Wie diese politischen Gebilde könnte auch die EU sich ausdifferenzieren und in zahlreiche politische Regionalorganisationen zerfallen.

Teil IV: Von der Satzung der Europäischen Gemeinschaft zum Verfassungsvertrag

Schon seit den 50er Jahren sind Versuche unternommen worden, dem neuen politischen Gebilde eine Verfassung zu geben. 1953 hat die Gemeinsame Versammlung (Vorgänger des Europäischen Parlaments) eine „Satzung der Europäischen Gemeinschaft" beschlossen. Es folgte in den achtziger Jahren ein Entwurf des Europäischen Parlaments für eine „Europäische Verfassung" (der so genannte Spinelli-Entwurf von 1984). Schließlich wurde 2003 ein Verfassungskonvent einberufen, dessen Entwurf 2004 zunächst abgelehnt, dann aber revidiert im gleichen Jahr von den Staats- und Regierungschefs angenommen wurde. Ich verfolge im Folgenden den Weg bis zur Verabschiedung des Verfassungsvertrags.

1 Der Verfassungsgebungsprozess

Die Güte einer Verfassung, ihre Dauer und Beständigkeit hängt davon ab, ob sie die Zeitumstände berücksichtigt hat, d.h. die geschichtlichen, gesellschaftlichen und machtpolitischen Verhältnisse zum Ausdruck bringt. Denn, so *Wilhelm von Humboldt*: „Staatsverfassungen lassen sich nicht auf Menschen, wie Schösslinge auf Bäume pfropfen. Wo Zeit und Natur nicht vorgearbeitet haben, da ist's, als bindet man Blüten mit Fäden an. Die erste Mittagssonne versengt sie" (Wilhelm von Humboldt 1792). Und *Ferdinand Lassalle* fügt hinzu: „Verfassungsfragen sind ursprünglich nicht Rechtsfragen, sondern Machtfragen; die wirkliche Verfassung eines Landes existiert nur in den reellen tatsächlichen Machtverhältnissen, die in einem Lande bestehen." Von Wert und von Dauer könne die geschriebene Verfassung nur dann sein, wenn sie Ausdruck der in der Gesellschaft bestehenden Machtverhältnisse sei (Lassalle 1862). Die Frage, ob ein im Werden begriffenes Volk zuerst einen Gemeinsinn haben sollte, bevor es sich eine Verfassung gibt oder über eine Verfassung ein Gemeinschaftsgeist (*demos*) sich entwickeln kann, beantwortet *Rousseau* in seinem Gesellschaftsvertrag folgendermaßen: „Damit ein werdendes Volk die gesunden Grundsätze der Politik schätzen und den grundlegenden Ordnungen der Staatsraison folgen kann, wäre es nötig, dass die Wirkung zur Ursache werde, dass der Gemeinsinn, der das Werk der Errichtung sein soll, der Errichtung selbst vorausgehe und dass die Menschen schon vor den Gesetzen wären, was sie durch sie werden sollen." Dieses Paradox löst Rousseau dadurch auf, dass er einen Gesetzgeber erfindet, der ohne Gewalt und Überredung den Einklang herstellt (Rousseau 1979: 46). Beides ist also möglich, auch für einen ‚Staatenverbund': Der europäische Gemeinschaftsgeist schafft die Verfassung ebenso, wie die Verfassung den europäischen *demos* erzeugen kann. Hat, so ist zu fragen, der „Entwurf über eine Verfassung für Europa" die Zeitumstände genügend beachtet, war die Zeit „reif" für einen verfassungsgebenden Prozess, nachdem es seit den fünfziger Jahren immer wieder Versuche gegeben hat, der Gemeinschaft eine Verfassung zu geben? Oder kann man den Integrationsprozess noch voll im Gang befindlich ansehen, so dass es für eine Festschreibung noch zu früh ist? Bringt der Entwurf die tatsächlich existierenden Machtverhältnisse zum Ausdruck, oder kann er als Oktroy angesehen werden? Schließlich: Führt der Verfassungsvertrag nach dem Konstitutionalismusansatz zu weiterer identitätsstiftenden Integration? Diese Fragen können beantwortet werden, wenn wir uns den verfassungsgebenden Prozess und den Zeitpunkt seiner Konstituierung näher anschauen.

Was zunächst den Zeitpunkt der Konstituierung angeht, so fällt dieser zusammen mit der größten Erweiterung in der Geschichte der europäischen Integration. Unabhängig von den Verfassungsbemühungen musste im Zuge der Erweiterung eine Reform des Institutionensystems vorgenommen werden. Der unbefriedigende Ausgang der Regierungskonferenz in Nizza musste früher oder später zu einer neuerlichen Überarbeitung des Nizza-Vertrags führen. Dass diese nun in einem Verfassungsdokument seinen Niederschlag gefunden hat, hängt von mehreren Gegebenheiten ab. Zum einen hat sich in den fünfzig Jahren seit Bestehen der Gemeinschaft ein „Vertragsstau" angesammelt, der dazu führte, dass die rechtlichen Regelungen unüberschaubar geworden sind. Die zahlreichen Verträge mussten zu einem Dokument zusammengeführt werden. Zum andern war die Überlegung wichtig, dass der Gehalt und Erhalt der Gemeinschaft gesichert werden mussten, um das politische Projekt zu retten. Mit der Erweiterung sollte die Vertiefung Hand in Hand gehen. Legitimität und Handlungsfähigkeit mussten gleichermaßen gesichert werden.

Die Frage der Machtverhältnisse meint ein Doppeltes, einen Objekt- und einen Subjektbezug; objekt- d.h. gegenstandsbezogen handelt es sich um die Balance zwischen den Mitgliedstaaten und der politischen Brüsseler Zentrale; nach dem Subsidiaritätsprinzip wurden die Zuständigkeiten der einzelnen Organe verfassungsrechtlich geregelt. Subjekt- d.h. akteursbezogen ist vor allem die Machtfrage, die in dem verfassungsgebenden Konvent existierenden Machtverhältnisse. Wer hat sich mit welchen Interessen durchgesetzt? Welche Kräfte spiegelt das Ergebnis wider? Hierzu soll zunächst der Konvent näher betrachtet werden.

Welche historisch-politischen Erfahrungen liegen vor zum Verhältnis von demokratischer Legitimation d.h. breiter Beteiligung beim Zustandekommen einer Verfassung und ihrer Verabschiedung einerseits und der ‚Güte' und Dauerhaftig-

1 Der Verfassungsgebungsprozess

keit andererseits? Sind die Verfassungen von längerer Dauer gewesen, die eine hohe Legitimation durch die Bevölkerung erfahren haben, und hatte die Absegnung durch das Volksvotum den gleichen Effekt? Hierzu gibt es keine empirische Gesetzmäßigkeit (vgl. Pfetsch 1985: 146; Skach 2005: 166/167). Es haben Verfassungen lange Zeit bestanden, die nicht durch gewählte Mitglieder in verfassungsgebenden Gremien zustande gekommen sind, noch hängt die Lebensdauer einer Verfassung mit der Absegnung durch Referenden zusammen. Weder die Dauerhaftigkeit, noch der demokratische Charakter einer Verfassung werden notwendigerweise garantiert durch demokratische Prozeduren des Zustandekommens oder der Verabschiedung. Auch führen Verfassungen, die von einem kleinen Kreis von Verfassungspolitikern erarbeitet worden sind, nicht notwendigerweise zu undemokratischen politischen Strukturen. Am ehesten haben sich, so scheint es, Verfassungen bewährt, die von einem überschaubaren Kreis repräsentativ ausgewählter Verfassungspolitiker erarbeitet und von parlamentarischen Gremien verabschiedet worden sind.

Zur Frage eines vorgängigen europäischen Staatsvolkes mit Gemeinsinn können sich die Verfassungsväter bzw. -mütter auf Rousseau berufen, der den europäischen Staatsbürger (*demos*) durch die Verfassung bilden lässt. Nicht notwendigerweise ist er Voraussetzung für eine Verfassung.

Der europäische Verfassungsgebungsprozess kann als beispielgebend für einen offenen Meinungsbildungsprozess gesehen werden, der schon zuvor bei der Menschenrechtscharta praktiziert worden war. Seitdem spricht man von der „Konventsmethode". Diese Offenheit wird belegt durch die Beteiligung breiter organisierter politischer und gesellschaftlicher Gruppen, hat jedoch keinen entsprechenden Widerhall in der europäischen Bevölkerung gefunden, was allerdings bei Verfassungsgebungsprozessen nicht ungewöhnlich ist.

Nach dem Ende des Ost-West-Konflikts 1989 haben die Mitgliedstaaten drei Vertragsänderungen in Maastricht (1992), Amsterdam (1997) und Nizza (2001) vorgenommen und die Mitgliedschaft zunächst auf 15, dann auf weitere 10 und mehr beschlossen. In der Erklärung von Laeken vom 15.12.2001 wurde der Auftrag, eine Vertragsreform vorzunehmen, an einen zu bildenden Konvent mit 105 Vollmitglieder gegeben. In dem zu bildenden Konvent haben 15 Regierungsvertreter, 30 Abgeordnete der nationalen Parlamente der EU-Staaten, 16 Abgeordnete des Europarlaments, 2 Mitglieder der Kommission sowie 13 Vertreter der Regierungen (einer pro Bewerberland) und 26 Parlamentarier (zwei pro Land) der aufzunehmenden Beitrittsstaaten ihren Sitz. Der Europäische Rat hat Valery Giscard d'Estaing zum Präsident des Konvents und G. Amato und J.L. Dehaene zu Vize-Präsidenten ernannt. Dieser verfassungsgebende Konvent war damit repräsentativer und mit höherer Legitimation ausgestattet als z. B. die Regierungskonferenz, die den Vertrag verabschiedet hat. Der Konvent nahm seine Arbeit am 1. März 2002 auf und beendete sie am 10. Juli 2003; am 18. Juli

2003 wurde der Vertrag dem Europäischen Rat überreicht, also nach etwas mehr als anderthalb Jahren Arbeit.

Abbildung 12: Vom Konvent zur Verfassung

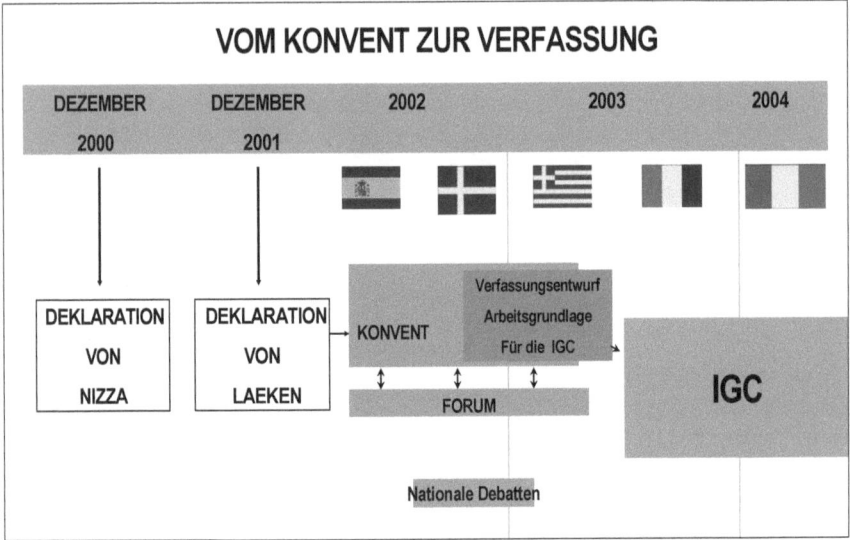

Quelle: European Commission

Die Breite des Meinungsbildungsprozesses ist dokumentiert: Das zwölfköpfige Präsidium trat zu 50 Sitzungen zusammen und hat dem Konvent 52 Arbeitspapiere unterbreitet. Es fanden 27 Plenartagungen mit über 1800 Wortmeldungen statt; die Konventsmitglieder haben dem Konvent 386 schriftliche Beiträge vorgelegt. Insgesamt wurden 11 Arbeitsgruppen zu den Themen Subsidiarität, Grundrechte, Rechtspersönlichkeit, nationale Parlamente, ergänzende Zuständigkeiten, Ordnungspolitik, außenpolitisches Handeln, Verteidigung, Vereinfachung, Freiheit und Sicherheit und Recht, sowie soziales Europa eingerichtet. Geleitet von den Mitgliedern des Präsidiums haben die Arbeitsgruppen und -kreise insgesamt 772 Beiträge vorgelegt. Es gab Sondersitzungen mit Vertretern der Zivilgesellschaft; in einem Forum sind 1264 Beiträge von Nichtregierungsorganisationen, Wirtschaft, Hochschulen u.a. eingegangen. Trotz dieses breit angelegten transparenten Verfassungsgebungsprozesses – alle offiziellen Dokumente waren auf der Web-Seite einzusehen – war die Resonanz in der Öffentlichkeit verhältnismäßig gering. Nach dem Eurobarometer hatten 55 Prozent der EU- Bürger zu diesem Zeitpunkt noch nichts vom Konvent gehört, und nur einem Drittel der Befragten waren Ziele und Aufgaben der Konventsarbeit bewusst.

2 Die wichtigsten Diskurse zur Verfassung

In den Verfassungsdebatten sowie in der informierten Öffentlichkeit zeichneten sich drei kontroverse Themen ab:

Die eine Debatte betraf eine Kontroverse, die seit Bestehen der Gemeinschaft die Diskussion bestimmte, nämlich die Frage nach dem *Grad der Integration*, die sich zwischen staatszentriertem Intergouvernementalismus einerseits und gemeinschaftsorientiertem Föderalismus andererseits ansiedeln lässt. Die Intergouvernementalisten vertraten das Konzept einer losen Union, in der die Einzelstaaten das Sagen hätten und somit der Ministerrat das eigentliche Organ der Union darstellen müsse und die Begrenzung der Zahl der Unionsmitglieder nicht von großer Bedeutung sei.

Die zweite Debatte war auf die *sozioökonomische Dimension* der Union fokussiert. Hier standen sich Liberale und Sozialisten bzw. Sozialdemokraten gegenüber. Jene betonten die Freizügigkeit innerhalb der Union und den Freihandel außerhalb. Die ökonomische Effizienz stehe im Vordergrund, Unternehmerinitiativen sollten gefördert, die Marktkräfte gestärkt werden. Auf sozialdemokratischer Seite stand die soziale Absicherung, das Wohl der abhängig Beschäftigten, kurz: das soziale Europa im Mittelpunkt.

Das dritte kontroverse Thema kreiste um das säkulare oder das christliche Europa. Jenes sei das Erbe der Aufklärung und der religiösen Toleranz verpflichtet und müsse folglich die Trennung von Staat und Religion nach sich ziehen. Dieses verstand sich in der Tradition des christlichen Abendlandes stehend und wollte dem Christentum Verfassungsrang einräumen. Der Verweis auf den christlichen Gott war ein Anliegen, das die Befürworter dieser Position vertraten.

3 Ergebnisse der Konventsarbeit

Im Ergebnis ist es dem Konvent gelungen, einen Verfassungsvertrag mit zwei Präambeln, 465 Artikeln, fünf Protokollen und drei Erklärungen zu erarbeiten. Von Gegnern einer Vollverfassung wurde verhindert, das Ergebnis als „Verfassung der Europäischen Union" zu bezeichnen; vielmehr bleibt es bei einem „Vertrag über eine Verfassung für Europa", einem „Verfassungsvertrag". Auch hier kommt der Doppelcharakter der Union zum Tragen, nämlich einerseits aus Einzelstaaten zu bestehen und andererseits ein Gemeinschaftsprojekt zu sein. Die Präambel wird mit einem Zitat eingeleitet: „Die Verfassung, die wir haben ... heißt Demokratie, weil der Staat nicht auf wenige Bürger, sondern auf die Mehrheit ausgerichtet ist", eine Aussage, die als Leichenrede des Perikles von Thukydides überliefert worden ist und die Union als Mehrheitsherrschaft definieren soll. Wie wird demokratische Mehrheitsherrschaft im europäischen Mehrebenensystem beschrieben? Zu den wichtigen Ergebnissen im Bereich der Institutionen zählen zweifellos die folgenden:

- Der Verfassungsvertrag hat zunächst die Union auf mehr Handlungsfähigkeit in einem erweiterten Europa eingestellt und den ersten Anlauf hierzu in Nizza korrigiert;
- die EU wird formal zu einer eigenen Rechtspersönlichkeit, die die Möglichkeit schafft, in eigener Verantwortung internationale Abkommen zu unterzeichnen;
- die Union wird mit dem Präsidenten des Europäischen Rats (2 1/2 Jahre bei Wiederwahl) und dem Außenminister der Union (er verbindet die Rolle des Hohen Repräsentanten mit der des Kommissars für Auswärtiges) durch Personen repräsentiert, die mehr Kontinuität garantieren;
- der Vertrag formuliert das Prinzip: europäisches Recht vor nationalem Recht;
- die Abgrenzung der Kompetenzen nach ausschließlichen und geteilten Zuständigkeiten schafft mehr Klarheit, ohne allzu sehr einzuschränken;
- die Reduktion der verantwortlichen Kommissare sowie die Ausweitung von Mehrheitsbeschlüssen in vielen Politikbereichen schafft mehr Effizienz in der Entscheidungsfindung; bei qualifizierter Mehrheit wird das doppelte Mehrheitsverfahren praktiziert: 50% der Staaten und 60% der Bevölkerung (später geändert);
- das Europäische Parlament erhält mehr Kompetenzen; die Kompetenzerweiterung des Europäischen Parlaments führt zu mehr Parlamentarisierung (Inthronisierung, Kontrolle und Abberufbarkeit der Kommission) und damit Demokratisierung, die auch durch die Möglichkeit der Bürgerinitiative und der Beteiligung nationaler Parlamente erhöht werden kann;
- ein Bürgerbegehren mit mindestens einer Million und einer erheblichen Anzahl von Mitgliedsstaaten kann die Kommission auffordern, Rechtsakte auszuarbeiten;
- auch die Flexibilitätsklausel zur verstärkten Zusammenarbeit kann die Union handlungsfähiger machen;
- die Einfügung der Menschenrechtscharta in den Verfassungsvertrag gibt den Europabürgern mehr einklagbare Rechte (siehe unten);
- die Zusammenführung der zahlreichen Vertragstexte in ein Verfassungsdokument bringt mehr – jedoch nicht genügend – Klarheit.
- Eine Neuerung ist die freiwillige Austrittsklausel.
- Zu verschiedenen Politikbereichen sind weiterführende Gemeinsamkeiten formuliert, so zur Verbesserung der militärischen Fähigkeiten durch die strukturierte Zusammenarbeit oder die Überführung von Grenzkontrollen, Asyl und Einwanderung in die Gemeinschaftsmethode mit qualifiziertem

3 Ergebnisse der Konventsarbeit

Mehrheitsentscheid. Die anderen der zweiten und dritten Säule zugeordneten Politikfelder bleiben bei dem Einstimmigkeitsverfahren.

Dieser Verfassungsentwurf wurde in der abschließenden Beratung in einigen Punkten geändert:

Die *Europäische Kommission* wird für 5 Jahre gewählt; am Ende der ersten Kommission wird die Zahl der Kommissionsmitglieder auf 2/3 der Mitglieder reduziert. Der Präsident der Kommission kann Mitglieder der Kommission entlassen und (zusammen mit anderen Organen) auch den Außenminister.

Der Ministerrat beschließt mit qualifizierter Mehrheit, die 55% der Mitglieder beträgt, vorausgesetzt mindestens 15 Mitglieder stimmen zu und mindestens 65% der Bevölkerung stehen hinter dem Votum.

Das Europaparlament soll maximal 750 Mitglieder umfassen und ein einzelnes Land soll nicht mehr als 96 Mitglieder stellen können.

Nicht berücksichtigt wurde z.B. die Aufnahme der Gesetzesinitiative durch das Parlament. Sie bleibt der Kommission vorbehalten.

Als Sieger und/oder Verlierer in den drei genannten Debatten lassen sich die folgenden nennen:

In der Debatte zwischen Intergouvernementalisten und Integrationisten oder Föderalisten gibt es weder Gewinner noch Verlierer: beide Seiten sind gestärkt worden. Die Anliegen der Intergouvernementalisten wurden mit der Stärkung des Europäischen Rats durch Einrichtung eines Präsidenten und eines Außenministers sowie durch Stärkung des Mehrheitsprinzips bei Abstimmungen im Ministerrat bedient; die Föderalisten erhielten die Konkretisierung des Subsidiaritätsprinzips im Bereich der Kompetenzabgrenzung. Die vier Ebenen der Union (Union, Nationalstaaten, Regionen, Lokale Gebietskörperschaften) teilen sich die Zuständigkeit, wobei die Union nur dann in Politikbereichen tätig werden kann, wenn die anderen Ebenen dazu nicht in der Lage sind. Auch die Stärkung des zentralen Gemeinschaftsorgans, der Kommission, und ihres Präsidenten, gehört zu den Errungenschaften der Föderalisten.

In der zweiten Debatte sind die Liberalen etwas im Vorteil geblieben, es ist weder zur Verankerung sozialer Rechte (z.B. Recht auf Arbeit, Mitbestimmung etc.) gekommen, noch zur Stärkung der Zuständigkeit der Union in der Sozialpolitik. Zwar gehören sozialer Fortschritt, Gerechtigkeit und Solidarität zu den Zielen der Union, ihre Zuständigkeit teilt sie aber mit den Mitgliedstaaten. Die Union hat in der Sozialpolitik lediglich eine Koordinierungsfunktion. Den Wohlstand der Unionsbürger sehen die Mehrheit der Konventmitglieder aber vor allem im Wirtschaftswachstum und in einer wettbewerbsfähigen sozialen Marktwirtschaft.

Die dritte Debatte hat einen eindeutigen Sieg der Säkularisten erbracht: das Christentum oder der Verweis auf den christlichen Gott wie es einige gefordert hatten, haben keine Aufnahme in den Verfassungstext gefunden. Stattdessen ist in der Präambel von den „kulturellen, religiösen und humanistischen Überlieferungen" die Rede. Wohl tangieren die Werte der Union „Menschenwürde, Freiheit, Demokratie, Gleichheit, Rechtstaatlichkeit und die Wahrung der Menschenrechte" wie sie in Art. 2 beschrieben sind, Werte, die im Christentum hochgehalten werden, jedoch sind diese auch in anderen Religionen zu finden, so dass die exklusive Zuständigkeit des Christentums hierzu vermieden wurde.

3.1 Die Charta der Grundrechte der Europäischen Union

Zuvor schon war die Charta der europäischern Grundrechte auf dem Gipfeltreffen in Nizza von den Regierungschefs verabschiedet und nun als integraler Bestandteil des Verfassungsvertrags verankert worden. Auf der Ratstagung in Köln 1999 kamen die Staats- und Regierungschefs überein, der Union Grundrechte zu geben, um solchen Rechten einen sichtbar höheren Rang einzuräumen, um die Rechte der Unionsbürger und den Grundrechtsschutz zu stärken. Der hierzu einberufene Konvent stellte ein Novum in der Geschichte der europäischen Integration dar, sowohl was die Zusammensetzung angeht, als auch was die öffentliche Meinungsbildung („Konventsmethode") betrifft. Diese sich bewährende Konventsmethode sollte später beim Verfassungsgebungsprozess für den Verfassungsvertrag der Europäischen Union übernommen werden (siehe oben).

Die 62 stimmberechtigten Mitglieder des Grundrechtskonvents rekrutierten sich neben dem Vorsitzenden aus je einem Vertreter der Regierungen der Mitgliedstaaten (15), aus Mitgliedern des Europaparlaments (16) als auch der nationalen Parlamente (30, zwei pro Mitgliedstaat); somit bestand der Konvent aus nahezu drei Vierteln aus Parlamentariern. Ein Viertel der Mitglieder des Konvents waren persönliche Beauftragte der Staats- und Regierungschefs der Mitgliedstaaten; über die Weisungsgebundenheit bzw. Weisungsfreiheit dieser Verfassungsexperten (meist Hochschullehrer oder Rechtsanwälte und Richter) wurden keine Festlegungen getroffen. Auf seiner konstituierten Sitzung wählte der Konvent den Staatsrechtler und ehemaligen deutschen Bundespräsidenten Roman Herzog zum Vorsitzenden.

In der kurzen Zeit von nur zehn Monaten legte der Konvent am 26. September 2000 einen „Entwurf der Charta der Grundrechte der Europäischen Union" vor, der im Dezember 2000 in Nizza feierlich proklamiert wurde; im Jahre 2003 ist die Grundrechtscharta in den Entwurf des EU-Verfassungsvertrags aufgenommen worden; im Juni 2004 ist der Verfassungsvertrag in Brüssel verabschiedet und am 29. Oktober 2004 feierlich von 29 Regierungschefs im Sala Degli Orazi e Curiazi des Campidoglio Gebäudes in Rom unterzeichnet worden, einem Ort, an dem 1957 die sechs Regierungschefs der Gründerstaaten der Europäischen Wirtschaftsgemeinschaft ihre Unterschriften geleistet hatten.

3 Ergebnisse der Konventsarbeit

Als Ergebnis ist mit der Grundrechtscharta ein Dokument entstanden, das einerseits schon bestehende nationale (Magna Charta Libertatum, Petition of Rights, Bill of Rights, Habeas Corpus Act, Erklärung der Menschen- und Bürgerrechte) wie internationale (Europäische Menschenrechtskonvention, Grundsätze der Bioethik-Konvention des Europarates, Datenschutzübereinkommen des Europarates, UN Menschenrechtskonvention, Kinderrechtskonvention der UNO, EG-Verträge, Europäische Sozialcharta etc.) Grundrechte aufgenommen, aber andererseits auch neue Grundrechte hinzugefügt hat. Neben der Präambel besteht die Charta aus 54 Artikeln, die nach sechs Grundwerten gegliedert sind: Würde des Menschen (Art. II 61-65), Freiheiten (Art. II. 66-79), Gleichheit (Art. II. 80-86), Solidarität (Art. II. 87-98), Bürgerrechte (Art. II. 99- 106 und justizielle Rechte (Art. II. 107-110). Unter Titel VII (Art. 111-114) sind allgemeine Bestimmungen über den Anwendungsbereich, die Tragweite der garantierten Rechte, das Schutzniveau und das Verbot des Missbrauchs festgeschrieben.

Würde des Menschen (Titel 1)
Bei der Erarbeitung des Artikels 1 der Grundrechtscharta hatte der Konvent den Artikel 61 Abs. 1 des deutschen Grundgesetzes vor Augen. Der Wortlaut von Artikel 1 der Charta ist daher nahezu identisch mit Artikel 1 Abs.1 des deutschen Grundgesetzes (Barriga 2003: 70). Wie im Grundgesetz steht die Unantastbarkeit der Würde des Menschen ganz am Anfang. Aus deutscher Sicht bedeutete die Verankerung der Menschenwürde im ersten Kapitel der Grundrechtscharta gleichzeitig eine klare Absage an Rechtsextremismus, der dieses zentrale Menschenrecht missachtet (Geiger 2002: 20). Obwohl die Menschenwürde ein in Europa anerkanntes Prinzip ist, entstanden Diskussionen darüber, ob die Würde des Menschen ein eigenes und justiziables Recht sei. Vor allem lehnten die Regierungsbeauftragten Großbritanniens und Schwedens die Konzeption eines eigenen Rechts auf Würde des Menschen ab. Für sie handelte es sich nur um einen allgemeinen Grundsatz, der sich nicht als eigenes Recht im Rechtskatalog der EU finden sollte. Insbesondere bestand Großbritannien darauf, die Würde des Menschen nur in der Präambel zu nennen, nicht in einem Artikel, da sie kein durchsetzbares Recht sei (Bernsdorff/Borowsky 2002: 142). Tatsächlich ist die Menschenwürde nicht ausdrücklich in den Texten der Grundrechte in Schweden und Großbritannien festgeschrieben. Die Mehrheit der Konventsmitglieder befürwortete jedoch die Verankerung eines festgeschriebenen Rechts, da die Würde des Menschen Oberbegriff und Grundwert aller Grundrechte sei. Die Würde des Menschen gehört zum Wesensgehalt der Charta, wie es auch im deutschen Grundgesetz (Artikel 19, Abs.2.GG) der Fall ist.

Zur Würde des Menschen gehören weitere Rechte, die sowohl auf europäischer als auch auf nationaler Ebene seit langem verankert sind. Über das Verbot der Todesstrafe, der Folter und unmenschlicher oder erniedrigender Strafe oder

Behandlung, sowie über das Recht auf körperliche und geistige Unversehrtheit gab es keine Kontroversen (Barriga 2003: 72 u.77). Die Aufnahme des Verbots des Menschenhandels geht auf deutsche Initiative zurück. Dies sollte der aktuellen Entwicklungen auf dem Gebiet der organisierten Kriminalität Rechnung tragen; über dieses Verbot herrschte im Konvent grundsätzlicher Konsens.

Bemerkenswert ist, dass ein neues Element in den Wert „Würde des Menschen" eingegliedert wurde. Dieses bezieht sich auf die Ethik in der Biologie und Medizin und verbietet zum Beispiel eugenische Praktiken oder auch reproduktives Klonen des Menschen. Dieses neue Element, das im Artikel 3 festgeschrieben ist, stützt sich auf die Grundsätze der Bioethik-Konvention des Europarates (Barriga 2003: 74). Die Bioethik-Konvention wurde zwar nicht von allen EU-Mitgliedsstaaten unterzeichnet und ratifiziert; unter den Vertretern der Mitgliedsstaaten war jedoch kaum umstritten, dass sie als Grundlage für Artikel 3 in der Charta zu verwenden sei, eine Ausnahme bildete lediglich der britische Regierungsvertreter. Er wollte dieses Recht grundsätzlich aus der Charta streichen, da die Bioethik-Konvention von der Mehrheit der Mitgliedsstaaten nicht ratifiziert worden sei.[33] Im Hinblick auf Sinn und Zweck der Grundrechtscharta wurde jedoch stets von neuem betont, dass die Charta zukünftige Erwartungen und den Grundrechtsschutz mit Bezug auf neue Entwicklungen in Medizin und Forschung erfüllen solle. Um einen Konsens erreichen zu können wurde Artikel 3 nur sehr allgemein gehalten (Barriga 2003: 75).

Freiheiten (Titel II)
In der Grundrechtscharta sind umfangreiche Freiheiten festgeschrieben, die gleichfalls in nationalen Verfassungen mit unterschiedlichem Wortlaut enthalten sind. In hohem Maße stimmen die Freiheitsrechte überein. Die Gemeinsamkeiten liegen in Gedanken-, Gewissens- und Religionsfreiheit, sowie Meinungsäußerungs- und Informationsfreiheit. Ferner sind Versammlungs- und Vereinigungsfreiheiten kodifiziert. Ebenso ist das Eigentumsrecht in den Grundrechten von vier Ländern gewährleistet. Das Recht auf Wehrdienstverweigerung (Art. 70 Abs. 2) und die Freiheit von Kunst und Forschung (Art. 73) wurden aus dem deutschen Grundgesetz übernommen.

Das Kapitel „Freiheiten" enthält auch Rechte, welche moderne Entwicklungen in Europa berücksichtigen: Artikel 67 sichert jeder Person das Recht auf Achtung ihres Privat- und Familienlebens, ihrer Wohnung sowie ihrer ‚Kommunikation' zu. Die Achtung der Kommunikation wurde angesichts der technischen Entwicklungen in die Charta aufgenommen. Darüber bestand großer Konsens, da durch die Aufnahme des Begriffs „Kommunikation" statt des „Briefverkehrs"

---

[33] Umstritten ist Kapitel II im „Übereinkommen zum Schutz der Menschenrechte und der Menschenwürde im Hinblick auf die Anwendung von Biologie und Medizin" vom 4. April 1997.

3 Ergebnisse der Konventsarbeit

die Grundrechtscharta als moderner Grundrechtskatalog präsentiert werden konnte (Barriga 2003: 81). Weiterhin war der Schutz personenbezogener Daten (Artikel 68) einer der Bereiche, in welchem die Charta besonders dem Anspruch der Modernität gerecht werden wollte. Der schwedische Grundrechtskatalog der Verfassung (§3) beinhaltet bereits diesen Schutz. Als neues Recht wird ferner die unternehmerische Freiheit (Artikel 76) angesehen, als Gegengewicht zu den sozialen Rechten der Arbeitnehmer, wie zum Beispiel das der Berufsfreiheit. Mit diesem „neuen" Recht der Arbeitgeber und den sozialen Rechten der Arbeitnehmer kann die Grundrechtscharta als sozialpartnerschaftlich ausbalanciert angesehen werden (Barriga 2003: 100).

Gleichheit (Titel III)
Bei der Diskussion der Gleichheitsrechte gab es Kontroversen in drei Punkten: dem Minderheitenschutz, der Gleichheit und der Gleichstellung von Mann und Frau und bei den Rechten der Kinder (Bernsdorf/Borowsky 2002: 368).

Vor allem Großbritannien forderte die Aufnahme von Minderheitenrechten in die Charta, da seit Jahren in Europa immer wieder auf die Notwendigkeit hingewiesen wurde, die Rechte von Volksgruppen zu definieren. Artikel 81 Abs. 1 erwähnt die Nichtdiskriminierung aufgrund der „ethnischen Herkunft" oder der „Zugehörigkeit zu einer nationalen Minderheit". Bei Minderheiten geht es aber nicht nur um Gleichbehandlung oder Gleichstellung, sondern auch um die Gewährung von Gruppenrechten, damit Minderheiten als Minderheiten überleben können. Bei den Rechten von Minderheiten, die in der Charta ausdrücklich erwähnt werden sollten, handelte es sich um das Recht auf das eigene kulturelle Leben sowie um das Recht auf eigene Religion und Sprache. Frankreich sprach sich jedoch gegen das Gleichheitsrecht im Fall der Minderheiten aus, obwohl dieses im französischen Recht umfangreich verankert ist. Die Vertreter Frankreichs und Spaniens waren deshalb gegen Gruppenrechte, weil sie die in diesen Ländern bestehenden Autonomie- und Terrorismusprobleme (Korsika und Baskenland) betrafen. Der Begriff ‚Minderheiten' wurde daraufhin fallen gelassen. Stattdessen heißt es: „die Union achtet die Vielfalt der Kulturen, Religionen und Sprachen."

Neben dem oben genannten allgemeinen Diskriminierungsverbot, das sich auf Artikel 14 der Europäischen Menschenrechtskommission (EMRK) und Artikel 13 EUV stützt, verbietet Artikel 21 Abs.1 die Diskriminierung aufgrund genetischer Merkmale. Dies wurde als „eine der großen Diskriminierungsgefahren der Zukunft" angesehen und sollte zur Modernität des Grundrechtskatalogs beitragen.

Gleichheit von Männern und Frauen findet sich in den meisten nationalen Verfassungen der Mitgliedsstaaten. Außerdem ist die Gleichberechtigung von Männern und Frauen ein gemeinschaftliches Grundrecht (Cirkel 2000: 199). An dieser Stelle der Grundrechtscharta war der „Anwendungsbereich" umstritten.

Die Gleichheit sei nicht nur im Berufsleben, sondern auch im gesamten Leben sicher zu stellen.

Bei der Diskussion der Grundrechte für Kinder wurde die Berücksichtigung nicht nur von nationalen Grundrechten, sondern auch von UNO-Konventionen gefordert, darunter der Kinderrechtskonvention (Bernsdorff/Borowsky 2002: 112). In der Grundrechtscharta sollten Kinder nicht nur Schutzrechte, sondern auch Anspruchsrechte erhalten, um als Individuen behandelt werden zu können (Bernsdorff/Borowsky 2002: 369). So sichert Artikel 24 den Kindern beispielsweise den Schutz und die Fürsorge, die für ihr Wohlergehen notwendig sind, zu.

In Titel III („Gleichheit") sind auch Rechte festgeschrieben, wie die von älteren Menschen (Artikel 25) und die Integration von Menschen mit Behinderung (Artikel 86). Der Artikel über den Schutz älterer Menschen stützt sich auf die Europäische Sozialcharta und auf Nr.24 der Gemeinschaftscharta der sozialen Grundrechte der Arbeitnehmer, GSGA.

Solidarität (Titel IV)
In Titel IV sind die sozialen Grundrechte festgeschrieben. Vom deutschen Standpunkt aus sollte der Bereich der sozialen Rechte das Herzstück der Grundrechtscharta sein und von der Europäischen Sozialcharta übernommen werden. Bei den sozialen Grundrechten sollte es sich außerdem nur um Respektierungs-, Schutz- und Förderungspflichten handeln (Barriga 2002: 114).

Dieser Bereich wurde im Konvent allerdings kontrovers diskutiert. Hierzu gehören die folgenden Themen: Zunächst ging es um die Überschrift. Die von Großbritannien vorgeschlagene Überschrift lautete „social cohesion" (sozialer Zusammenhalt). Sie wäre jedoch schwächer als „solidarity" gewesen. Die Ablehnung des Begriffs „solidarity" durch Großbritannien war vor allem für die deutschen Mitglieder nicht nachvollziehbar. Da er jedoch auf Deutsch wie auch auf Englisch bereits in der Präambel des EUV verankert war, wurde der Begriff ‚Solidarität' aufgenommen (Bernsdorf/Borowsky 2002: 373). Der sich fortsetzende Widerstand Großbritanniens zeigte sich bei der Diskussion über das Recht auf Unterrichtung und Anhörung der Arbeitnehmerinnen und Arbeitnehmer in Unternehmen (Art.87). Eine solche Unterrichtungs- und Anhörungspflicht für Unternehmer gibt es im Vereinten Königreich nicht (Barriga 2003: 117). Daher wurde dem durch Verweis auf die einzelstaatliche Rechtslage Rechnung getragen.

Das Streikrecht, das in Artikel 88 explizit erwähnt ist, rief eine kontroverse Debatte hervor. Das Streikrecht ist zwar in allen Ländern anerkannt, hat jedoch nicht in allen Mitgliedsstaaten Verfassungsrang. Für Frankreich und den französischen Senat wäre eine Charta ohne Streikrecht völlig undenkbar und nicht tragbar gewesen. Das britische Recht kennt zwar das Streikrecht, Großbritannien wollte jedoch anfangs die Entscheidung dem Präsidium überlassen (Bernsdorf/ Borowsky 2002: 374). Es gelang im Konvent, grundlegende Arbeitnehmerrechte

3 Ergebnisse der Konventsarbeit

wie z.B. das Streikrecht aufzunehmen und einen Kernbestand sozialer Grundrechte wie z.b. das Recht auf soziale Unterstützung für ein menschenwürdiges Leben zu verankern.

Um das Schutzniveau der sozialen Rechte der Grundrechtscharta zu erhöhen, wurden eine stärkere Verankerung des Rechts auf Umweltschutz und des Verbraucherschutzes als innovative Elemente eingeführt. Umweltschutz ist in Artikel 37 verankert, wobei es jedoch nicht um ein individuelles Grundrecht geht, sondern um ein Gemeinschaftsziel. Daher näherte sich die Formulierung dieses Rechts nach und nach an Artikel 2 und 6 EGV an. Der Grundsatz der nachhaltigen Entwicklung sollte die Verantwortung für zukünftige Generationen betonen. Die konkrete Bedeutung des Umweltschutzes wurde jedoch nicht erörtert (Barriga 2003: 132). Beim Verbraucherschutz (Artikel 38) wurde ein individuelles Recht noch schwächer als in Artikel 37 formuliert. Verbraucherschutz entspricht der im EGV verankerten Querschnittsaufgabe (Artikel 153 EGV) und soll den Verbraucher vor Manipulation von Nahrungsmitteln schützen (Barriga 2003: 133). Dem Umwelt- und Verbraucherschutz soll, wie im Fall des BSE-Skandals, eine größere Bedeutung zukommen. Grundrechte sind unteilbar, daher ist die Grundrechtscharta ein Signal dafür, dass die Europäische Union auch in einer globalisierten Welt an dem Wert der Solidarität festhält (Geiger 2002: 20).

Bürgerrechte (Titel V)
Bei fast allen Artikeln dieses Kapitels entstanden keine oder kaum nennenswerte Kontroversen, da die Bürgerrechte in diesem Kapitel sich auf den EG-Vertrag stützen konnten. Dazu gehören beispielsweise aktives und passives Wahlrecht bei den Wahlen zum Europäischen Parlament (Artikel 99), sowie die Teilnahme an Kommunalwahlen der ortsansässigen EU-Bürger (Artikel 100), das Petitionsrecht (Artikel 104) oder die Freizügigkeit und die Aufenthaltsfreiheit (Artikel 105) u.a.

Justizielle Rechte (Titel VI)
Auch bei diesem Kapitel kam es kaum zu heftigen Diskussionen. Der Grund dafür war einerseits, dass solche justiziellen Rechte in den Grundrechten auf nationaler Ebene gewährleistet sind. Andererseits beruhen die meisten Artikel des Titels VI auf Rechten der Europäischen Menschenrechts-Kommission (EMRK): Als Grundlage des Rechts auf ein unparteiisches Gericht (Artikel 107 Abs. 1) dient zum Beispiel Artikel 13 EMRK, der ein Recht auf eine wirksame Beschwerde im Fall einer Verletzung von EMRK-Rechten vorsieht (Barriga 2003: 144). Das Recht auf einen wirksamen Rechtsbehelf sollte nicht nur bei Verletzungen der in der Grundrechtscharta garantierten Rechte, sondern auch bei jeder Verletzung von individuellen Rechten und Freiheiten gewährleistet sein. Daher wurden Artikel 19 der EP-Grundrechtserklärung und die einschlägige Rechtsprechung des EuGH

zum Vorbild genommen. Abs. 2 sowie Abs. 3 beruhen ebenfalls auf den Rechten der EMRK. In Artikel 107 Abs. 3 ist die Prozesskostenhilfe aufgenommen. Diese wurde aus Artikel 6 Abs.1 EMRK abgeleitet. Dem widersprach Großbritannien jedoch, da die Einräumung eines solchen Rechts Geld kosten würde. Über den Kostenträger ist in Artikel 107 nichts ausgesagt worden.

Die Aufnahme von Artikel 108 (Unschuldsvermutung und Verteidigungsrechte) wurde für den Bereich der „dritten Säule" als relevant angesehen. Dieser Artikel stützte sich auf Artikel 6 Abs. 2 und 3 d EMRK und war praktisch unumstritten (Barriga 2003: 146).

Diskussionsbedarf bestand jedoch von britischer Seite bei der Debatte um Artikel 110 „Recht, wegen derselben Straftat nicht zweimal strafrechtlich verfolgt oder bestraft zu werden". In dieser Debatte stellte sich die Frage, ob dieses Recht nur innerhalb eines Staates oder für alle Mitgliedsstaaten übergreifend gelten sollte. Der britische Regierungsvertreter wies darauf hin, dass es in diesem Bereich anerkannte Regelungen durch die EMRK gibt. Er lehnte daher das staatenübergreifende Doppelbestrafungsverbot ab (Barriga 2003: 147). Man kam jedoch überein, Artikel 110 sowohl innerstaatlich als auch staatenübergreifend in Kraft zu setzen.

Zusammenfassend kann gesagt werden, dass die Grundrechtscharta somit sowohl traditionelle als auch neue Elemente enthält. Die Charta unterscheidet, ähnlich wie das Grundgesetz, zwischen Jedermann-Grundrechten auf der einen Seite und solchen Rechten, die nur Unionsbürgerinnen und -bürgern garantiert werden. Die Grundrechtscharta umfasst in einigen Artikeln deutlich modernere Rechte als die jeweiligen nationalen Verfassungsrechte. Mit den neuen Grundrechten hat der Konvent Neuland betreten (vgl. Übersicht 2). Sie berücksichtigten aktuelle Gefährdungslagen und greifen nicht nur bestehende Grundrechtsartikel aus verschiedenen europäischen Verfassungen auf, sondern antworten auch auf neue Herausforderungen für den Grundrechtsschutz. Die Grundrechtscharta hat vor allem die neuen Entwicklungen im Bereich der Informations- und Gentechnik im Blick und reagierte damit – auch international betrachtet bislang ohne Vorbild – auf künftige Entwicklungen. So sind in Art. 63 Abs. 2 eine Reihe von Rechten und Verboten aufgeführt, die auf dem Gebiet der Medizin und Biologie zu beachten sind, beispielsweise das Verbot eugenischer Praktiken und das Verbot des reproduktiven Klonens von Menschen. Das Recht auf Leben und Unversehrtheit ist hier deutlich im Hinblick auf die grundlegenden Fragen der Medizin und Bioethik formuliert. Die Charta enthält ferner ausdrücklich die als Grundrecht verankerte Garantie des Datenschutzes. Angesichts eines zunehmenden Datenaustauschs als Folge einer anwachsenden wirtschaftlichen Verflechtung in Europa (ein Beispiel hierfür ist das Internet), ist der Datenschutz ein besonders wichtiger Gesichtspunkt (Geiger 2002: 20). Der Schutz personenbezogener Daten in

3 Ergebnisse der Konventsarbeit

Art. 8 sowie das Recht auf Zugang zu Dokumenten in Art.42 sind angesichts oben genannter moderner Gefährdungslagen in die Grundrechtscharta aufgenommen worden (Schaller 2003: 207). Außerdem wurde die Achtung der Vielfalt der Kulturen, Religionen und Sprachen als Signal gegen Fremdenfeindlichkeit in die Charta integriert. Die ausführliche Verankerung von Rechten für den besonderen Schutz von Kindern, Älteren und von Menschen mit Behinderungen ist als moderner Aspekt der Grundrechtscharta anzusehen (Geiger 2002: 20). Auch zum Umwelt- und Verbraucherschutz, zum Zugang zu Dokumenten des Parlaments, des Rates und der Kommission, zum Zugang zu Dienstleistungen von allgemeinem wirtschaftlichem Interesse, zum Recht auf gute Verwaltung, zum Einklang von Familien- und Berufleben sind Rechtsvorschriften aufgenommen worden. Man kann sagen, dass die Charta der Grundrechte der Europäischen Union derzeit das modernste Dokument über Grundrechte darstellt.

Übersicht 2: Die modernen Grundrechte und ihre rechtlichen Ursprünge

Moderne Elemente der Grundrechte	*Ursprüngliche Grundsätze/Verträge*
das Recht auf körperliche Unversehrtheit im Bereich der Biotechnologie	Grundsätze der Bioethik-Konvention des Europarates
das Recht auf Datenschutz	Datenschutz-Übereinkommen des Europarates
Nichtdiskriminierung aufgrund genetischer Merkmale	u.a. EMRK, EUV
die Rechte von Kindern	Kinderrechtskonvention (UNO-Konvention)
die Rechte älterer Menschen	Gemeinschaftscharta der sozialen Grundrechte der Arbeitnehmer, GSGA, Europäische Sozialcharta
Integration von Menschen mit Behinderung	Gemeinschaftscharta der sozialen Grundrechte der Arbeitnehmer, GSGA, Europäische Sozialcharta
Einklang von Familien- und Berufsleben	Europäische Sozialcharta
Zugang zu Dienstleistungen von allgemeinem wirtschaftlichem Interesse	EG-Vertrag
Umwelt- und Verbraucherschutz	EG-Vertrag
das Recht auf eine gute Verwaltung	EG-Vertrag
das Recht auf Zugang zu Dokumenten des Parlamentes, des Rates und der Kommission	EG-Vertrag

Abbildung 13: Aufbau nach Verfassungsentwurf

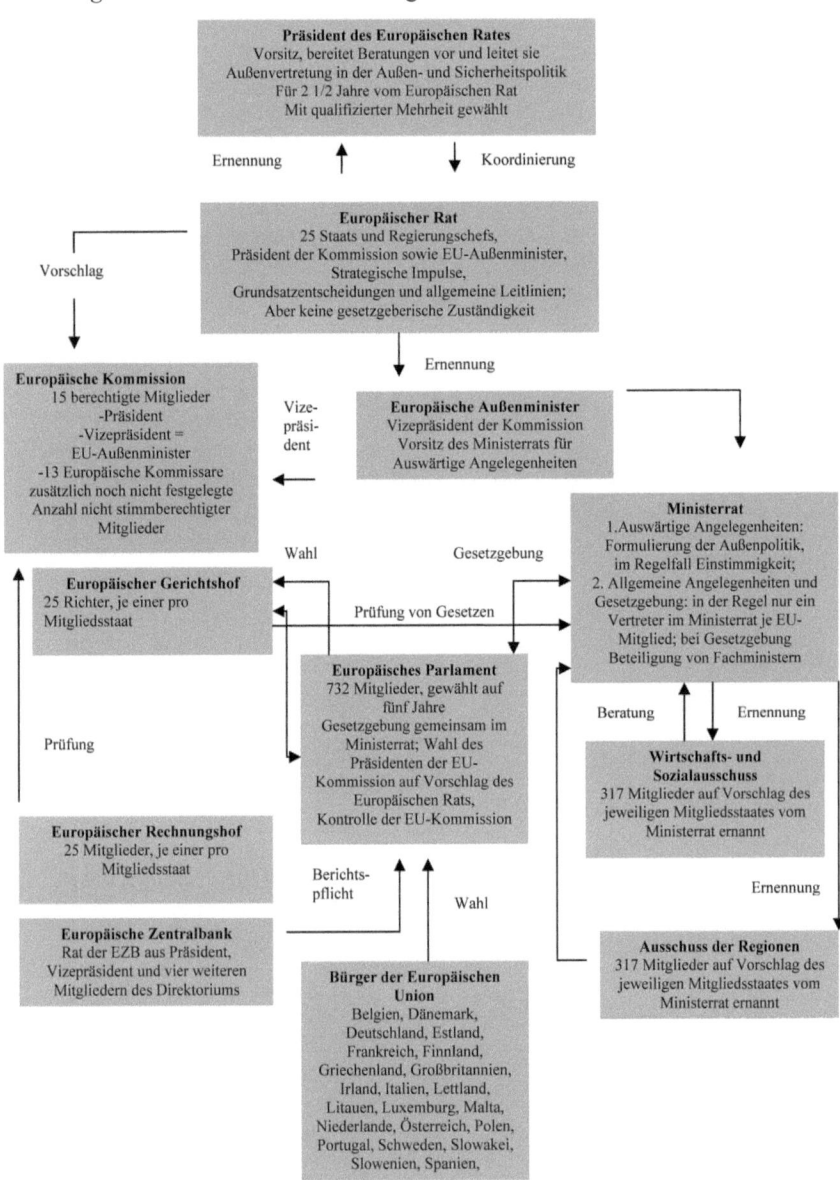

Quelle: Der Fischer-Weltalmanach 2004

3 Ergebnisse der Konventsarbeit

Beurteilung des Verfassungsentwurfs

Die Beurteilung der Ergebnisse dieses Prozesses kann nach drei Maßstäben vorgenommen werden: erstens nach Prinzipien einer „guten" Verfassung, zweitens anhand der Vorgaben, die die Erklärung von Laeken dem Konvent gemacht hat, und schließlich drittens nach dem Maßstab des „guten" Regierens, den sich die Kommission selbst gesteckt hat.

Maßstab: Allgemeine Verfassungsprinzipien
Fragen wir zunächst nach den *allgemeinen Richtlinien*, die eine Verfassung auszeichnen soll und die sowohl aus der Sicht der betroffenen Bürger, als auch aus der Sicht richterlichen und politischen Umgangs mit der Verfassung geboten erscheinen. Welche Prinzipien sollten also eine Verfassung leiten? Folgende lassen sich nennen (vgl. Pfetsch 1985: 28ff.). Eine Verfassung soll
- mindestens zwei Elemente enthalten: zum einen Regelungen hinsichtlich der Kompetenzen der Verfassungsorgane. In föderalen Ordnungen betrifft dies auch die Zuständigkeiten der Gliedkörperschaften gegenüber der Zentrale sowie das Verhältnis der Gliedkörperschaften untereinander. Zum zweiten ist Bestandteil moderner Verfassungen ein Katalog von Grund- und Menschenrechtsbestimmungen, die die Rechte des Bürgers gegenüber der staatlichen Gewalt formulieren;
- nicht auf einseitige Prinzipien gegründet sein, sondern die (ideologische) Gegenkultur mit einbeziehen; eine Verfassung ist auf das Ganze des politischen Gemeinwesens gerichtet und sollte so vielen Bürgern wie möglich ein Wiedererkennen ermöglichen; erst denn kann eine Verfassung einheits- und identitätsstiftend sein;
- sich auf wenige elementare Grundsätze beschränken, damit ohne Verlust des Wesensgehalts sich ändernde gesellschaftliche und politische Wirklichkeiten im Einklang mit der Verfassung gehalten werden können;
- einerseits konkret genug sein, um die juristische Auslegung zu ermöglichen, andererseits soll sie so allgemein wie nötig gehalten sein, damit durch Verfassungsinterpretation neue Realitäten aufgenommen werden können. Ein vernünftiger Kompromiss zwischen Bestimmtheit und Unbestimmtheit ist Voraussetzung für Justiziabilität, Integration und Dauer;
- nicht zu konkret Zeitbestände festschreiben, weil sie sonst gesellschaftlichem Wandel nicht gerecht werden kann;
- die Mitte, das Gleichgewicht, die Mäßigung zum Ausdruck bringen und nicht von Extrempositionen gesellschafts-politischer Lagen bestimmt sein;
- nicht zu häufig revidiert werden; eher soll durch Verfassungsinterpretation eine Fortschreibung erfolgen als über den komplizierten Weg der Revision;

- schließlich überschaubar, klar in den Gedanken, kurz in der Textfassung und etwas feierlich sein.

Wie wurden diese Prinzipien im Verfassungsvertrag umgesetzt? Der Verfassungsvertrag ist einerseits ein Kompromiss zwischen den Interessen der verschiedenen Staaten, andererseits trägt er Prinzipien Rechnung, die zuvor im Weißbuch der Kommission gefordert worden sind. Der Präsident des Verfassungskonvents, Giscard d'Estaing, hat dem Verfassungsentwurf seinen eigenen Stempel aufgedrückt, indem er z.b. die Figur eines Präsidenten und eines Außenministers aufgenommen und damit der Auffassung Rechnung getragen hat, dass die EU durch personalisierbare Repräsentanten sichtbar gemacht werden soll.

Hinsichtlich der Wertgehalte ist z.B. in der Frage religiöser Inhalte weder der Extremposition eines ganz und gar laizistischen, noch eines christlich-göttlichen Bekenntnisses Ausdruck verliehen worden.

Auf wenige elementare Grundsätze, die der Klarheit, Übersichtlichkeit, ja Feierlichkeit gedient hätten, konnte sich der Konvent nicht einigen. Dazu waren die Interessen zu verschieden, die Forderung nach Sonderregelungen zu groß.

Mit seinen 465 Artikeln zählt der Entwurf nicht zu den einfachen und überschaubaren Verfassungen; das Vorbild der amerikanischen Verfassung mit seinen ursprünglichen 7 Artikeln (später ergänzt durch Zusatzartikel) hat nicht Schule machen können und auch nicht das Beispiel des Grundgesetzes mit seinen nur 146 Artikeln. Gemessen an dem Trend der Zeit und vor allem bezogen auf ein so komplexes Gebilde wie die Union darf der Verfassungsentwurf aber als den Umständen entsprechend akzeptabel erscheinen. Eine Überarbeitung im Präambelteil (warum zwei sich z. T. in ihren Aussagen wiederholende Präambeln?) würde mehr Einfachheit und durch Reduzierung Klarheit schaffen.

Vorgaben von Laeken

Der andere Maßstab zur Beurteilung lehnt sich an den Verfassungsauftrag an, die die „*Erklärung von Laeken zur Zukunft der Europäischen Union*" dem Konvent mit auf den Weg gegeben hat. Ende 2001 haben die Staats- und Regierungschefs die Ziele „bessere Aufteilung und Festlegung der Zuständigkeiten in der EU" (ausschließliche Zuständigkeit der Union, Zuständigkeiten der Mitgliedstaaten und geteilte Zuständigkeit), „Vereinfachung der Instrumente" (Art der gesetzgeberischen Akte mit unterschiedlicher Verbindlichkeit), „mehr Demokratie, Transparenz und Effizienz in der EU" (Reform der Organe nach diesen Prinzipien) vorgegeben. Angemahnt werden u.a. mehr Bürgernähe und Sicherheit nach innen und eine führende Rolle in einer neuen Weltordnung, um den Herausforde-

3 Ergebnisse der Konventsarbeit

rungen (religiöser Fanatismus, ethnischer Nationalismus, Rassismus, grenzüberschreitende Kriminalität und Terrorismus) begegnen zu können.

Wie kann das Ergebnis gemessen an den Vorgaben von Laeken beurteilt werden?

Abgrenzung der Zuständigkeiten
Vor allem den Forderungen von deutscher Seite ist entsprechend ein Abgrenzungskatalog in den ersten Teil des Verfassungsentwurfs aufgenommen worden. Es gibt ausschließliche Befugnisse der Union und der Mitgliedstaaten, es gibt eine geteilte Zuständigkeit und es gibt Bereiche, in denen die Union nur ergänzend und unterstützend tätig werden darf. Ähnlich wie bei der amerikanischen oder der deutschen Verfassung werden die Kompetenzen der politischen Zentrale ausdrücklich festgelegt und haben dabei Vorrang vor dem Recht der Einzelstaaten. Der Katalog erscheint vielen als zu unbestimmt, um justiziable zu sein, hat aber den Vorteil, der Auslegung Spielraum zu geben.

Vereinfachung der Instrumente
Die Umbenennung von den bisherigen Rechtsinstrumenten der Verordnungen, Richtlinien und Entscheidungen in Europäisches Gesetz und Europäisches Rahmengesetz könnte mehr Klarheit schaffen. Es gibt aber im weiteren Verfassungstext nicht bindende Bestimmungen zu Verordnungen, Beschlüssen, Empfehlungen, Stellungnahmen, die die Vereinfachung wieder in Frage stellen können.

Demokratie, Transparenz, Effizienz
Die Ausweitung des Mehrheitsentscheids im Rat, die Stärkung des Parlaments, die Verringerung der Zahl der stimmberechtigten Kommissare sind wichtige Verbesserungen im Verfassungsvertrag, die den drei genannten Kriterien Rechnung tragen. Allerdings lösen diese Reformen nicht gänzlich das, was als Demokratiedefizit bezeichnet werden kann. Die Diskussion darüber wird so lange andauern wie nicht einvernehmliche Vorstellungen über den Begriff der ‚Demokratie' gegeben sind. Anzusetzen wäre hier an der Kongruenzbedingung, d.h. an der Übereinstimmung von Entscheidungsberechtigten und Entscheidungsbetroffenen und an der Symmetrie von Kompetenzzuweisungen und entsprechender Legitimation. Bei transnationalen demokratischen Systemen wie der EU ist diese Bedingung zumindest in zweifacher Hinsicht durchbrochen: Zum einen können Entscheidungen, die in einem Mitgliedsstaat getroffen werden, Auswirkungen auf Nachbarstaaten haben; zum andern sind Entscheidungskompetenzen auf supranationale, internationale und transnationale Organisationen verlagert worden. Zwar findet diese Verlagerung im EU-System unter Zustimmung der Mitgliedstaaten und/oder in Netzwerken unter Beteiligung sowohl staatlicher als auch privater Akteure statt; jedoch besitzen die dritte Ebene der Gemeinschafts-

organe und die semistaatlichen Netzwerksysteme eigene Entscheidungskompetenzen bzw. -mechanismen, die nur indirekt an den einzelnen Bürger rückgekoppelt sind.

Der Maßstab des guten Regierens

Schließlich kann als Beurteilungsmaßstab für die Verfassungsergebnisse das angegeben werden, was die *Europäische Kommission* in ihrem Weißbuch von 2001 als Prinzipien für gutes Regieren formuliert hat; hierzu gehören Offenheit, Partizipation, Verantwortlichkeit, Effektivität und Kohärenz. Dabei versteht die Kommission unter

Offenheit die Transparenz von Entscheidungen, die sprachliche Verständlichkeit und Aufklärung darüber, wie die EU Organe arbeiten.

Partizipation meint die Einbeziehung von Akteuren in den Politikgestaltungsprozess und zwar von der Konzipierung bis zur Durchführung; verstärkte Teilhabe erhöhe das Vertrauen in die Institutionen und in die Ergebnisse von Entscheidungen.

Verantwortlichkeit bezieht sich auf die Rollenverteilung bei Gesetzgebung und Durchführung. Jede Institution der EU müsse dem Bürger klar machen, was sie tue und wofür sie die Verantwortung trage.

Effektivität müsse wirksam sein und zur richtigen Zeit erfolgen und auf der Grundlage von klaren Zielen, Folgeabschätzungen und gegebenenfalls mit Erfahrungswerten arbeiten. Sie betrifft das Ziel-Mittel-Verhältnis, das in einem angemessenen Verhältnis stehen müsse.

Schließlich betrifft die *Kohärenz* einen „schlüssigen Politikansatz", der das komplexer werdende System zu einem Gesamten zusammenführt und verschiedene Politikbereiche miteinander verzahnt.

Wie steht es nun mit der Offenheit, der Partizipation und Verantwortlichkeit, sowie der Effektivität und der Kohärenz des Regierens?

Die Offenheit und Transparenz von Entscheidungen sind im Verfassungsvertrag deutlich besser geworden; jedoch bleibt, in der Natur der Sache begründet, der Weg zur Entscheidungsfindung in dem mehrstufigen System kompliziert; die Kompetenzabgrenzung hat etwas mehr Klarheit geschaffen.

Die verstärkte Teilnahme am Gesetzgebungsprozess läuft über Netzbildungen und Erweiterung der Gesetzgebungskompetenzen im Europäischen Parlament.

Die Verantwortlichkeit, die Identifikation von Institutionen und Personen hinsichtlich getroffener Entscheidungen ist durch die Kompetenzabgrenzung erleichtert worden, wenn auch die Trennschärfe der Kompetenzen nicht immer klar zu erkennen ist. Durch die Personalisierung der Repräsentation ist die Zuordnung von Politikern und deren Kompetenzen erleichtert worden.

Zur Effektivität von Entscheidungen hat die vorgesehene Verkleinerung der Kommission beigetragen; der Mehrheitsentscheid im Rat ist jedoch nicht die Regel geworden.

Schließlich ist die Kohärenz zwischen den verschiedenen Politikbereichen nur teilweise gegeben, denn die Abstimmung erfordert in einem Mehrebenensystem wie der EU oft nicht zu bewältigende Anstrengungen.

Alles in allem kann dem Verfassungsvertrag bescheinigt werden, dass er zentrale Vorstellungen des Wünschenswerten erfüllt hat, ohne jedoch allen Vorgaben gerecht zu werden.

Dem Verfassungsentwurf wurde in der wissenschaftlichen Literatur bescheinigt, dass er den Weg in eine transnationale Demokratie beschritten habe (Liebert et al 2003: 318). Die Vereinigung der bisherigen vier Verträge in einem einzigen Dokument, die Verleihung einer eigenen Rechtspersönlichkeit, die Klarstellung der Ziele und Werte, sowie die Aufnahme der Grundrechtscharta seien Glanzpunkte der Konventsarbeit (Giering 2003: 12). Der Verfassungsvertrag, so Christine Landfried (2005: 280ff.) in ihrer empirischen Untersuchung, mache die Union handlungsfähiger und demokratischer, ja die Konventsarbeiten zeigten Züge einer immer wieder geforderten europäischen Öffentlichkeit. Ob der Anzug passt und ob die Verfassung mit Leben erfüllt werden kann, hängt allerdings davon ab, wie sich die Verfassung in der Praxis bewährt, denn die Verfassung ist ein Maßanzug, der auch tatsächlich getragen werden muss.

4 Der steinige Weg der Verabschiedung

Die Annahme des Verfassungsvertrags scheiterte auf dem Brüsseler Gipfel vom 12. und 13. Dezember 2003 vor allem wegen der Einsprüche von Polen und Spanien hinsichtlich ihres Stimmengewichtes im Rat. Mit dem Regierungswechsel in Spanien im Anschluss an die Terroranschläge in Madrid ist die Verabschiedung dann vollzogen worden.

Eine wichtige Hürde besteht in der Annahme des Verfassungsvertrags in den Mitgliedsländern durch Parlamentsentscheid und/oder Referendum. Während die Zustimmung durch die gewählten Volksvertreter in den Parlamenten einigermaßen gesichert erscheint, ist die Annahme durch Referendum mit großen Unwägbarkeiten verbunden. Die Bevölkerungen in Frankreich und den Niederlanden haben Mitte 2005 mehrheitlich mit ‚Nein' gestimmt. Die Ablehnung des Verfassungsvertrags in diesen Ländern kann allerdings nicht als Votum gegen die Verfassung gewertet werden, sondern muss im Kontext nationaler Politik gesehen werden. Vorbehalte in Ländern, die ein Referendum vorgesehen haben, richten sich z.b. gegen den „Stabilitäts- und Wachstumspakt", der von wichtigen Ländern wie Deutschland und Frankreich nicht eingehalten wurde (angemahnt in den Niederlanden), auf Verteidigung, Steuern und Kriminalität (Irland), auf den europäischen „Superstaat" mit Verlust der nationalen Souveränität (Großbritannien, Dänemark und Frankreich) sowie auf die Stimmengewichtung im Rat (Polen). In allen Ländern spielen nationale Themen die ausschlaggebende Rolle, sei es als Kritik an der eigenen Regierung (wie in Frankreich), die für die ökonomische und vor allem soziale Lage verantwortlich gemacht wird, sei es dass die Befürchtung des Verlustes der eigenen Identität beklagt wird. Mit anderen Worten: Die skeptische Haltung einzelnen EU-Bürger richtet sich nicht primär gegen die Verfassung selbst, sondern bezieht sich auf eigene (vermeintlich) nationale Belange. Zugleich stößt die Referendumsdemokratie an ihre Grenzen. Die Verabschiedung einer Verfassung bedarf der genauen Kenntnis des Textes, und diese ist bei einem derart komplizierten Projekt wie dem einer Verfassung nicht gegeben, so dass die Abhaltung eines Referendums geradezu als antidemokratisch bezeichnet werden könnte. Zu Beginn des Jahres 2007 wurde der Verfassungsvertrag bereits in 18 Mitgliedsstaaten angenommen.

5 Zusammenfassung

Im Ergebnis hat die europäische Integration eine lange Periode von mehr als fünfzig Jahren Frieden zwischen den europäischen Staaten gebracht, die sich an der Gemeinschaftsbildung beteiligt haben. Ein neues Modell der Staatenorganisation hat sich entwickelt: die konfrontative nationalstaatliche Machtpolitik wurde durch die kooperative regionale Verhandlungspolitik abgelöst. Eine zuvor nicht gekannte wirtschaftliche Prosperität hat sich ausgebreitet und dem europäischen Bürger Zugang zu Gütern und Werten beschert, wie es nie zuvor in der Menschheitsgeschichte gegeben war. Nach außen hat sich ein in Ansätzen gemeinsames Handeln entwickelt. Westeuropa wurde zu einem Pol der Stabilität, umgeben von Instabilitäten in der Peripherie. Erreicht wurde diese Integration von freiwillig sich zusammenschließenden demokratischen Staaten nach einem Modus, der eine funktionale Gleichheit und den Ausgleich von Diskrepanzen gewährleisten konnte. Kleineren Staaten wurden Beteiligungsrechte eingeräumt. Die Stimmengewichtung im Ministerrat wurde z. B. so gewählt, dass keine besondere Gruppe von Staaten (wie große versus kleine, alte versus neue etc.) überstimmt werden kann. Durch Redistribution (Regionalfonds, Strukturfonds, Kohäsionsfonds) und regionale Teilhabe (Regionalausschuss) wurde versucht, dem Ideal ähnlicher Lebensverhältnisse näher zu kommen. Gleichwohl kann die Integration nicht als abgeschlossen gelten. Es handelt sich vielmehr um einen Prozess, der weitergehen wird, bis eine Balance zwischen den Institutionen gefunden ist. Verlagert haben sich die Themenschwerpunkte. Von politischen und sicherheitspolitischen Überlegungen hat sich das Interesse auf wirtschaftliche und soziale sowie schließlich auf demokratische bzw. partizipatorische Erfordernisse konzentriert. Die Erkenntnisse in den einzelnen Kapiteln lassen sich wie folgt zusammenfassen:

Europa, das mit dem regionalen Integrationsmodell ein neues Politikmuster entwickelt hat, ist Teil des multilateralen Ensembles, das auch im ökonomischen Trilateralismus seinen Ausdruck gefunden hat. Auf Grund der Potentialgrößen und ihres Umsetzungswillens bleibt für die nahe Zukunft die US-amerikanische Hegemonie bestehen; die Vereinigten Staaten sind weiterhin militärisch, politisch und ökonomisch die stärkste Macht. Der alte Gedanke des Machtgleichgewichts nimmt jedoch in Form des Multilateralismus, der von anderen großen Staaten bzw. Staatenverbindungen getragen wird, neue Gestalt an. Im Verhältnis Europa – USA habe ich das Modell der differenzierten Komplementarität vorgeschlagen. Eine sich abzeichnende neue politische Pentarchie mit den USA, der EU, mit Russland, China und Indien bzw. ein ökonomischer Trilateralismus mit der EU, den Staaten der ASEAN+3 und der NAFTA (USA) werden die politischen Gewichte in Zukunft bestimmen.

Dieses Staatenensemble wird überwölbt (möglicherweise untergraben) von Prozessen, die sich unterhalb des Staatlichen abspielen. Der transnationale territorial ungebundene Charakter globaler ökonomischer und technologischer Prozesse fordert den territorial gebundenen Nationalstaat heraus. Doch ist dieser der Globalisierung nicht hilflos ausgeliefert. Sollen in Zukunft ökonomische Krisen, vor allem diejenigen auf den Finanz- und Devisenmärkten, gemeistert werden, müssen die Staaten ihre Handlungskompetenz durch kooperative Verlagerung in internationalen Arenen wiedergewinnen. Der ökonomischen Globalisierungsthese muss die staatliche Verlagerungsthese entgegengesetzt werden.

Die Geschichte der politischen Ordnungsformen, die Europa gekannt hat, war vor allem von der klassischen Allianzföderation geprägt. Das europäische nationalstaatliche Gleichgewicht, das immer wieder von Perioden versuchter oder gelungener Dominanz unterbrochen worden war, wurde unter den besonderen historischen Bedingungen nach dem Zweiten Weltkrieg abgelöst von einer zunächst tastenden, dann realisierten Integrationspolitik. Aus einem Null-Summenspiel mit Verlusten auf der einen und Gewinnen auf der anderen Seite wurde ein Positiv-Summenspiel mit Gewinnen für beide Seiten. Dies ist der entscheidende und einschneidende Paradigmawechsel in den Beziehungen zwischen den europäischen Staaten der Nachkriegszeit. Die von Politikern der Zeit nach dem Zweiten Weltkrieg vertretenen Alternativen wie das ‚Brückenkonzept', das Konzept der ‚Dritten Kraft' oder des ‚mittleren Weges' waren unter den Bedingungen des Kalten Krieges nicht realisierbar; durchgesetzt hat sich vielmehr die Strategie der ‚Politik der Stärke' des Westens auf der Basis demokratischer politischer Strukturen und wirtschaftlichem Wohlstand, eine Strategie, die schließlich den Kalten Krieg überwunden hat und die deutsche Vereinigung ermöglichte. Heute lassen sich als Europa vereinigende Triebkräfte die gemeinsamen Bedrohungen von außen, die wirtschaftliche Regionalkonkurrenz sowie der von den meisten großen Staaten dieser Welt vertretene Multilateralismus nennen.

Das politische System der Europäischen Union ist ein Zwittergebilde zwischen einem Staatenbund und einem Bundesstaat, bzw. Staatenverbund. Das Gebilde aus Supranationalität und Intergouvernementalismus ist eine Innovation der Nachkriegszeit, die im weiterführenden Prozess der europäischen Entwicklung auch mit dem Verfassungsvertrag noch nicht an sein Ende gekommen ist. Diese Entwicklung kennt durch die stetige Erweiterung eine Zufuhr an Komplexität und Differenzierung: Komplexer geworden sind die Beziehungen zwischen den an Zahl stetig gewachsenen Mitgliedstaaten; jeder dieser Staaten hat Eigeninteressen eingebracht und die Vielfalt von historisch gewachsener Kulturen erhöht. Aus der Gemeinschaft, die als ökonomische mit politischen Vorgaben gestartet war, wurde eine Union, die sich in zahlreiche Politikfelder ausdifferenziert hat. Neben der Politik und der Wirtschaft sind Fragen der gemeinsamen Außen- und Sicherheitspolitik, des Sozialen, des Kulturellen, der Grenzsicherung, der Aufnahmekriterien etc. hinzugekommen bzw. wichtiger geworden. Mit der Erweiterung hat sich auch die Frage der Identität neu gestellt. Reichen die identitätsstiftenden und Legitimation verschaffenden Pfeiler des gemeinsamen Erbes, der gemeinsamen Institutionen, der Gemeinsamen Außen- und Sicherheitspolitik, der komplementären Nationalkulturen im Rahmen föderalistischer Strukturen aus, um eine politische Union am Leben zu halten? Kann unter den Bedingungen der steten Erweiterung die Effizienz der Regierbarkeit gewährleistet werden oder zerfällt die Union zu einem losen Staatenverband? Kann insbesondere die EU ein ernst zu nehmender Akteur im internationalen System werden, wenn die Außenpolitik weiterhin eine Domäne nationalstaatlicher Interessen bleibt? Hinter all diesen Fragen stehen Bedenken, denn der Wille, gemeinsam zu handeln, wurde in der Vergangenheit auf harte Proben gestellt. Die Europäische Union kann sich allerdings auf einem ihr eigenen außenpolitischen Feld profilieren, nämlich der inter-regionalen Außenpolitik. Die Gemeinschaft bzw. die Union hat seit den siebziger Jahren versucht, ihr eigenes Modell des Frieden stiftenden regionalen Zusammenschlusses zu exportieren und ist dabei sehr erfolgreich gewesen. In Asien, in Südamerika oder in Afrika steht die EU als Modell für einen friedlichen und friedenssichernden regionalen Zusammenschluss und konnte in diesen Regionen Hebammendienste leisten.

Die Erweiterung wurde in den vergangenen dreißig Jahren mit großer Vorsicht vorgenommen. Aus einem Rhythmus mit jeweils drei pro Dekade neu hinzukommenden Staaten wurde 2004 ein Block von zwölf neuen Mitgliedstaaten; weitere Kandidaten sind benannt. Mit dieser immensen Zunahme hat die Europä-

Zusammenfassung

ische Union eine neue Qualität mit neuen Herausforderungen erhalten. Insbesondere die Frage der Aufnahme der Türkei mit ihren demographischen, geopolitischen, wirtschaftlichen, kulturellen (religiösen) und politischen Besonderheiten hat die europäischen Gesellschaften (ebenso wie die türkische) gespalten. Die Auswirkung auf die EU sind noch nicht absehbar: Aus der soziologischen Theorie von Gruppenentscheidungen, der These wirtschaftlicher Gleichwertigkeit, der Identitätstheorie sowie der unterschiedlichen historischen Erfahrungen folgt, dass sich die EU überfordert hat, um als politische Union existieren zu können. Ich plädiere daher für eine abgestufte Heranführung, für die es heute schon in Gestalt der Wirtschafts- und Währungsunion oder des Schengenabkommens Modelle gibt. Es sind somit diese die Union betreffenden Argumente, die gegen eine auch institutionell abgesicherte Mitgliedschaft der Türkei sprechen.

Ob die Neuordnung der Union mit dem Verfassungsvertrag trägt, muss die Zukunft zeigen. Viel hängt davon ab, wie die neuen (und alten) Mitglieder politisch damit umgehen. Man kann die Einschätzung verhalten optimistisch oder verhalten pessimistisch vornehmen. Optimistisch stimmt die Neuordnung durch die Verfassung, die einigen Kritikern entgegen gekommen ist. Die EU hätte nun Führungspersönlichkeiten institutionalisiert, à la longue die Zahl der Kommissare reduziert, Gesetzgebungsverfahren zum Teil vereinfacht etc. Optimistisch stimmen auch die große Transparenz, die Breite der Öffentlichkeit und die hohe Legitimation, mit der die Konventarbeiten begleitet worden sind. Umso mehr erstaunt, dass dies bei der breiteren Bevölkerung nicht angekommen ist. Ich halte Volksvoten zu so komplizierten Sachverhalten wie sie Verfassungen darstellen, für ungeeignet, ja pseudodemokratisch, wenn nicht sogar undemokratisch. Die Negativvoten in Frankreich und in den Niederlanden haben gezeigt, dass nicht nur über eine europäische Verfassung abgestimmt worden ist, sondern vornehmlich nationale Unzufriedenheiten zum Ausdruck gebracht worden sind.

Es bleiben also viele Unwägbarkeiten. Die Handlungsfähigkeit einer größer und heterogener gewordenen Gemeinschaft steht auf dem Spiel, die Spannungen zwischen divergierenden Auffassungen der Eliten über die Ziele der zukünftigen Union sind sichtbar geworden, die Akzeptanz durch die Bevölkerung ist, wie die Referenden der vergangenen Jahre zeigen, geringer geworden, neue Nationalismen gefährden den Gemeinschaftsgeist; das ökonomische Legitimationspolster der Gründerjahre scheint in Zeiten wirtschaftlicher Krisen aufgebraucht, die Spaltung Europas in wichtigen außenpolitischen Fragen wie dem des Irakkriegs, die Frage der Akzeptanz der neuen Verfassung in den einzelnen – neuen wie alten – Mitgliedsstaaten und deren Bevölkerung, die mögliche Spaltung der EU in der Frage der Aufnahme der nur bedingt als ‚europäisch' zu bezeichnenden Türkei, das Gelingen der komplexen Entscheidungsverfahren zumindest in der Übergangszeit bis etwa 2009, die härter werdenden Umverteilungskonflikte innerhalb der EU bei etwa gleich bleibenden finanziellen Ressourcen, all diese

Verwerfungen lassen Skepsis hinsichtlich des Gelingens einer funktionierenden Gemeinschaft aufkommen. Diese Philippika der Befindlichkeit ließe sich fortsetzen mit Adjektiven zur Verfassung wie unhandlich, unverständlich, zu umfangreich und übergroß etc., muss aber ergänzt werden durch historische Erfahrungen mit einem nunmehr fünfzig Jahre existierenden Politiksystem, das Krisen und Stagnationen immer wieder überwunden, ja zu neuen Impulsen genutzt hat. Das Institutionensystem hat einen Grad der Reife und Festigkeit erreicht, der den Prozess der Integration unumkehrbar gemacht und Krisen mehrfach bewältigt hat.

Quo vadis Europa? Soll das Ziel einer politischen Union mit föderalen und zivilgesellschaftlichen Strukturen beibehalten werden, so gibt es Möglichkeiten, das ‚Haus Europa' so weiter zu bauen, dass nach innen ein stabiles und nach außen ein weltoffenes Gebäude entsteht (Vgl. Kap II.2.). Nach innen muss die Union Handlungsfähigkeit durch Effizienz steigernde Reformen und Partizipation durch demokratische Öffnung erlangen. Nach außen bedarf es eines gemeinsamen Handlungswillens; durch differenzierte Anbindung neuer Staaten kann der erreichte Bestand erhalten werden; eine große Chance der Union liegt in der interregional betriebenen Außenpolitik. Die Legitimation hängt weiterhin von Leistungen ab, die die Union den Bürgern erbringt; dazu müssen Antworten auf brennende Zeitfragen gefunden werden wie die des ökonomischen Wachstums und der sozialen Gerechtigkeit als symmetrische Beziehungen in einer ‚sozialen Marktwirtschaft', des demographischen Wandels (Migration, Alter) und der Sicherheit (Terrorismus). Der Verfassungsvertrag weist für den Um- und Ausbau den Weg in die richtige Richtung. Noch immer gilt die Aussage eines der Gründungsväter: „Nous ne coalisons pas des Etats, nous unissons des hommes" (Jean Monnet).

Abkürzungsverzeichnis

AKP	Afrika, Karibik, Pazifik
APEC	American Pacific Economic Cooperation
ASEAN	Association of South East Asian Nations
ASEM	Asia-European Meeting
BIP	Brutto Inlands Produkt
ECOWAS	Economic Community of West African States
EEA	Einheitliche Europäische Akte
EFTA	European Free Trade Association
EMRK	Europäische Menschenrechts-Kommission
EPZ	Europäische Politische Zusammenarbeit
ERP	European Recovery Program
ESVP	Europäische Sicherheits- und Verteidigungspolitik
EGKS	Europäische Gemeinschaft für Kohle und Stahl
EWG/EG/EU	Europäische Wirtschaftsgemeinschaft/Europäische Gemeinschaft/Europäische Union
EZB	Europäische Zentralbank
GASP	Gemeinsame Außen- und Sicherheitspolitik
GATT/WTO	General Agreement on Tarifs and Trade/ World Trade Organization
GSGA	Gemeinschaftscharta der sozialen Grundrechte der Arbeitnehmer
IGAD	Intergovernmental Authority on Development
KSZE/OSZE	Konferenz/Organisation für Zusammenarbeit und Sicherheit in Europa
MERCOSUR	Common Market South America
NAFTA	North American Free Trade Area
NATO	North Atlantic Treaty Organization
NGO	Non Governmental Organization
OAU/AU	Organization for African Unity/African Union
ODA	Official Development Assistance
OSCE	Organization for Security and Cooperation in Europe
SAARC	South Asian Association for Regional Cooperation
SADC	Southern African Development Community
WAEMU	West African Economic and Monetary Union
WASP	White Anglo Saxon Protestant
WHO	World Health Organization

Personen- und Sachregister

Absolutismus 78, 96, 99
Acton, Lord 25
Adenauer, Konrad 57, 59, 60, 98, 138, 159, 160
Afghanistan 14, 18, 33, 48, 148
Afrika 44, 63, 68, 111, 145, 149, 200
Al Kaida 45
Amato, Giuliano 179
Amsterdam 10, 61, 72, 84, 105, 114, 138, 169, 179
Aristokratie 96, 99
Aron, Raymond 13
Ash, Garton 30
Aufklärung 43, 92, 96, 99, 122f., 181

Balkan 36, 125, 145, 152, 173
Baltische Staaten 73, 153, 164
Barcelona-Prozess 145
Barnes, Julian 83, 97
Belgien 25, 44, 58, 74, 85f., 94, 112, 114, 147, 150, 166
Bell, Daniel 35
Ben Laden 45
Berliner Mauer 14
Blair, Tony 90, 127
Blum, Léon 54ff., 59
Bosnien-Herzegowina 14, 145
Brasilien 62
Briand, Aristide 54f.
Brückenkonzept 57, 199
Brüsseler Pakt 60
Bull, Hedley 39f.
Bundesstaat 68, 123, 126, 157, 200
Bundesverfassungsgericht 47, 63

Bush, George senior 14
Bush, George W. junior 15, 17

Calleo, David 14
CDU 57, 173
Chaban-Delmas, Jacques 59
China 15, 17ff., 22f., 27ff., 62, 144, 154, 199
Chirac, Jacques 20, 88f., 173
Chomeini, Ayatollah 45
Christentum 78, 163, 181, 183f.
Churchill, Winston 21, 58, 60, 67, 98, 111
Clinton, Bill 15
Coudenhove-Kalergi, Graf 54
Czempiel, Ernst-Otto 35, 47

d'Estaing, Giscard 98, 172, 179, 194
Davignon, Etienne 139
de Gasperi, Alcide 59
de Gaulle, Charles 55, 58, 89
de Tocqueville, Alexis 13
Dehaene, J. L. 179
Delors, Jacques 67, 82, 164
Demokratiefriede 15
Den Haag 59
Deutsch, Karl W. 156
Deutschland 9, 17, 22, 25, 30, 37, 54f., 57f., 60, 66, 69f., 73f., 76f., 83, 85ff., 97, 105, 109f., 112, 115, 124, 134, 147f., 150, 160, 164, 167f., 172f., 198
Diderot, Denis 96f.
Dritte Kraft 56, 60

Dubois, Pierre 52
Duisenberg, Wim 88f.

Einheitliche Europäische Akte, EEA 84, 119
Engels, Friedrich 11, 97, 104
Erbakan, Necmettin 45
Estland 73f., 147, 152
Ethnisierung 36f., 44, 46, 48
Euro 28, 71, 99f., 113, 126, 145f., 165, 172
Europäische Politische Zusammenarbeit, EPZ 138, 148
Europäische Verteidigungsgemeinschaft, EVG 175
Europäische Zentralbank, EZB 69
Europäisierung 19, 35, 37, 42, 46, 48, 62, 88, 165

Faure, Edgar 59, 81, 84
finalité' 12
Fouchet, Christian 67, 139, 175
Frankreich 9, 17, 19, 23, 25, 44, 53, 55, 58ff., 69f., 74, 76, 85ff., 94, 96f. 105, 110, 112, 114f., 119, 132, 134, 147f., 150, 159, 164, 167, 172, 187f., 197f., 201
Friedrich II. 97

Galtung, Johan 79, 85, 86
Gemeinsame Außen- und Sicherheitspolitik, GASP 20, 112, 138, 141ff.
Gleichgewicht 14f., 19, 26, 51f., 55f. 59f., 78ff., 99, 161, 193, 199
Globalisierung 10, 19, 22, 34ff., 39ff., 45f., 48f., 62f., 68, 71, 81, 88, 141, 153, 165, 199

Golfkrieg 18, 41, 48
governance 15, 34, 36f., 46f., 49, 129, 144
Gramsci, Antonio 13
Griechenland 73f., 85, 147, 152, 166, 172
Großbritannien 19, 25, 40, 55, 58ff., 71, 73f., 86f., 94, 111f., 147, 150, 152ff., 163f., 166, 174, 185, 187f., 190, 198
Grotewohl, Otto 57
Grotius, Hugo 53
Guizot, François 104
Gurr, Ted Robert 94

Habermas, Jürgen 34, 128
Hallstein, Walter 63, 157, 171
Handelsstaat, ziviler 12, 146, 149
Heath, Edward 67
Hegel, Georg Wilhelm Friedrich 13, 92, 97, 104, 108
Heiliges römisches Reich deutscher Nation 97
Heinrich IV. 52f.
Helsinki 105, 140ff., 148, 173
Heraklid 113
Herder, Johann Gottfried 92, 108
Hertz, John 35, 98
Herzog, Roman 184
Hitler, Adolf 54f., 58, 98, 159
Hoffmann, Hans 58, 63
Hugo, Victor 54, 66
Humboldt, Wilhelm von 92f., 98, 110, 123, 177
Huntington, Samuel 19, 23, 49, 92
Hussein, Saddam 45

Indien 15, 19, 27f., 30f., 62, 144, 199

Interdependenz 23, 26, 42, 47, 51, 55, 59f., 132
Irak 14, 17f., 20, 26, 45, 48
Irakkrieg 11, 30, 32f., 104, 144, 150, 201
Iran 17f., 45
Israel 145, 172
Italien 9, 19, 58, 73f., 76f., 79, 83, 85f., 94, 110ff., 114f., 147, 150, 164, 166f.

Japan 15, 17, 22f., 29f., 33, 62f., 76, 144, 154
Jaspers, Karl 109
Jospin, Leonid 127
Juppé, Alain 172

Kagan, Robert 31
Kaiser, Jakob 57, 60
Kanada 33, 96, 125, 144
Kant, Immanuel 23, 53, 55f., 67, 97
Karl der Große 51, 110
Katharina die Große 96
Kemalismus 45, 171
Kennan, George 60, 159
Kennedy, Paul 14, 18, 30, 32, 160
Kissinger, Henry 19, 51, 141
Kluxen-Pyta, Donate 87
Kohl, Helmut 57, 88f., 138
Konvent 157, 172, 175, 177ff., 183ff., 188, 190, 193f., 201
Kopenhagen 70, 155, 162, 171ff.
Korea, Nord 17
Kosovo 14, 148
Kramer, Helmut 34

Laeken 179, 193ff.
Lassalle, Ferdinand 177
Lega Nord 94

Leonardo da Vinci 96f., 99
Lettland 73f., 147, 152, 161, 164, 166
Liberalismus 15, 19f., 39, 76, 97
Ludwig XIV. 76, 98
Luxemburg 25, 73, 75, 85, 132, 139f., 147, 160f., 163f.

Maastricht 10, 61, 66, 69, 84, 105, 119, 141, 148, 175, 179
Machiavelli, Niccolo 13, 76, 81, 82
Makedonien 14, 152
Mann, Thomas 91, 97
Marx, Karl 11, 97, 104, 108
McClelland, David 76
McGrew, Anthony 40
Menschenrecht, Menschenrechtscharta 59, 79, 99, 116, 126, 140ff., 144, 159, 162, 172, 179, 182, 184f.
Merkel, Angela 173
Metternich, Fürst von 104
Mill, John Stuart 158
Mitterand, François 59
Monnet, Jean 59, 68, 75, 97, 99, 101, 126, 147, 151, 170, 202
Montesquieu 123
Multilateralismus 15, 19ff., 25f., 30f., 34, 62, 143, 149, 153, 199f.
Murray, Charles 97

Nah-Ost-Konflikt 36, 145
Napoleon 98, 104, 159
Neue Weltordnung 13f., 194
Nizza 10, 61, 114, 130, 134, 152, 167f., 175, 178f., 182, 184
Nye, Joseph 21, 25, 154, 160f.

Ostasien 22, 31f., 40, 62, 79, 145
Österreich 19, 55, 75f., 85f., 147, 152, 159, 166

Ost-West-Konflikt 13f., 19, 61, 154, 157, 172, 179

Partikularismus 96
Pentarchie 13, 19, 199
Pleven, René 60
Polen 23, 55, 75, 147, 150, 152, 164, 166, 197f.
Polyzentrismus 21, 23
Prodi, Romano 173

Realismus 15, 19
Region, Regionalismus 15, 19, 21f., 26, 77, 79f., 94f, 122, 154
Römische Verträge 69
Roosevelt, Franklin Delano 21
Rousseau, Jean-Jacques 53, 81f., 91, 97, 123, 177, 179
Russland 15, 17ff., 28, 31, 42, 58, 62, 111, 144f., 152, 199

Saint Pierre, Abbé de 53, 55
Saint-Simon, Graf von 54, 56
Sartori, Giovanni 91, 132f.
Scharpf, Fritz 42, 44, 63
Schäuble, Wolfgang 173
Schiller, Friedrich 76, 109
Schmidt, Helmut 25, 31, 172
Schönfeld, Hans 55
Schumacher, Kurt 57, 60
Schuman, Robert 39, 59ff., 163
Schweiz 40, 66, 85, 96, 112f., 119, 125, 158
Shapiro, Meyer 79, 80
Sidjanski, Dusan 125
Slowakei 73, 75, 147, 152, 164
Smith, Adam 108, 158
Solana, Javier 20, 31, 143, 149
Somalia 14, 36

Spanien 44, 55, 73, 75, 77, 85f., 94, 111f., 147, 150, 152, 164, 166, 187, 197
SPD 57f.
Staatenbund 9, 55, 176, 200
Staatsräson 78
Stabilitäts- und Wachstumspakt 74, 198
Stoiber, Edmund 127
Subsidiarität 43, 63, 66, 90f., 101, 123, 126f., 130, 157, 168, 178, 180, 183
Südamerika 31, 63, 149, 154, 200
Südostasien 22, 63
Sully, Maximilien de Béthune 52f., 55
Symmetrie, Asymmetrie 35, 49, 67, 116, 118, 160, 195
Syrien 145

Taliban 17
Tindemans-Report 67
Trichet, Jean-Claude 88f.
Türkei 11, 45, 80, 146f., 152, 161, 164, 170ff., 201

Unilateralismus 15, 25, 29, 33, 62
UNO, VN 20, 41, 48, 141, 147f., 185, 188, 191
USA 15ff., 22, 24ff., 28ff., 39f., 55f., 62f., 73ff., 83, 86, 91, 96, 104f., 112, 124f., 140, 144, 149, 154, 159, 161, 172f., 199

Verfassung, Verfassungsvertrag 10f., 67f., 72, 84, 110, 114, 116, 120, 124, 126f., 157, 168f., 175, 177f., 181f., 184, 194ff., 200ff.
Voltaire 96f.

Wallace, Helen und William 43
Werner-Plan 67, 69, 110, 164, 175
Wessels, Wolfgang 42
Wright, Quincy 13

Zivilgesellschaft 24, 34, 45, 68, 86, 87, 122, 128, 180
Zypern 75, 147, 152, 164, 166, 172f.

Literaturverzeichnis

Abelshauser, Werner (Hrsg. u.a.) 1979: Deutsche Sozialgeschichte. München: Beck.
Adenauer, Konrad 1966: Erinnerungen. Bd.2. Stuttgart: Deutsche Verlagsanstalt.
Almond, Gabriel A. / Verba, Sidney 1963: The Civic Culture. Princeton: Princeton UP.
Almond, Gabriel A./ Verba, Sidney (eds.) 1980: The Civic Culture Revisited. Boston-Toronto: Little Brown.
Altvater, Elmar 2003: Monitäre Krisen und internationale Finanzarchitektur. In: Stiftung Entwicklung und Frieden – Globale Trends 2004/2005, Fakten, Analysen, Prognosen. Franfurt/M.: Fischer Taschenbuch.
Assmann, Jan 1997: Das kulturelle Gedächtnis. München: Beck.
Barnes, Samuel H. / Kaase, Max u.a. 1979: Political Action. Mass Participation in Five Western Democracies. Beverly Hills: Sage.
Barriga, Stefan 2003: Die Entstehung der Charta der Grundrechte der EU. Baden-Baden: Nomos.
Beck, Ulrich 1996: Die Erfindung des Politischen. Zu einer Theorie reflexiver Modernisierung. Frankfurt: Suhrkamp.
Beichelt, Timm 2004: Die Europäische Union nach der Osterweiterung. Wiesbaden: Verlag für Sozialwissenschaften.
Ben-David, Joseph 1961: The scientist's role in society. New Jersey: Prentice-Hall.
Berg-Schlosser, Dirk 1985: Politische Kultur. In: D. Nohlen (Hrsg.) Pipers Wörterbuch zur Politik, Vol I, S. 746-751. München: Piper.
Berg-Schlosser, Dirk/Rytlewski, R. (Hrsg.) 1993: Political Culture in Germany. N.Y.: St. Martin's.
Bernsdorff, Norbert/Borowsky, Martin 2002: Die Charta der Grundrechte der Europäischen Union – Handreichungen und Sitzungsprotokolle. Baden-Baden: Nomos.
Billing, Hans-Jürgen und Markus Lerch (Hrsg.) 2005: Theorien der europäischen Integration. UTB/VS.
Bloom, William 1990: Personal Identity, national identity and international relations. Cambridge: Cambridge University Press.
Boyer, Robert / Drache, Daniel (eds.) 1996: States against Markets. London and New York: Routledge.
Brague, Rémi 2001: Eccentric Culture. A Theory of Western Civilization. South Bend: Saint Augustine's Press.
Buchanan, James & Tullock, Gordon 1962: The Calculus of Consent – logical foundations of constitutional democracy. Ann Arbor: Univ. of Michigan Press.
Bull, Hedley 1977: The Anarchical Society. London: Macmillan.
Busch, Andreas 1999: Die Globalisierungsdebatte: Ein einführender Überblick über Ansätze und Daten. In: Busch/Plümper 1999, 13-40.
Busch, Andreas, Plümper, Thomas (Hrsg.) 1999: Nationaler Staat und internationale Wirtschaft. Baden-Baden: Nomos.

Calleo, David 1987: Beyond American Hegemony. New York: Basic Books.
Capra, Frijof 1988: Wendezeit. München: Knauer.
Cerutti, Furio 1997: Identität und Politik. (It.: Identità e politica. Roma/Bari 1996). In : Internationale Zeitschrift für Philosophie, 2, 175-201.
Cirkel, Johannes 2000: Die Bindungen der Mitgliedstaaten an die Gemeinschaftsgrundrechte. Baden-Baden: Nomos.
Conradt, David P. 1980: The Changing German Political Culture. In: Almond, Gabriel / Verba, Sydney (Hrsg.) 1980: The Civic Culture Revisited. Boston-Toronto: Little Brown, 212-272.
Dekker, Paul / Koopmans, Ruud / Van den Broek, Andries 1997: Voluntary associations, social movements and individual political behavior in Western Europe. In: Hans Kenan (ed.): Private Groups and Public Life. Amsterdam
Delanty, Gerard 1995: Inventing Europe. Idea, Identity, Reality. Houndsmills/London: Macmillan.
Duchêne, François 1973: Die Rolle Europas im Weltsystem. In: M.K. Kohnsramm/W. Hager (Hrsg.): Zivilmacht Europa – Supermacht oder Partner? Frankfurt/M.: Suhrkamp, S.11-35.
Empire Amerika 2003: Perspektiven einer neuen Weltordnung. München: DVA.
Etzioni, Amitai. 1962: Complex organizations. New York: Holt, Rinehart and Winston.
EU-Vertrag/EG-Vertrag in den Fassungen von Maastricht und Amsterdam mit Protokollen, Schlussakten und Erklärungen 1998. München: Dtv.
Faber, Malte/Breyer, Friedrich 1980: Eine ökonomische Analyse konstitutioneller Aspekte der europäischen Integration. In: Jahrbuch für Sozialwissenschaften, Bd. 31, S. 213-227.
Faure, Guy Olivier and Rubin, Jeffrey Z. 1993: Culture and Negotiation. Newbury: Sage.
Fest, Joachim 1991: Der zerstörte Traum. Vom Ende des utopischen Zeitalters. Berlin: Siedler.
Friedrich, Carl Joachim 1963: Man and His Government. N.Y. et al: Mcgraw-Hill.
Fukuyama, Francis 1992: Das Ende der Geschichte. München: Kindler.
Gabriel, Oscar (Hrsg.) 1992: Die EG-Staaten im Vergleich. Strukturen, Prozesse, Inhalte. Opladen: WdV.
Galtung, Johan 1981: Structure, culture, and intellectual style: An essay comparing saxonic, teutonic, gallic and nipponic approaches. In: Social Science Information, 20/6, pp. 817-856.
Gasteyger, Curt (Hrsg.) 1966: Einigung und Spaltung Europas-1942-1965. Frankfurt/M.: Fischer.
Gasteyger, Curt (Hrsg.) 1994: Europa zwischen Spaltung und Einigung 1945-1993. Bonn: Bundeszentrale für Politische Bildung.
Geiger, Hansjörg 2002: Die Schaffung der Grundrechtscharta für die Europäische Union. In: Heusel, Wolfgang (Hrsg.): Grundrechtscharta und Verfassungsentwicklung in der EU. Köln: Bundesanzeiger.
Gellner, Ernest 1983: Nations and Nationalism. Ithaca: Cornell UP.
Gerhardt, Uta 1996: Die Geburt Europas aus dem Geist der Soziologie. In: Ruperto Carola 2, 24-30.

Giering, Claus (Hrsg.) 2003: Der EU-Reformkonvent – Analyse und Dokumentation. Gütersloh/München: Bertelsmann Stiftung.
Giesen, Bernhard 2002: Europäische Identität und transnationale Öffentlichkeit – eine historische Perspektive. In: Kaelble, Hartmut / Kirsch, Martin u.a. (Hg.): Transnationale Öffentlichkeiten und Identitäten im 20. Jahrhundert. Frankfurt/M.: Campus, 67-84.
Glyn, Andrew 1995: Social Democracy and Full Employment. In: New Left Review (211), London: New Review Left Ltd., 33-55.
Grabbe, Heather and Kirsty Hughes 1998: Enlarging the EU Eastwards. London: The Royal Institute of International Affairs.
Grimm, Dieter 2002 (3). Die Zukunft der Verfassung. Frankfurt/Main: Suhrkamp.
Guérot, Ulrike/Andrea Witt 2004: Europas neue Geostrategie. In: Apuz B 17, 19.4.
Gurr, Ted Robert 1993: Why Minorities Rebel – A Global Analysis of Communal Mobilization and Conflict since 1945. In: International Political Science Review, Vol 14, No. 2 April, 161-201.
Habermas, Jürgen 1996: Die neue Unübersichtlichkeit. Frankfurt/Main: Suhrkamp.
Hanefeld, Volker 1996: Herders Nationenbegriff. Magisterarbeit Universität Heidelberg.
Havel, Vaclav 1995: Vorspruch zur Charta der Europäischen Identität. Europa-Union Deutschland. http://www.europaunion.de/fileadmin/files_eud/PDFDateien_EUD/ CHARTA_DER_EU ROP_ISCHEN_IDENTIT_T.pdf
Hegel, Georg W.F. 1970: Rechts-, Pflichten- und Religionslehre. In: Moldenhauer, Eva (Hrsg.).: Hegel Werke Bd. 4. Frankfurt: Suhrkamp.
Hennis, Wilhelm (Hrsg.) 1977: Regierbarkeit. 2 Bde. Stuttgart: Clett-Cotta.
Héraclite d'Ephèse (1995): Les „Fragments". Paris: Edition Comp'Act.
Herder, Johann Gottfried o. J: Ideen zur Philosophie der Geschichte der Menschheit. Werke Bd.11. In: Düntzer, Heinrich. (Hrsg.). Berlin.
Hertz, John H. 1969: The Territorial State Revised: Reflections on the Future of the Nation-State. In: James Rosenau (ed.): International Politics and Foreign Policy. N.Y.: Free Press.
Hill, Christopher and Michael Smith: International Relations and the European Union 2005. Oxford/N.Y.: Oxford UP.
Hix, Simon 1999: The political system of the European Union. Houndsmills (u.a.): Macmillan.
Hondrich, Karl Otto 1992: Lehrmeister Krieg. Reinbek: rororo.
Humboldt, Wilhelm von 1792: Ideen zu einem Versuch, die Grenzen der Wirksamkeit des Staates zu bestimmen. In: Gesammelte Schriften, Bd.1, Berlin 1903; Reclam Ausgabe Stuttgart 1967.
Huntington, Samuel P. 1996: The Clash of Civilizations. Dt. von Holger Fliessbach: Kampf der Kulturen. München/Wien: Europaverlag.
Kagan, Robert 2003: Macht und Ohnmacht. Berlin: Siedler.
Kanter, Kathleen 2006: What is a European Identity? The Robert Schuman Centre for Advanced Studies. Florence.
Katzenstein, Peter J. 1985: Small States in World Markets. Ithaca: Cornell University Press.
Kennedy, Paul 1987: The Rise and Fall of Great Powers. N.Y.: Random House.

Keohane, Robert O. 1984: After Hegemony: Cooperation and Discord in Political Economy. Princeton : Princeton University Press.
Kissinger, Henry A. 1994: Diplomacy. N.Y.: Simon & Schuster.
Klaas, Helmut 1978 : Die Entstehung der Verfassung für Rheinland-Pfalz. Boppard : Boldt.
Kleinert, Jörn und Klodt, Henning 2002: Causes and Consequences of Merger Waves. Working Paper Nr. 1092: Kieler Institut für Weltwirtschaft.
Kluxen-Pyta, Donate 1998: La Nation et l'Europe: Le débat allemand. In: J.Delors (Ed.): France-Allemagne: Le bond en avant. Paris: Odile Jacob, pp.65-112.
Knipping, Franz und Matthias Schönwald (Hrsg.) 2004: Aufbruch zum Europa der zweiten Generation. Trier: Wissenschaftlicher Verlag.
Knutsen, Torbjorn L: 1999: The rise and fall of world orders. New York: Manchester UP.
Kramer, Helmut (Hrsg.) 1995: Politische Theorie und Ideengeschichte im Gespräch. Wien: WUV-Univ.-Verlag.
Krell, Gert 2003: Weltbilder und Weltordnung. Einführung in die Theorie der Internationalen Beziehungen. Baden-Baden: Nomos
Kymlicka, Will 1995: Multicultural Citizenship. Oxford: Clarendon.
Landfried, Christine 2005 : Das politische Europa. 2. Auflage. Baden-Baden: Nomos.
Lapeyronnie, Didier 1998: Nation, démocratie et identités en Europe. In: Kastoryano, Riva: Quelle identité pour l'Europe? Paris: Presse de Science Po, 219-246.
Lassalle, Ferdinand (1862) 1919: Über Verfassungswesen. In : Eduard Bernstein (Hrsg.): Ferdinand Lassalle. Gesammelte Reden und Schriften. Berlin: Cassirer.
Lepsius, Rainer M. 1991: Nationalstaat oder Nationalitätenstaat als Modell für die Weiterentwicklung der Europäischen Gemeinschaft. In: Rudolf Wildenmann (Hrsg.): Staatswerdung Europas? Baden-Baden: Nomos.
Liebert, Ulrike / Falke, Josef / Packham, Kathrin / Allnoch, Daniel (Hrsg.) 2003: Verfassungsexperiment. Europa auf dem Weg zur transnationalen Demokratie? Münster: LIT.
Loth, Wilfried 1980: Die Teilung der Welt 1941-1955. München: dtv.
Löwenthal, Richard 1948: Jenseits des Kapitalismus. Wien: Verlag der Wiener Volksbuchhandlung.
Lyotard, Jean-François 1994: Das postmoderne Wissen. Wien: Passagen.
Mann, Thomas 1968: Politische Schriften und Reden. Erster Band. Betrachtungen eines Unpolitischen. Frankfurt: Fischer.
Marin, Bernd 1982: Die Paritätische Kommission – Aufgeklärter Technokorporatismus in Österreich. Wien: Internationale Publikationen.
Mascelet, Jean-Claude 1994: L'union politique de l'Europe. Paris.
Maull, Hanns 2002: Die 'Zivilmacht Europa' bleibt ein Projekt. In: Blätter für deutsche und internationale Politik, 12, 1467-1478.
Mcclelland, David C. 1961: The Achieving Society. N.Y.: The Free Press .
McGrew, Anthony G. / Lewis, Paul G. 1992: Global Politics – Globalization and the nation state. Cambridge: Polity Press.
McGrew, Anthony G./Lewis, Paul G. 1993: Global Politics. Cambridge: Polity Press.
Morgenthau, Hans J. 1993: Politics Among Nations – The Struggle for Power and Peace. NY: Mcgraw-Hill.

Morin, Edgar 2002: European civilization. In: Mozafari, Mehdi: Globalization and Civilations. London/N.Y., 125-150.
Mozaffari, Mehdi (Ed.) 2002: Globalization and Civilizations. London/N.Y.: Routledge.
Münch, Richard 1993: Das Projekt Europa. Frankfurt a. Main: Suhrkamp.
Murray, Charles 2003: Human Accomplishment: The Pursuit of Excellence in the Arts and Sciences, 800 B.C. to 1950. N.Y.: Harper Collins.
Neunreither, Karlheinz 2000: The European Union in Nice: A Minimalist Approach to a Historic Challenge. In: Government and Opposition, 36/2.
Novalis (Friedrich von Hardenberg) 1965: Schriften. 2 Bände. Das philosophische Werk. Darmstadt: Wiss. Buchgesellschaft.
Nye, Joseph S. 1973: Mechanismen und Voraussetzungen regionaler Wirtschaftintegration. In: Nye, Joseph S.: Peace in Parts. Integration and Conflict in Regional Organization. Boston: Little, Brown & Co, 77-79.
Nye, Joseph S.(Ed.)1968: International Regionalism. Boston: Little Brown& Company
O'Brian, Richard 1992: Global Financial Integration. The End of Geography. London: Pinter.
OECD 1996: Globalization and Linkages to 2020: Challenges and Opportunities for the OECD Countries. Paris: OECD.
Ohmae, Kenichi 1990: The Borderless World. New York: Harper-Business.
Ohmae, Kenichi 1995: The End of the Nation State. The Rise of Regional Economies. New York: Free Press.
Olson, Mancur 1968: Die Logik des kollektiven Handelns. Tübingen: Mohr.
Ossowska, Maria/Ossowski, Stanislaw 1936: The Science of Science. In: Organon. Warschau und in Minerva, Autumn 1964, Vol.III, Nr 1.
Pfetsch, Frank R. 2005(3): Die Europäische Union. München: Fink/UTB.
Pfetsch, Frank R. 2001: The Politics of Culture and Identity in Europe. In: Cerutti, Furio/ E. Rudolph (eds.): A Soul for Europe. Leuven: Peeters, 113-132.
Pfetsch, Frank R. 2000: Europa eine Seele geben. Elemente einer gemeinsamen kulturellen Identität. In: Internationale Politik. 8, 45-52. (Englische Fassung: A Soul for Europe. In: Internationale Politik. Transatlantic Edition 4/2000, Vol.1 Winter Issue, S. 32-38).
Pfetsch, Frank R.1994: Tensions on Sovereignty. Foreign Policies of EC Members Compared. In: European Foreign Policy. The EC and Changing Perspectives in Europe. (Eds.) Walter Carlsnaes and Steve Smith. (Sage) London, p.120-137.
Pfetsch, Frank R. 1993: Die Außenpolitik der Bundesrepublik Deutschland 1949-1992. München: Fink/UTB.
Pfetsch, Frank R. 1985: Verfassungspolitik der Nachkriegszeit. Darmstadt: Wissenschaftliche Buchgesellschaft.
Reichel, Peter 1981: Politische Kultur der Bundesrepublik. Opladen: Leske und Budrich.
Rohe, Karl 1994: Politik – Begriffe und Wirklichkeiten. Stuttgart u.a.: Kohlhammer.
Rosenau, James N./ Czempiel, Ernst-Otto (eds.) 1992: Governance without Government: Order and Change in World Politics. Cambridge: Cambridge University Press.
Rousseau, Jean-Jacques (1762) 1979: Der Gesellschaftsvertrag. Stuttgart: Reclam.
Sachs, Jeffrey and Warner, Andrew 1995: Economic Reform and the Process of Global Integration. In: Brookings Papers on Economic Activity 1/1995.

Sartori, Giovanni 1965: Democratic Theory. N.Y. et al: Praeger.
Sartori, Giovanni 1984: Selbstzerstörung der Demokratie? Mehrheitsentscheidungen und Entscheidungen von Gremien. In: Guggenberger, Bernd / Offe, Claus (eds.) 1984, 83-107.
Schaller, Werner 2003: Die EU-Mitgliedstaaten als Verpflichtungsadressaten der Gemeinschaftsgrundrechte. Baden-Baden: Nomos.
Scharpf, Fritz 1994: Mehrebenenpolitik im vollendeten Binnenmarkt. In: Staatswissenschaft und Staatspraxis 5/4, 475-502.
Scharpf, Fritz W. 1996. Demokratie in der transnationalen Politik. MPIfG Working Paper 96/3. Köln: Max-Planck-Institut für Gesellschaftsforschung.
Schimmelfennig, Frank 2001: The Community Trap. Liberal Norms, Rhetorical Action, and the Eastern Enlargement of the European Union. In: International Organization 55, Bd.1: 47-80.
Schmidt, Helmut 2004: Die Mächte der Zukunft. Berlin: Siedler.
Schmidt, Manfred G. 1995: Wörterbuch zur Politik. Stuttgart: Kröner.
Schmitt, Carl 1950: Nomos der Erde im Völkerrecht des Jus Publicum Europaeum. Berlin: Greven.
Schütz, Charlotte 2001: Die Charta der Grundrechte für die EU – ein Fortschritt für den europäischen Grundrechtsschutz? In: Vierteljahreshefte für Rechts- und Verwaltungspolitik, 36, 138-143.
Schwank, Nicolas 2004. Der Kampf der Kulturen – das Erklärungsmuster für Konflikte im 21. Jh. In: Pfetsch, Frank R. (Hrsg.). Konflikt. Heidelberger Jahrbücher Bd.48. Berlin: Springer.
Seitz, Konrad 1992: Die japanisch-amerikanische Herausforderung. In: Aus Politik und Zeitgeschichte, Bd. 10-11, S. 3-15.
Shapiro, Meyer 1953: Style. In: Kroeber Anthropology Today, ed. By A.L.Kroeber
Sidjanski, Dusan 2001: L'approche fédérative de l'Union européenne ou la quête d'un fédéralisme européen inédit. Groupement d'Etudes et de Recherches 'Notre Europe', Geneva May.
Skach, Cindy 2005: Constitutionalizing the European Union. In: Journal of Common Market Studies, 43/1, 149-170.
Smith, Adam (1776) 1978: Der Wohlstand der Nationen. München: dtv.
Smith, Antony D. 1992: National Identity and European Union. In: International Affairs, 68/1, 55-76.
Solana, Javier 2003: Ein sicheres Europa in einer besseren Welt. Brüssel: Europäischer Rat.
Stocker, Frank 1996: Die Rolle der Sprache in der Europäischen Union. Magisterarbeit, Universität Heidelberg.
Strange, Susan 1995: The Limits of Politics. In: Government and Opposition 30, 291-311.
Suleiman, Ezra N. 1991: State Structures and Clientelism: The French State versus the 'Notaires'. In: British Journal of Political Science 17, 257-279.
Theimer, Walter 1988 : Geschichte des Sozialismus. Tübingen: Francke.
Thomas, E.J. / Fink, C.F. 1963: Effects of Group Size. In: Psychological Bulletin 60/4, 371-384.
Tullock, Gordon 1969: Federalism: Problems of Scale. In: Public Choice 6, 19-29.

Tully, James 1995: Strange multiplicity. Constitutionalism in an age of diversity. Cambridge: Cambridge University Press.
UNCTAD 1997: Trade and Development Report 1997. New York and Geneva: UNCTAD.
Varwick, Johannes (Hrsg.) 2004: Neues Europa – alte EU?. Opladen: Leske und Budrich.
Vietta, Silvio: Europäische Kulturgeschichte. München: Fink 2005.
Wallace, Helen/Wallace William 1996: Policy-Making in the European Union. Oxford: Oxford University Press.
Weidenfeld, Werner 1985: Europa – aber wo liegt es? In: W.Weidenfeld: Die Identität Europas. Bonn: Bundeszentrale für politische Bildung.
Weiler, Joseph H.H. 1991: The Transfromation of Europe. Yale Journal 100/8, 2403-83.
Wessels, Wolfgang 1992: Staat und (westeuropäische) Integration: Fusionsthese. In: Politische Vierteljahresschrift, Sonderheft (23), 36-61.
Wewer, Göttrik 1993: Die Zukunft des Regierens. In: Böhret, Carl/Wewer, Göttrik (Hrsg.): Regieren im 21. Jahrhundert. Zwischen Globalisierung und Regionalisierung. Opladen: Leske&Budrich.
WTO 2005: International Trade Statistics. Genf: WTO Publications.
Yearbook of International Organizations 1989/90. München, New York, London, Paris: Saur.
Zimmermann, Andreas 2002: Die Charta der Grundrechte der Europäischen Union zwischen Gemeinschaftsrecht, Grundgesetz und EMRK. Baden-Baden: Nomos.

MIX
Papier aus verantwortungsvollen Quellen
Paper from responsible sources
FSC® C105338

If you have any concerns about our products,
you can contact us on
ProductSafety@springernature.com

In case Publisher is established outside the EU,
the EU authorized representative is:
**Springer Nature Customer Service Center GmbH
Europaplatz 3, 69115 Heidelberg, Germany**

Printed by Libri Plureos GmbH
in Hamburg, Germany